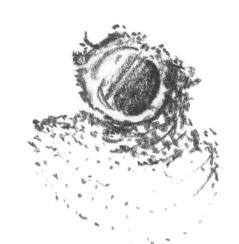

從失落到接納

特殊兒童家長心理支持團體實務

張英熙 ● 著

目 錄 | Contents

「團體解說一覽表」目錄│Contents

|Contents

Contents

|Contents

以團體支持父母，催化接納

《從失落到接納：特殊兒童家長心理支持團體實務》從團體計畫構思到實際執行，再到文稿潤飾的最後呈現，身為一位相同專業的工作者，我可以真實體會其間的辛苦與不易。英熙是一位兼具諮商專業以及信仰虔誠的基督徒，是這種特質讓他在對人的工作上展現關懷和厚實的深度，也是這種特質讓這本書生動而感人。讓我特別觸動的是，本書不單只是一個團體諮商工作者帶領過程的紀錄、反映其專業上的學養與能力，特殊兒童家長養兒育女的血淚辛酸和搏鬥史更在全書平鋪直敘的字裡行間不斷閃動跳躍於眼前。這是一本在台灣學術領域中少有的、將助人專業落實於服務人群的著作。

支持團體最大的功效就是讓團體成員相互扶持走過人生的低潮。諮商專業的養成除個別諮商，尚包括團體諮商。不過在台灣，支持團體多運行在醫療系統裡，服務的對象為精神疾病患者、乳癌患者、病患的家屬，或是護理工作人員，鮮少運用在社區機構，服務一般的社區民眾。是以為特殊兒童家長所規劃的團體就特別有意義，也可以作為助人專業者服務範圍的考量。此外，支持團體不若個別諮商被多數諮商工作者所採用，當然團體的帶領在招募成員上有一定的難度，但是面對台灣目前緊繃、充滿壓力的社會，如何有效消除社會民眾面對的諸多困境，提供支持團體是一條可以走的路。因為此類團體讓際遇類似的人，易於在團體中得到情緒上的宣洩與支持，且透過彼此關注的訊息以及經驗交換，習得因應困境的方法，最重要的是讓參與者產生一種歸屬感，而非單打獨鬥面對人生議題；這本書可以充分看到這方面的成效。

此外，這本書撰寫的章節追隨著團體的進展、動力，讓學習帶團體的新手對此有所領會，尤其難能可貴的是作者將團體運作的構思撰寫出來，該團體雖規劃有初始的結構但卻不被結構所困住，設計有活動，卻不會讓活動僵化了團體的進行，所有的小小活動巧妙地讓團體成員投入，也帶出了團體成員的能

量。從書中可以看到團體行雲流水般的運轉，團體成員的坦誠開放和團體凝聚力的展現，在閱讀本書悸動之餘，其實新手領導者可以從中學習到領導者如何針對團體狀況適時地摘要、反映、同理和阻斷，如何隱而未顯的引領成員學會傾聽，化成員習慣探問建議勸告的傾向為由自身經驗出發的分享與回饋，及如何帶出了團體夥伴懂得彼此給予肯定與鼓勵，進而增能。其次，我覺得助人工作者透過這本著作可以更充分地明瞭特殊兒的父母愛恨糾結的深層心理狀態，欲成功地帶領此類的支持團體，父母的哀傷、憤怒、罪惡感、自卑、自責與防衛是團體產生效能必先善加處理的情緒，只有在這些情緒獲得認可、接納、被釋放之後，團體的後期，成員才能敞開、公允地面對自己，合理地面對自己與孩子的議題，這些從這本著作中都可以清晰的掌握。

在台灣有關團體帶領理論的書不少，用一個真實的團體來呈現團體實務及運作者則鳳毛麟角，帶領團體的新手最常閱讀的是Irvin D. Yalom的經典之作 *The Theory and Practice of Group Psychotherapy*，或是閱讀Edward E. Jacobs、Robert L. Masson和Riley L. Harvill的《團體諮商：策略與技巧》一書，來掌握團體的帶領。今天張英熙教授的這本著作更增添了團體領導實務學習上的助力，我熱忱地推薦有興趣學習帶領團體的助人工作者以及擬進入諮商或社工領域正在培養自己團體帶領能力者，閱讀這一本屬於台灣學界的實務著作。

程小蘋

曾任教國立彰化師範大學輔導與諮商學系
現任中台科技大學兒童教育暨事業經營系副教授

推薦序二 | Recommender's words

找到愛與堅持的力量

「聽過很多研習講座，但回家面對孩子卻仍使不上力嗎？」知易行難，是很多特殊家長的心聲。也不是不想學著解決問題，但有時候明明聽了很多、讀了很多、請教的人很多，卻仍做不出來，或身陷複雜情境中自顧不暇。原來，人要超越自己、跳脫現況，本就需要一些「力量」。一個不斷學習認識自己和孩子的家長，他在面對問題時的「抗逆力」（resilience，或稱「復原力」）就會愈好。而參加家長支持團體，就是個能增加「力量」的方法。

這本書很特別！坦白說，市面上不乏描述特殊家長心路歷程的書，也不乏諮商團體帶領的指引。但是，甚少有人能把兩者結合在一起，這本書做到了。不只有諮商技術，更有獨特眼光，還能給人「力量」。早在多年前，英熙老師就用獨特的愛和眼光，看見了這群常被學校及社會忽略的「愛奇兒」家長內心深層的需要。

因著個人一點家長參與的研究和經驗，我懷著期待和感恩的心情，迎接這本書的完成。在我接觸愛奇兒家長的經驗中，有許多令我難忘的事。其中，有件事甚為印象深刻。數年前，晴姊（化名），一位過動兒的媽媽，因著一路走來，自己和孩子承受了太多的不被了解和不被接納，而得了嚴重憂鬱症。她苦撐到孩子長大當完兵、找到第一份工作後，選擇了自殺，結束自己的生命。晴姊的離去，讓周圍一路同行的過動兒家長們感到錯愕與傷心，對於當時剛返國服務沒幾年、甫加入過動家族陪伴行列的我，更感到震憾而遺憾。這件事特別讓我意識到，國內不應只要求特殊家長參與子女的教育，卻忽視其背後影響參與的因素，特別是心理層面。而傳統華人家庭中，父母難免容易壓抑自己的需要、忽視家庭成員間依附關係的建立；父母往往為拉拔子女長大以成就一切，最後失去寶貴的自我，其結果不僅對子女造就有限，可能也讓婚姻家庭付上了相當的代價。

後來，在偶然機緣下，我得知英熙老師已投入特殊家庭的諮商服務多年，

他如此看重這麼小眾的族群，令我敬佩。我更相信，他的經驗心得化作具體的文字分享，定能促進國內特殊家庭心理品質的轉化，進而帶動社會對特殊家庭復原力的關注。

給愛奇兒家長：這本書，能帶給身為特殊家長的你更多「力量」。你很可能在書中成員們身上看見自己的影子。他們的經驗和想法，使你感覺被同理；他們的故事，使你感受到自己跟他們之間的「普同性」，彷彿你也在這個團體中，與他們一起走過每次聚會。這或許更能鼓舞你，想要提升自己面對挑戰和挫折的能力。也許你的故事比他們的更精采，也許你的遭遇比他們的更困難；但我相信，打從你翻開這本書的那一刻開始，你就已經跨出了第一步，不只開始承認自己的有限，更預備讓自己領受更多祝福。甚至，當你讀完以後，會想自組或加入一個和你有類似經歷的支持團體，然後和他們一起依據書中帶領的原則，細細去體會參與其中所產生的改變。

給助人者：這本書，也是為身為團體帶領者的你而寫。本書將帶領團體的過程仔細加以整理和歸納；透過作者在諮商的「專業之眼」，將許多帶領的技巧「放聲思考」及「示範」出來，讓你更容易掌握一些觀察成員的原則，學會洞察時機，適時運用技巧，引導特殊家長彼此揭露和切磋。書中還提供每一次團體聚會可供省察的焦點作參考，以此來檢視當次團體運作的效能，可說相當實用。

給校園專業團隊：這本書，也是為致力學校教育的你而寫。它不只充實普通教育及特殊教育人員的諮商知能，也能拓展相關專業人員（如輔導教師、心理師、社工師）對特教的認識。書中成員敏珊曾形容自己孩子的入學「如入火坑」，這再一次地促使我們反思，是否已建構了一個「友善校園」。我們需要學習以書中的「專業之眼」來看愛奇兒家長，引導他們看見自己的生命特質，也許那樣的協助，能使他們更容易加入我們，一起找到希望的出口。我們也要誠實承認，我們在現有工作崗位上都有成長的需要，也同樣需要得到這群家長們的支持。我相信，因著「知己知彼」，專業人員將更樂意主動地搭起家校合

作與親師溝通的橋樑；如此，才可能真正實現「友善校園」的願景。

十多年來，國內許多特殊家長倡導團體紛紛投入特教權益及政策的推動，對於提升校園專業團隊服務品質有特別的貢獻。我相信，這條路還要繼續走下去，直到有一天，愛奇兒家長們都找到真正的「力量」，自在地面對自己，自在地與學校一起營造友善校園，享受合作的過程。隨著「融合教育」及家庭參與的思潮興起，國內已陸續有一些縣市教育局、學校、特教家長組織、甚或醫院，自行辦理規模不一、各障礙類別、不同取向的特殊家長支持團體。其中，有些以教育訓練為主、心理諮商為輔，教導家長從知識中獲得力量；有些則以情感支持為主、教育訓練為輔，讓家長藉情感修復而重新得力。然而，這本書也提醒了，本書團體運作的方式只是眾多支持團體形式之一，並非標準版本；執行相同團體方案時，每個團體的經驗仍是獨特且唯一的。也並不是每位特殊家長都要且該參加支持團體，更不表示支持團體就能滿足家長所有的需求。故此，我們仍宜注意，特殊家庭的復原力，仍宜由生態觀點作系統性的思考，作好身心靈全方位需求的檢視和規劃。

最後，參加任何一個支持團體，就像買了一包種籽回家種。因著每一家的土壤原本可能就不同，等待種籽開花結果的時間便不一樣長。但所幸，種籽的包裝上已提供了一些基本的原則，教導如何注意日曬、翻土、澆水和修剪的時機。而剩下的，就看你有沒有耐心和勇氣跟著做，悉心觀察自家環境的變化和種籽的長成；並且，更重要的是，堅持下去。

謹以一句聖經經文與每位堅持想看到開花結果的讀者共勉：「我們行善，不可喪志；若不灰心，到了時候，就要收成。」期盼你和我一樣，藉此書得到愛與堅持的「力量」。

吳怡慧

台北市立教育大學特教系助理教授
社團法人台灣赤子心過動症協會顧問暨專案督導

推薦序三 | Recommender's words

愛，也需要支持

　　我的妹妹有兩個可愛的兒子，她與夫婿都很期盼要有個女兒。在第二個兒子不滿周歲時，妹妹意外懷了第三胎，不巧的是她正患有重度感冒且在服藥，這讓她忐忑不安，擔心胎兒發展，也牽動我們一家人的心。懷孕第五個月的產檢帶來好消息，證實胎兒是女孩正如她所願。但孩子卻具有唇顎裂，原有的擔心變成事實，讓人不願面對。在「一枝草，一點露」的信念下，我們迎接這個長得具有美女輪廓的女娃出生。隨著時間消逝，女娃的各種發展上挑戰愈來愈明顯。除了唇顎裂，孩子有一隻眼球萎縮，且兼有腦性麻痺、語言障礙及智能不足，醫生診斷孩子是「重度多重障礙」，從此妹妹全家的生活有了很大的改變。

　　陪伴著妹妹讓我更了解特殊兒童父母的辛苦，尤其在孩子就醫、復健、就學、就業及親職教育過程，家長常要獨自面對資訊或資源不足所帶來的多種考驗，諸如孩子就醫、用藥劑量、藥物副作用、復健練習、情緒與身體變化、管教方式，以及如何向醫生及學校教師說明孩子的狀況、如何讓別人接納孩子不投以異樣的眼光。除了照顧特殊兒童之外，現實的生活中父母還要照顧家庭中的其他子女與長輩、供應家庭經濟所需，對於個人內心情緒的失落與感受，往往選擇壓抑或忽略，沉重的壓力導致身心俱疲。身為小女娃的阿姨，我發現特殊孩子的父母最為需要的協助是接納、陪伴、支持，並適時提供資源與喘息服務。這些支持的資源可能來自家人、學校、民間社團組織與政府。

　　感謝政府對於身心障礙者提供具體的政策以給予協助，諸如居家服務、臨託服務、復康巴士接送等，然而美中不足的是，這些服務項目往往需要身心障礙者的家屬自行查詢，而且各項服務依權責各自分開，未能以人為中心進行整合。我曾經為了協助妹妹申請居家服務、臨託服務、復康巴士接送等三項服務，必須分別向三個部門請教，光是電話轉接就要多次在「查詢請按1，XX處請按2，XX科請按3或撥總機代為轉接」中等待，好不容易轉接到承辦人，恰遇承辦人忙碌中或不在位子上。幾經努力接通電話後，三項服務又需要各自評

估。甚至部分服務人員有本位主義，不願多加了解個別差異。顯然政府的良法美意尚有諸多努力空間，尤其承辦人員要具備以人為本的服務態度，方能落實對身心障礙者及其家屬應有的尊重與協助。

身為身心障礙者的家屬，我個人對書中八位母親的經驗有很大的共鳴，就在閱讀本書時，我有種被了解、被支持的感受。八位母親跌跌撞撞的適應過程，各自發展的自助或互助的方法，也讓我獲得支撐的力量。這些在艱苦磨難下淬鍊出來的人生智慧諸如，特殊兒童家長如何將孩子的需求與狀態，以有效的溝通方式，傳達給孩子的醫生、治療師、老師、同儕與社會大眾等，讓更多的人能以平常心接納這些特殊需求的孩子，而且尊重孩子的不一樣。

本書雖然不是專為教師撰寫，卻能從父母的角度描述孩子學校適應的經驗，供所有教師進行反思，並提醒教師在教學中要注意孩子的限制與困難，同時也需要展現教育熱情，給孩子機會學習，尤其能夠尊重並提供特殊兒童家長必要的協助與支持。

從心理團體學習者的角度來看，本書融合輔導及特教的領域，將支持團體的歷程以敘說的方式呈現，讀起來像是引人入勝的故事，卻又能鮮明地將團體各階段的重點展現出來，情感細膩又不失條理邏輯，是關懷特殊兒童、家長心理適應、家長心理支持團體等議題的極佳入門書。在此特別推薦本書給讀者諸君，希望你也能與我一樣，在閱讀中檢視自己對特殊需求兒童的觀點，能更深度了解身心障礙者與父母的處境，在了解的基礎上表現出尊重，並伸出接納的雙手支持特殊兒童家庭。

吳淑禎

國立台灣師範大學師資培育與就業輔導處

助理教授兼任就業輔導組長

為愛多走一哩路

十幾年來在喜樂家族或在海外接觸特殊兒童的家長，我心中常有一股無比的疼惜，知道他們陪著家中特殊孩子多走了好幾哩路，比一般人更多浸透在人生酸甜苦辣中。我家中雖沒有特殊孩子，卻有個么弟幼年受寵，成年慵懶成性不事生產，而且總是債務纏身，甚至曾企圖變賣家產。弟弟敗家的行徑，傳遍街坊讓我無地自容。母親被弟弟折磨得心力交瘁，每每談到么弟，淚水就流個不停，心中有訴不盡的痛。么弟經濟困窘時就會求助兄姊，手足之間微妙的愛恨情感，真想斷尾求生。一路來幸好有幾位教會姊妹扶持，特別是他們的手足也有扶不起的阿斗時，就能了解我的憤怒、無奈、丟臉等不為人知又難以啟齒的心情。人生相同的窘迫處境，迫使我們常相互祈禱代求為彼此加油打氣，在漫漫長路上相伴扶持。經過了三十年，弟弟總算迷途知返，加入教會成為信徒。十五歲浪子，五十歲成為孝子，母子關係恢復如失而復得。包袱，終成為祝福（故事全文載於《多走一哩路》一書中，由橄欖出版社出版）。

母親健朗時勤儉持家指揮若定，為孩子們付出無怨無悔。才卸下為弟弟的擔心，不料卻罹患阿滋海默症，除了六親不認的失智問題外，還伴隨著憂鬱、情緒障礙、妄想等症狀。她固執和偏激的想法讓人難以溝通，表現出來的行為及情緒問題和自閉症的孩子沒兩樣。在外子的全力支持下，我將母親接來同住，希望能好好照顧她。沒想到第一年同住的生活可說是雞飛狗跳，有苦說不清。儘管外子盡心盡力為母親安排，處處設想周到，由於失憶及妄想的症狀，母親不但毫無感激，竟視外子為眼中釘，時常責怪他，甚至揚言要把他趕出門。母親無理的行徑使我身心承受極大壓力，好幾次我承受不了奪門而出。逃離現場後我才能換得一點空間不至於失控抓狂，不斷深吸氣在心中吶喊和祈禱之後，我才能漸漸地再次獲得平靜。心理調適說來容易做來難，幸好外子充分了解母親病情，體諒並接納我的情緒，加上一對貼心的兒女支持，這條路才走

得下去。

　　感謝上帝，十幾年在喜樂家族和特殊兒童與家庭相處的經驗，幫助我更快接納母親患病的事實。面對母親失去功能的情況，我也經歷了從震驚到接納的過程，心理需要一番轉化，就如同特殊兒童父母一般。與母親同住的日子，讓我更能體會到支持系統的重要性。這些年來看見特殊兒母親常常把孩子擺中間，配偶和其他子女放一邊。日子漸久，家庭問題更糾結，幫助孩子的力量反倒受到削減。與母親同住第二年我也發現自己為了照顧母親，疏忽了外子和兒女。因此重新調整生活計畫，刻意安排每週與外子及兒女的相聚機會，經營家庭精心時刻。

　　特殊兒童的父母與阿滋海默症的家屬都有長期照顧的責任，照顧者除了體力付出之外，也會有情感上的衝擊，身心壓力需要支持與調適。支持團體創造一個自在的談話空間，協助父母分享生活與教養經驗，表達潛藏的情緒，催化接納的心態。本書詳盡地記錄了八位母親的成長心路歷程，特殊兒童的父母富有接納的態度時，心智與情感變得更加統整有力量，能分辨放棄與放手的不同，在不強求孩子的同時，又積極尋覓合適的教法幫助孩子學習。最後父母不但能照顧好特殊孩子，能照顧好其他家人，也能照顧好自己。特殊兒童的父母若能有支持團體陪伴，藉著分享彼此學習，必能增進家人的關係，並且減少些悔恨。相信許多特殊兒童的父母必因本書蒙受祝福！

潘秀霞

財團法人台北市喜樂家族社會福利基金會執行長
台北靈糧堂牧師

作者序 | Preface

支持父母，讓愛延續

　　孩子因障礙而有特殊的需求，對家庭而言不僅是一時的危機，而是持續一生的壓力。父母養育特殊兒童所承受較多的客觀現實壓力，包括孩子托育、就學困難，身心適應問題，部分兒童需要運用輔具以及特定的療育資源，孩子漸長將面臨交友、兩性、就業及年老的安置等需要，孩子成長的不同階段有著不同的需要，這些皆是父母要面對的挑戰（萬育維、王文娟譯，2002）。此外孩子各種發展上的限制，都可能使得父母感到失落與悲傷（張英熙，2002；Taub, 2006），引發各樣情緒，造成主觀的心理上壓力及調適的難題。

　　特殊兒童對家庭也有正面的影響，有些父母認為孩子的障礙使家人關係更加緊密，在照顧孩子時父母更了解愛的真諦等（郭煌宗，1998; Hastings & Taunt, 2002）。儘管如此，為了滿足孩子特殊需求，父母所承受的主客觀壓力高於一般父母。特殊兒童父母心理調適的好壞，不僅涉及個人心態反應，也和父母所獲得的支持多寡有密切關係。支持的資源愈多，父母調適良好的機會愈高。調適良好的父母較能發揮效能，顧及家庭所有成員，維持家庭各項功能。特殊兒童父母所需的社會資源及支持系統，包括喘息服務、交通接送、就學就業及安置協助、休閒活動、福利補助、親職教育或諮商服務（何華國，2009）。這些支持服務可分為三類，分別是：一、提供生活實務上協助，二、提供教養療育資訊或訓練及福利資源，三、提供個別或團體諮商或支持團體活動，直接協助父母心理調適。前二類支持服務可能來自學校、特殊教育老師、家長組織、醫療單位、社會福利機構或宗教團體等，第三類支持服務則需要加入助人專業人員，包括諮商心理師、社工師等。三類支持服務各有不同的價值，對父母調適皆有獨特且不可取代的貢獻。

特殊兒童父母支持團體

支持團體（support group）是指一群有相近處境或心情的人們，定期見面彼此分享、相互學習的團體。除了特殊兒童父母支持團體之外，也適用於慢性病患的照顧者、喪失親人者、罹患癌症者、切除四肢或身體器官者、酗酒者、藥物濫用上癮的個人、家庭暴力的受害者等。團體通常能提供一種聆聽的氣氛，以及心理安全的氛圍，讓成員可以暢所欲言分享感受。即使團體組成的理由與形態多所不同，成員的收穫卻有高度的相似性（Klein, 2000），包括接納自己的負面情緒，能擴展社交減少孤單感、宣洩紓解情緒、注入希望、強化或習得正向適應的行為。本團體是以悲傷理論為基礎（張英熙，2005；Worden, 2002），能協助成員面對失落，體驗悲傷感受，催化成員發展接納的態度，促使成員減少負面情緒及互動，放棄不當的期待，進而改善夫妻及親子關係（張英熙，2003；謝素貞、徐畢卿，2005）。

本書寫作目的

1996年起我與工作夥伴吳珍（她1997年取得國立彰化師範大學輔導與諮商學系碩士學位，2004年通過諮商心理師特考）投入特殊兒童父母個別諮商服務及研究工作，有感於特殊兒童家長心理支持的需求強烈而迫切，1998年起便開始以支持團體的形式協助家長。接連三年我們應邀在台中及彰化地區，以協同的方式帶領六個家長支持團體，並逐步發展出以悲傷輔導理論為基礎的家長支持團體方案。

聆聽的故事愈多，愈發現所做的太少。前述服務雖已投注相當心力，對廣大特殊家庭需求而言，卻如杯水車薪。特殊兒童父母的需要鮮明地映在我心中，化為聲聲呼喚不曾停止。2002年起我開始著手撰寫本書，期能喚起社會各界對特殊兒童父母心理需求的認識。當助人工作者了解特殊兒童的父母的失

落反應，以及父母及所關切的議題時，就更能有效地幫助父母及孩子（Taub, 2006）。我們期許有更多支持團體成立，使得特殊兒童家庭的支持網絡更形豐富完整，讓有需要的父母都有機會參與團體，有更多家庭受惠。

本書呈現支持團體運作的過程及效能，期使政府社會福利部門、學校教育單位、民間福利機構及家長組織認識支持團體的價值，並將籌組團體列入年度計畫中。其次，本書呈現團體計畫、帶領的技巧及原則，期能作為團體帶領者的參考，引領更多專業人員投入服務，包括諮商心理師、臨床心理師、社工師、復健諮商師、語言治療師、特教教師及學校輔導教師等。此外，本書可做為心理教育的材料，供成員於團體前閱讀。當家長了解支持團體運作的方式，加入團體時會有較佳的心理預備，也將會有較多收穫。如此可以提高家長參與支持團體的動機，減少成員流失的問題（Gazda, Ginter, & Horne, 2001）。最後，對於未能參與團體的家長讀者，書中成員真實的經驗或許能帶來參照、反省與學習。

本書取材

本書在描繪一個以悲傷輔導理論為基礎的特殊兒童家長支持團體，呈現團體帶領者及成員互動的過程，期使讀者能看見支持團體實際運作的情況，了解心理支持團體可能的助益。本書主要取材自2001年於台北市學習障礙者家長協會舉辦的父母心理支持團體，團體共計有八次聚會，各次聚會皆錄影並將對話轉謄為逐字稿後再行改寫。該團體獲國科會補助（專題計畫NSC 90-2413-H-133-016），研究及出版皆經全數成員同意。

筆者為研究者，同時也擔任團體設計者、成員篩選者、觀察者、事後訪談及團體督導等角色。由於全程現場觀察，筆者能感受團體中成員情緒的細微轉變。團體由吳珍擔任帶領者，基於多次的合作默契，加上團體前後的密切討論，筆者與帶領者在團體策略及技巧的運用上有高度共識。文中帶領者之意圖

及感受由吳珍口述筆者記錄，為行文流暢，以第一人稱方式呈現。為保護成員隱私，書中孩子障礙類型及成員個人身分資料皆已大幅改編。受限篇幅，寫作時省略團體前會議，團體過程則以去蕪存菁的方式呈現，行文時盡可能保留成員的對話內容、真實反應、互動情景及現場氣氛，期使讀者能領略團體實況。

本書內容與形式

本書內容由三部分組成，第一章為緒論，首先以三個虛擬故事，闡述特殊兒童對父母的心理衝擊，說明家長因孩子障礙而有的失落經驗、悲傷反應，以及心理調適歷程。接著以團體初期、工作期及結束等三階段團體發展的概念，介紹團體歷程及主要內容。

本書第二部分呈現八次團體聚會的過程。除了團體帶領者與成員互動與對話之外，也說明帶領者對團體的想法、判斷及意圖。各次團體聚會皆以五項主題分段說明，包含：一、團體設計：介紹活動設計理念、聚會目標、活動及流程，使讀者可獲致整體的概念。二、團體技巧：介紹帶領者的技巧、目的及運用的時機等考量。三、團體過程：描繪成員互動、團體氣氛及凝聚力等變化，並以帶領者的觀點進行詮釋。四、父母心理：對特殊兒童父母的生命經驗、心理反應、夫妻及親子關係等重要議題進行解說。五、團體效能：摘述成員於團體中的重要收穫，並以團體理論說明成員互動中的支持性或治療性元素。

後記則寫於出版前，亦即團體結束十年後。成員們閱讀了本書草稿，與作者相約重聚及聯繫。成員回顧十年來的高低起伏各項經歷，肯定支持團體的價值。即使後來人生挑戰並未減少，但家長的步伐已經變得穩健。

結語

支持團體能提供特殊兒童父母心理情緒支持，成員經驗在分享時相互撞擊激發心理成長，成員因而獲得更佳調適。然而本書所載只是眾多種形式支持團

體之一，而非標準版本。因團體成員組成、孩子障礙類別及年齡等條件差異，即使執行相同方案，每個團體經驗仍是獨特且唯一的。本團體設計以失落的悲傷理論為基礎，能協助家長調適因孩子障礙而有的失落經驗。當孩子障礙類別愈相近，成員於團體中所分享的生活經驗就愈能獲得共鳴，彼此將有更高的意願相互比較、反省與學習。由於女性承擔較多的育兒責任（張秀玉、傅秀媚、林巾凱、劉芷瑩、吳淑婷，2008），且參與心理成長等學習活動的意願較男性高，這兩項因素可說明支持團體中女性成員居多的現象（Turnbull & Turnbull, 1986）。面對孩子的障礙，所有的家人都可能會有失落感，然而卻可能表現出完全不同的反應。男性參與支持團體時，不但能提供男性獨到的觀點，男性也能從團體中獲益。尤其在兩性相處婚姻議題上，將引發熱烈討論，帶領者應斟酌成員需求及團體目標來進行引導。此外，正如母親的觀點不能代表父親或其他家人的立場般（Seligman & Darling, 1997），特殊兒童手足或祖父母也有其獨特的立場與需求，專為他們所安排的支持團體，也會有獨特的貢獻。此外，當孩子被診斷有特殊需求，例如學習障礙、過動症等，孩子自身也有調適的需求（Higgins, Raskind, Goldberg, & Herman, 2002），特殊兒童的支持團體也值得發展。

　　支持團體確能使特殊兒童父母受益，但這並不意味每位特殊兒童家長都需要且該要參加支持團體，也不表示支持團體能滿足家長所有需求。特殊兒童家長所需要的服務還包括療育資源、特教知能、福利服務、家長組織、喘息服務、托育服務等。除了家長支持團體外，尚有適應良好的家長協助其他家長的家長互助方式（許素彬、張耐、王文瑛，2006），在心理層面的專業服務還包括個別心理諮商、團體心理諮商、夫妻諮商、家族治療等（Buscaglia, 1994; Taylor, 1982）。總之，助人專業工作者應評估父母需求，才能提供切合家長需要的服務。任何單一的服務無法滿足特殊兒童家庭所有需要，結合多種社會支持的服務，才能發揮最大的支持效能（郭煌宗，1998）。

謝誌 | Acknowledgments

　　本書以悲傷輔導理論為基礎的支持團體方案來自多年的嘗試及修正,首先要感謝吳秀碧教授引介悲傷輔導的理論,為我從事特殊兒童家長的心理諮商工作奠定基礎。感謝吳秀碧教授及李安德教授的指導與支持,我才能完成「身心障礙兒母親罪惡感諮商歷程研究」。 該項研究以個別諮商的形式協助家長,為我後續的團體工作做了最佳準備。本書家長支持團體方案的發展,則要感謝關心特殊兒童家庭的民間社團組織。你們總是走在弱勢族群需要的最前端,建立起服務平台,多次舉辦家長支持團體,本方案才能連結理論與實務漸漸成形。這些組織包括財團法人伊甸社會福利基金會附設中區服務中心、財團法人台灣兒童暨家庭扶助基金會彰化家扶中心、台北市學習障礙者家長協會,以及財團法人台灣愛鄰社區服務協會喜樂家族等。

　　我由衷感謝本書每位成員肝膽相照的分享,慷慨同意以匿名方式參與團體研究及出版,在出版前還審閱本書稿件。你們的掙扎、努力和成長都將透過文字與讀者相遇,相信這將喚起人們對特殊兒童家庭的認識與關切。感謝學習障礙者家長協會郭馨美、劉永寧及莊佳倩女士十年不變的協助,實現了成員再相聚的美夢。

　　在漫長的寫作過程中,我獲得許多專業夥伴的關心及寶貴意見。首先要謝謝李淑雯教授,六年前您耐住性子讀完當時尚不成熟的草稿,給了第一份支持。治學嚴謹的程小蘋教授是我和吳珍團體諮商的啟蒙教師,謝謝您對本書結構與標題細膩的觀察,提出敘說風格的修改意見。謝謝吳淑禎教授在用字遣詞上的觀察與指正,讓本書行文更為流暢。您分享自身的經驗,讓我們知道特殊兒童家庭支持工作的價值。謝謝同窗老友翁澍樹教授及同校同仁葉貞屏教授對前言及後記的實用建議。感謝吳怡慧教授,以特殊教育專業的眼光,讓我看到跨領域的專業合作,讓特殊兒童和家庭能得到更完整的照顧,而您對書末討論題綱的提議,確實增添本書應用的價值。

　　感謝心理出版社林敬堯總編的全力支持,不辭勞苦將本書送審,您豐富經

驗讓所有的困難都迎刃而解。感謝兩位匿名審查者的肯定與專業建議，讓本書論述更臻周延完整。感謝責任編輯小晶，以耐心與細心完成五次繁瑣的校稿工作，讓本書呈現最佳面貌，您的敬業與專業令我印象深刻。感謝多年好友謝穎文提供個人作品，為本書設計封面，讓本書更添美感與深度。

最後我要衷心感謝本團體的帶領者吳珍，自1996年起與我一同投入特殊學童父母之研究及服務工作，多次帶領父母支持團體，陪伴許多父母成長。書中處處可見你嫻熟的團體技巧及洞見，你正是本團體發揮效能的靈魂人物。長期以來，你是我專業工作上的最佳拍檔，同時也是我人生伴侶，成為我賢淑的妻子及四個可愛孩子的母親。感謝你盡心盡力照顧子女事奉公婆，我才能從忙亂的生活中抽身專注寫作。你的支持、肯定及無條件的接納，給我堅持的勇氣。本書完成，你功不可沒。

本書寫作雖歷時多年，仍不免有疏漏，尚祈讀者諸君不吝指教。深願上帝以無窮盡的慈愛扶持每位讀者父母，並在人生的路上添加力量與智慧。

緒論：
特殊兒童家長的失落與心理支持

難以面對的真相

　　信榮父親英年早逝，母子相依為命。為了謀生，母親長期從事耗時費力薪資低的清潔工作，不只一次母子倆生活陷入困頓幾近斷炊。這些艱苦日子的磨練，讓小小的信榮對別人的冷言冷語變得很敏感。信榮奮發圖強，矢志要脫離貧苦，讓母親過好日子，在親族間揚眉吐氣，他一路半工半讀，最終畢業於名校會計系，並且順利的在令人稱羨的外商公司工作。信榮企圖心強、不服輸的個性，凡事全力以赴，工作表現出色，主管有計畫提拔委以重任。事業穩定後，信榮便與交往三年的女友美倩步入婚姻，婚後二年喜獲麟兒阿寬。

　　兒子阿寬面貌俊秀帥氣人人稱讚，然而從小卻常我行我素言語寡少，遇不如意時情緒表現強烈、堅持度高且難以安撫。每次從媬姆家帶阿寬回家的路上，信榮夫妻擁抱孩子時，阿寬全身僵硬，好像是拒絕爸爸關心一樣，這讓信榮難過，也覺得奇怪。「也許是因為孩子和我相處時間太少，孩子不習慣吧！」信榮說服自己。親友們都戲稱阿寬是酷哥並安慰說，男孩子就是要有個性，一切問題等孩子大了就會好轉。旁人的好言相勸讓信榮順勢壓抑焦慮和懷疑，把希望寄託未來。

　　阿寬四歲進入幼稚園，老師發現孩子異於常人，幾乎無法融入課程學習，立即聯絡家長帶孩子去檢查。老師好意的勸說，卻觸動信榮心底強烈的不安。

信榮為了掙脫貧苦已吃盡了苦頭，深怕這輩子得來不易的平靜生活被攪亂，也怕再次看到街坊親人睥睨的眼神。萬一孩子真的有問題，人生的苦難不就沒完沒了嗎！信榮遲遲不肯帶孩子上醫院檢查，也阻止妻子有所行動，先是找各種藉口避開老師，之後又認為老師對阿寬懷有成見，最後索性轉學換得耳根清淨。

阿寬進小學後，信榮再度接到老師反映，要家長帶孩子接受醫師檢查，信榮這才硬著頭皮帶阿寬到醫院檢查。雖然對壞消息已有些心理準備，但萬萬沒想到阿寬會被診斷為自閉症，信榮感到晴天霹靂，最害怕的事竟然發生了。接下來一個月信榮不知道是怎麼過的，堂堂男子漢卻終日以淚洗面，他憤怒老天爺殘忍不公，並在心中吶喊「為什麼是我？！」「為什麼努力仍不足以擺脫不幸的人生！」「我前輩子是作了什麼孽！」信榮覺得自己步入人生絕境，有段時間一了百了的念頭經常出現。沉重的壓力讓信榮幾乎喘不過氣來，每次看到阿寬，就像看到一大串掙不開的枷鎖，感到自己一生處處受限毫無希望。為閃躲這番痛苦的折磨，信榮對同事親友絕口不提阿寬的情況，對於學校後續的安置與教育採取被動配合的態度。另一方面他比以往更認真的投入工作，甚至徹夜不歸。對外他都宣稱景氣差沒辦法不加班，但只有他心裡清楚自己不回家的理由。因為只有專注在工作，信榮才能暫時忘卻苦惱。當信榮退出教養時，所有的問題便由妻子承擔。奇怪的是妻子愈是無怨無悔，信榮愈是感到愧疚自責，甚至出現離婚的想法。

孩子，我要你比我更好！

莉卿排行老三，兩個哥哥都是資優生，學習表現傑出讓老師印象深刻。與優秀的手足相比，莉卿學業成績平平，令父母失望。父母感情不睦長年爭鬧不休，母親又常有譏諷的言語，莉卿覺得家裡沒溫暖，也感到自卑、抬不起頭來。年輕的莉卿在心中盤算要儘早結婚，以便逃離原生家庭。莉卿二十二歲嫁給阿成，並與公婆同住，隔年懷胎生了女兒敏敏，公婆重男輕女力促年輕夫妻

再接再厲。女兒五歲那年莉卿不負眾望，給婆家生了兒子。自兒子從醫院回家那天起，公婆天天笑得合不攏嘴，敏敏也從此被冷落了。然而兒子志賢各方面的發展卻明顯不如姊姊，但公婆卻認為莉卿多慮，因為男孩本來就會比女孩發育得慢些，況且「大隻雞慢啼」（台語）無需大驚小怪。

志賢在家中倍受呵護，凡事有公婆代勞，被伺候得像是小王爺一樣，因此五歲時連穿鞋還要人幫忙。對公婆寵愛孫子的作法，莉卿雖然不能苟同，卻也插不了手。進了小學後志賢學習問題變得更明顯，他表達能力有限、理解能力差又動作慢。莉卿忍不住，便背著公婆偷偷帶孩子到醫院檢查，結果被診斷為發展遲緩且智力偏低。面對這令人傷心的診斷，莉卿卻意外有種踏實的感覺，因為這證實了莉卿長久來的觀察。然而面對醫院診斷，公婆非但不相信也不感激，甚至破口大罵，認為莉卿沒事找事、無中生有！

莉卿深深了解成績不如人的痛苦，為了不讓志賢步上自己後塵，下班後用加倍的時間陪志賢讀書寫作業。為了讓志賢跟上學校進度，莉卿覺得自己好像在和時間賽跑，只要是醒著，便無時無刻都在想新的方法來教導志賢。小學一年級時，志賢複習功課常要超過十二點才能上床。這番作法引來公婆強烈反對，阿成則指責莉卿不該給兩老惹氣，莉卿感到委屈又孤單。同一時間敏敏因長期受到忽視，在校與老師爭吵並開始逃學。莉卿十分焦慮也有強烈無力感，最近她發現自己在情緒激動時，雙手會不自主的顫抖，無法控制。

面對危機、顧此失彼

「阿志！你給我去旁邊跪，面壁思過！叫你陪弟弟玩，你做哥哥的人就自己玩起紙飛機。你不管弟弟死活，還玩那麼大聲吵到媽媽上課！根本沒在照顧啊？！」在一場研習活動的中場休息時間，秀慧斥責五歲的大兒子阿志。孩子被罵後立刻收起笑容，淚水就在眼眶裡打轉，他速迅地靠近推車並小聲唱起歌來，企圖逗弄躺在推車裡的小弟，但一切都已經太遲了。

「剛才要你顧你不顧，現在不用你了！我要給弟弟換尿布。你去罰跪！」

阿志神情黯然，試著彌補剛才自得其樂渾然忘我的錯誤，媽媽並不領情。孩子滿臉歉疚應聲跪下，動作迅速而自然，看起來很熟練。在場其他人雖有些不安，但也不便干預，便轉移焦點聊聊正在換尿布的弟弟小凱。小凱出生時便患水腦症，全身癱軟，甚至眼皮也無力打開，半開著的眼睛目光迷濛，維生只靠僅有的少許吸吮力氣，最大的哭聲比小貓叫還小聲。雖已將滿二歲，身材卻嬌小如一歲。秀慧打理孩子動作俐落，小凱換了尿布又喝奶後，露出滿足的笑容惹人憐愛。阿志安靜地跪在一旁，大部分時間他盯著地板看，偶爾玩玩自己的手指頭。當弟弟發出一絲細小的笑聲時，阿志抬頭望著弟弟的眼神，非但沒有一點埋怨憎恨，相反的還充滿了溫柔歡喜。雖然阿志被媽媽處罰，對弟弟卻沒有一丁點的憤怒不平，這孩子的溫和善良讓人驚訝和疼惜。

患水腦症的孩子需要家長全心全力的照顧，否則可能小命不保。醫生明白地告訴秀慧，就算有最好的醫療照顧，也不能保證孩子可以順利長大成人。或許就是這種可能失去孩子的壓力，讓秀慧戰戰兢兢不敢稍有輕忽。秀慧的先生長年在大陸工作難得返台，雖能提供充沛金援，教養療育的工作可完全幫不上忙。兩年來秀慧一手抱著小凱一手牽著阿志頻頻進出醫院，堅韌的愛緊抓著希望，不願錯過任何一次復健與治療。秀慧如此專注用心，生活時程完全配合療育活動，不僅中斷個人社交也毫無休閒可言，全力治療小凱成為秀慧生活的唯一目標。秀慧盡心竭力照顧小凱，身心長期處於壓力之下，有時莫名的暴怒沒預警地竄出，就會把阿志當成出氣筒無情的漫罵。秀慧幾乎忘記怎麼照顧自己，也忘記該怎麼照顧阿志。阿志非但沒有像一般孩子進入幼稚園，小小年紀就和媽媽共同承擔起照顧弟弟的責任，雖是媽媽的好幫手，卻提早失去童年。

特殊兒童對家庭的衝擊

成為父母對多數人而言是值得慶賀的事，即使如此，新手父母也常因嬰兒完全依賴導致生活失序，並因教養經驗不足而倍感壓力。父母因教養特殊需求的兒童時會遭遇許多問題，包括：「孩子的能力如何？我可以有什麼期待？」

「特殊需求的孩子如何與其手足或鄰居親友建立關係？」「什麼樣的治療或教育最適合孩子？且是家庭可以負擔得起？」「當社會資源短缺或不易取得時，該怎麼辦？」「孩子服藥有何副作用？」「孩子會不會依賴藥物？」父母不但要明確掌握孩子障礙的事實，也需要應付孩子許多額外的需求，因此情緒上承受很大的壓力。由於每個孩子情況不同，每個家庭的反應方式互異，這些問題並沒有簡單的標準答案。當孩子有特殊需求時，父母所遭遇的挑戰更勝於一般父母。一般而言，家庭的功能在滿足家中成員各種需求，包括經濟、健康、休閒、社會、自我認同、情感、教育及生涯等不同層面（Yura, 1987）。養育特殊兒童時，家庭功能將受到嚴峻的考驗。

為了照顧特殊兒童，父母長期承受過多的生活及心理壓力，夫妻及親子關係緊繃，家庭生活可能變形扭曲造成危機（Patterson & Hamilton, 1983）。有些父母難以接納孩子的障礙，就像信榮般採取忽視的方法逃離躲避，在心理情感或生活層面上棄孩子於不顧。有些父母無視孩子的能力限制，如莉卿為孩子設定不切實際的目標，勉強孩子完成不可能的任務，僵化而無建設性的互動，造成親子衝突不斷而兩敗俱傷。有些父母似秀慧，因忙於照顧特殊兒童，疏於經營婚姻，犧牲了自己或其他家人的需要，顧此失彼造成家庭失衡。特殊兒童對家庭系統的衝擊不容小覷，可視為家庭的危機事件（Fortier & Wanlass, 1984）。父母因特殊兒童而有的失落悲傷反應影響其調適與管教行為。孩子能否在黃金的關鍵時刻接受早療服務獲得最佳療效，其關鍵就在父母（許素彬，2008），助人工作者不能忽視父母的失落及悲傷反應。

父母的失落與悲傷反應

父母因特殊兒童經歷的失落具多種層面（張英熙，2002），包括孩子的真實情況與懷孕時期待的樣子相去甚遠、望子成龍的夢想破碎、沒能給孩子健康身體與心智，父母因而感到愧疚。孩子需求異於常人平添教養困難，孩子表現不如預期父母費心力毫無成就感。此外孩子學校生活適應困難、行為問題多將

引發父母挫折與怒氣，讓父母認為自己不稱職、不是好父母。父母因孩子的特殊需求改變生活方式，也可能對人生產生悲觀的看法。

面對孩子有特殊需求的事實，父母五味雜陳難以言喻，心理反應複雜令人費解，甚至連父母自身也渾然不覺。情緒反應包括有震驚、無法置信、否認、憤怒、失望、自卑、自責、自我懷疑、沮喪、丟臉、自殺衝動、弒子衝動以及長期的憂傷等（Leick & Davidsen-Nielsen, 1991）。父母心理情緒狀態左右家庭氣氛及教養態度，情緒負載過度的父母難以有效地協助孩子進行療育（Powell & Gallagher, 1993）。特殊兒童父母的種種情緒及反應，可視為因失落而有的悲傷反應，這悲傷反應可能延續一生之久（Meleski, 2002; Olshansky, 1972）。

悲傷理論源自對喪親者的心理反應的觀察，晚近被引用來解釋人生重大失落者的經驗，包括身體的傷殘或功能的損傷，如顏面燒傷、乳房割除、因疾病或意外的截肢等。情感的斷裂經驗如離婚或戀人分手，以及父母面對特殊兒童時的失落經驗（Powers, 1993）。悲傷理論認為人們遭逢重大失落時將出現與悲傷有關反應，包括震驚、憤怒、討價還價及罪惡感等，最後到達接納的階段。處於接納階段的人們，重新擁有活力、願意參與社交、生活有目標，並能感受到生命的意義。走過悲傷的旅程到達接納階段的父母，不但能正視孩子的障礙及能力限制，還能客觀而正確地理解孩子的能力與需求，對孩子有切合實際的期待，能設定合適的目標，有效協助特殊孩子，而且不輕言犧牲其他家人的需要。

🦪 以家庭為中心的支持計畫

家庭是否能勝過挑戰持續發揮效能，端賴家人如何詮釋自己的處境、成員間能否彼此支持，以及社會能提供多少支持資源（Seligman & Darling, 1997）。研究發現家庭所獲得支持愈多，力量愈大、調適愈佳（Judge, 1998）。過去治療、教育及福利的專業皆以處理孩子的問題為協助的焦點，忽

略家庭所受到的衝擊與父母心理調適。在各項評估及療育計畫中，視父母為被動配合的角色。這種將焦點放在特殊兒童的障礙上，而忽略了其他受影響的家庭成員，是一種短視的作法，因為特殊兒童將影響家庭系統的動力與功能，並且回過頭來影響特殊兒童（Seligman, 1991a）。由於孩子成長於家庭環境中，孩子的障礙將影響全家人的生活，而且家庭所有成員的態度，也將強烈影響孩子的療育成效。有鑑於此，學者倡言要看重特殊兒童家庭的功能（Seligman & Seligman, 1980），並據此發展出強化家庭功能的服務取向，視父母為教育及醫療決策的主動參與者，也是孩子療育過程中不可或缺的支持力量。此後專業服務的焦點不再侷限於特殊兒童，而能擴及其他家庭成員。當家庭功能健全時，專業人員對父母提供教養訓練的建議更可能實現。獲得支持的父母較能面對壓力，並有較佳的心理調適（Taylor, Bununk, & Aspinais, 1990），不但能成為有效能的父母，能積極參與療育活動，甚至可以成為協同訓練者、協同治療者及協同教師。功能健全的家庭成員的需求能得到滿足時，更能為特殊孩子提供時間長久、品質良好的支持環境（唐紀絜等，2007；張秀玉，2011；Turnbull & Turnbull, 1986）。由於以家庭為中心的服務，能應用家庭的優勢及資源，在家庭原有的生活型態下提供支持，使家庭獲得賦能，在服務團隊離開後，能獨立因應兒童及家庭的各種需要（陳采緹，2011）。

特殊兒童家長支持團體便是藉以家庭為中心的服務方式，以支持父母的方式強化家庭功能（Davidson & Dosser, 1982）。這類服務的可能的效能，包括父母獲致心理成長增進自信自尊、家庭成員發展出新的技巧來協助特殊需求孩子、親子互動獲得改善、家庭壓力減少、父母與其他父母建立關係等（謝素貞、徐畢卿，2005；Hanson & Lynch, 2004）。

🐚 特殊兒童家長支持團體

所有長期照顧特殊兒童或病患的人，易出現沮喪、挫折、無助、混淆、失眠等情況。當照顧者能參加心理支持團體，有機會分享感受與經驗時，能降

低心理壓力、減少困擾並習得新的調適行為（Cook, Heller, & Pickett-Schenk, 1999）。在此所謂的支持團體並非政府或民間的人民組織，而是一小群處境相同的人們聚集的互動。支持團體通常由受過訓練的過來人或專業人員擔任帶領者，透過定期聚會對談，成員分享個人經驗、想法及感受，使成員獲得心理情緒支持或生活資源資訊（Kurtz, 1997）。支持團體能協助成員面對危機，在生活轉換或處於長期壓力情境下時，獲得更佳的調適（Galinsky & Schopler, 1995）。支持團體的形式眾多，成員定期聚會，長期團體為期一年或更長，短期團體則維持八到十二週（Frank, Newcomb, & Beckman, 1996）。開放式團體隨時都歡迎新成員加入，封閉式團體成員組合自始至終維持不變。針對團體目的不同，支持團體可分為教育訓練取向及情感支持取向兩種。二種取向的團體各有不同的目標，皆有支持的效能（Singer et al., 1993）。

教育訓練取向的團體目的在提供成員資訊及技巧，如過動兒童管教技巧訓練（臧汝芬，2010）、自閉症兒童照顧須知、特殊兒童的教育權益、法律問答及福利資源等。這類團體有較高的結構，各次聚會皆有明確的目標及時間流程。團體偏重認知，帶領者以專家的角色提供教育及治療的相關專業資訊及知識並解答疑問，成員自我揭露較少，彼此互動頻率較低。這類的活動經常在醫院、學校以及特殊兒童的家長組織中舉辦，活動中安排連續性的講題。依孩子的障礙類別與照顧的問題邀請不同的講師，包括醫師、復健師、語言治療師、護理人員、法律專家、社工師、特教學者、家長專家等。成員將因獲得正確療育知識技巧、有效的管教方法、教育或福利資源而得到支持。

情感支持取向的團體著重成員經驗分享，在接納的氣氛中，成員藉互動分享經驗，紓解心理壓力。帶領者並不負責提供資訊或回答問題，而是引導成員互動，建立心理安全的談話環境，催化成員分享，保護成員不受心理傷害（Huber, 1979）。由於成員揭露經驗較深，彼此互動多，團體結構較低，對帶領技巧有較高要求（Jacobs, Harvill, & Masson, 2002）。團體的目標在於協助成員重整個人的情緒，獲得更多自覺，藉由分享降低壓力，並在團體中學習較佳的調適策略。情感支持取向的團體帶領者多半是諮商心理師、臨床心理師，或受過心理團體工作訓練的助人工作者，如醫師、社工師、護理師、特教老師

等。這類團體偏重經驗及情緒分享，聚會的主題可依成員的經驗及互動情形調整。情感支持的團體讓成員感到自己是有價值的，個人的經驗是被接納的，因此能提升成員的自尊（Wan, Jaccard, & Ramey, 1996）。團體的效果將由成員延伸進入家庭，由於成員的經驗在團體內被理解，多半心理壓力減少，憤怒次數也會減少，不但會有更佳的自我照顧能力、對孩子的接納程度提高、也能兼顧其他家人的需要等，這些效果在本書中均獲得支持。

有些支持團體兼具有教育訓練及情感支持的目的，這類團體提供疾病及障礙相關的資訊資源，使父母對孩子有更多的認識，期許成員因此能改善親子關係。團體同時提供機會讓處境相似的成員分享經驗，藉以達成情緒支持的目標，減少社會孤立感（Adesida & Foreman, 1999; Heller, Roccoforte, & Cook, 1997）。這類團體的帶領者除了助人專業人員外，也可能由適應良好且受過訓練的特殊兒童家長擔任，以父母協助父母的方式進行（許素彬、張耐、王文瑛，2006）。

本書團體採用情感支持取向的主要原因有以下四項：1.教育取向的支持團體重視認知的層面，包括各式的訓練活動較為國人所熟悉。情感支持取向的支持團體，由於保密的限制，少為人所了解。2.教育取向的訓練內容，將依兒童障礙類別而有不同。 兒童不同障礙都會引發家長失落經驗，本團體設計以失落的悲傷反應為基礎，可協助不同障礙類別兒童的家長心理調適。3.特殊兒童家庭需要多項專業的服務，然而目前仍以直接服務特殊兒童為主流，以孩子療育為焦點。以家長情緒支持的團體，正能補足服務之所缺。4.當家長心理有較佳調適時，將有更多的心力照顧孩子，且更能正確運用已知的管教知識，發揮管教效能，並營造一個正向的家庭互動環境，使孩子獲得更長期的支持。

以悲傷輔導理論為基礎的支持團體方案

本團體屬於情感支持取向，援用悲傷輔導理論進行設計，旨在協助成員面對失落催化接納。以下將先介紹失落及悲傷輔導理論，接著說明心理團體的發

展階段、帶領技巧及團體療效因子。最後整合團體三階段及悲傷輔導的四個目標，介紹本團體各次進行的情形。

一、失落與悲傷輔導理論

當動物失去情感依附的對象時，將產生一連串的反應，人們失去摯愛時，也會有極為相近的反應，包括情感上的悲哀、憤怒、愧疚、自責、焦慮、孤獨、疲倦、無助、驚恐、想念、解脫感、放鬆、麻木等。在認知上則有不能相信、困惑、沉迷於思念、幻覺、感到死者仍在身邊。在行為上則會出現失眠、飲食障礙、心不在焉、退縮、夢見死者、哭泣、珍藏遺物等。面對親人死亡，悲傷者需完成四項任務，才能完成因失落而有的哀悼過程讓生活回復平靜。這四項任務分別是接受失落的事實、體驗悲傷的痛苦、重新適應逝者不在的生活，以及將情感從逝者身上移開，投注在另一段關係上（Worden, 2009）。

悲傷是失落的正常反應（Powers, 1993），悲傷一詞可以用來描述摯愛死亡時的種種經驗，也可用來說明其他形式的失落（Worden, 2009），不論是失去人或物，只要有情感依附的關係，都會有悲傷的經驗（Neimeyer, 2006）。這包括失去身體器官、失去某些能力或技巧、因慢性病而漸漸失去某些功能，以及失去理想中的「完美孩子」（Dick, et al., 1998）。

失去心目中完美的孩子，但孩子並未死亡，父母將在不同時期不斷地感到失落，並且要為孩子的障礙付出許多心力及財力，心理與現實的雙重壓力讓父母所經驗的悲傷更為複雜且難理解。關於父母因孩子有障礙而感到悲傷，目前主要有兩種模式幫助我們理解特殊兒童父母悲傷的經驗（Powers, 1993），一是長期憂傷論，認為父母的憂傷將維持一生之久，不會完全消失。二是階段論，即援用悲傷理論以理解特殊兒童父母的失落反應，認為父母將可以從否認、憤怒、討價還價、沮喪，經過調適走向接納的階段。

協助此類父母面對悲傷時，助人者應視悲傷為面對障礙的正常反應，以家庭為中心提供支持，並視障礙為挑戰，從中找到意義（Powers, 1993）。根據四項哀悼任務，助人者催化哀悼的目標結合實際的作法正是本團體的架構，分

述如下（Nixon, 1993; Powers, 1993; Worden, 2009）：1. 增加失落的現實感：鼓勵父母說出自家故事，體驗悲傷的感受。2. 協助當事人處理已表達的或潛在的情感：處理憤怒與自責。3. 協助當事人克服失落後再適應過程中的障礙：調整家庭活動、強化家庭的支持網絡、協助家庭面對壓力並進行調適、學習一些婚姻溝通及管教技巧、提升解決問題的能力。4. 鼓勵當事人以健康的方式將感情投注在新的關係：增進父母自我照顧、幫助父母與其他家庭成員建立更好的關係、與團體成員建立友誼、催化父母對自己的處境發展出新的意義。

♦ 二、心理團體的發展階段與帶領技巧

團體的發展主要可分為三階段，各階段有不同的目標及任務，帶領者也需運用不同的技巧（Gazda, Ginter, & Horne, 2001; Gladding, 2003; Jacobs, Harvill, & Masson, 2002）。團體初期首要任務是幫助成員融入團體，這包括澄清成員期待與團體目標相符，幫助成員了解團體關切的重點及運作方式，建立成員彼此的安全感及信任感，讓成員願意分享自己的經驗與感受。此階段帶領者要示範真誠積極聆聽的態度，讓成員的情感與經驗能獲得理解與接納，這些情緒包括對揭露自身經驗的擔心、因特殊子女而有的情緒反應，如悲傷、尋短、憤怒、自責等。帶領者要協助團體保持談話的焦點，將成員外在經驗轉為內在經驗，將成員勸說行為轉為個人經驗分享，引導成員接納他人情緒，習得有效能的回饋方式，促進成員間支持性行為，以利形成初步的團體凝聚力並為進入團體工作期（中期）作好準備。

團體中期由於成員已熟悉團體規則，互動時有更高的自主及自發性。在基本信任的關係上，帶領者的催化將引出更深度的自我探索，並以反映的技巧協助成員獲得更多的自覺。當成員勇於冒險更深入揭露自我，且獲得支持性回應時，成員就會經驗支持與療癒的力量，團體凝聚力將因此推向新高點。互動時更高的默契，真誠分享加深信任感，信任感強化冒險揭露，團體形成有效支持的互動循環。本階段中帶領者要協助成員選擇並發展有意義的話題，表達潛藏的情緒，在催化成員更深揭露的同時，也應持尊重的態度，容許成員有不分享

的自由。

　　團體結束階段帶領者要處理成員分離的情感，協助成員確認所學，引導成員摘要並評估自己的成長與改變，回顧團體歷程中印象深刻的互動片段，創造機會讓成員相互回饋，並幫助成員於生活中持續運用所學繼續成長。

♦ 三、團體療效因子

　　心理團體究竟是如何創造出正向的影響？學者綜合研究及實務發現十一項團體療效因子（Yalom & Molyn, 2005），這些因子也可用來理解本團體的效能，故將穿插於書中以「團體效能」為題進行說明。茲將十一項因子羅列如下：

1. 注入希望。看見團體其他成員進步，因而對團體能有助益抱持樂觀的期待。
2. 普同性。發現別人也有相似的問題或感受，而減少孤獨感。
3. 傳達資訊。從帶領者或成員處獲得忠告、指導。
4. 利他。因有機會幫助其他成員，而獲得能力感，提升自尊。
5. 原生家庭的矯正性經驗重現。早期家庭關係重現於團體中，並獲矯正。
6. 發展社交技巧。在團體中習得較佳的社交技巧。
7. 行為模仿。對帶領者或成員態度及行為上的認同，以及替代性學習。
8. 人際學習。在團體互動中，成員了解人際互動的原則。
9. 團體凝聚力。成員在團體中感到歸屬，並擁有我們的一體感。
10. 宣洩。成員經歷到強烈情緒的釋放。
11. 存在性因子。成員體會到要為自己負責，能勇於面對死亡與人生的各種限制。

◆ 四、本團體過程摘述

　　一般而言，心理團體可分初期、中期及結束三個階段。本團體規劃每週聚會一次，每次三小時，共計八次聚會。根據團體三階段的觀點，結合悲傷輔導的四項任務，摘述團體過程如下。

（一）團體初期

　　前三次聚會為團體初期，目標在建立互動規範及信任感。透過「自我介紹」活動，成員以不同的方式說出自己的故事，回顧育兒心境上各種改變，並在團體中初試揭露教養經驗與心情，開始學習如何參與團體。成員的故事觸動彼此沉積已久的情緒，辛酸、不捨、無奈和憂傷一併湧出。向著團體介紹孩子的障礙雖叫人鼻酸，然而相似的辛苦卻能將大家的心漸漸聚攏，進而建立初步的信任關係。

　　「生命曲線」活動橫跨了第二次及第三次聚會，成員描述個人自幼至今的重要事件。談話以成員為中心，將特殊兒童擺一旁，當視框放大時聚會加入更多脈絡的相關故事，主題涉及親子關係及夫妻關係等。尤其父親缺席的話題勾起多數成員相似的遺憾，強化了團體的凝聚力。在信任關係的支持下，有位成員談起婚姻中受暴力傷害的經驗，為團體帶來強烈的衝擊，也加深了互談的深度。前三次聚會成員互動逐次變得更自在頻繁，為團體中期的工作階段做好預備。

（二）團體中期

　　第四次至第七次聚會為團體中期，成員自發性的互動、團體動力強、凝聚力都高過初期，亦即團體的工作階段。第四、五次聚會在協助成員面對個人的失落，並表達那些潛藏的情緒。第四次聚會以「照片回顧」邀請成員展示不同生命階段的照片，回溯人生不同階段的生活。成員再次檢視自己的人生，從照片中觀察自己於生命不同階段的改變。第五次聚會活動「理想生活拼貼」，成員從舊雜誌裡挑選圖片拼貼出理想生活，然後逐次撕去圖片體驗失落感受。接

著在樂聲中帶領者引導成員憶起因養育特殊兒童而有的失落經驗。成員論及許多遺憾,包括婚後既非賢妻又非良母、因子女特殊而感到自卑淡出社交,又因教養成效不彰、長久挫折無奈導致在成員心底暗藏著「想要孩子消失」的念頭,這念頭讓身為母親的她們感到自責自疑。當成員揭露那些刻骨銘心的隱密感受時,意外地觸動人心並引發強有力的共鳴,說者與聽者都獲得被了解的感受,成員關係更加緊密靠近,團體動力達到前所未有的新高點。

第六、七次聚會旨在協助成員處理當前適應上的挑戰。第六次聚會,成員事先完成「母親的自畫像」及「孩子心目中的母親」的家庭作業,藉以分享親職經驗。其中「刺河豚」圖卡象徵母親管教時的火爆怒氣獲得全體熱烈迴響,引發眾人大談教養挫折,帶領者順勢引導團體談談教養的成功經驗。第七次聚會「心情日記」活動,成員將平日生活情緒作成紀錄,在團體中談談引發各種心情的事件,包括孩子塗改聯絡簿、缺交作業、孩子說髒話、手足管教不公、降低對孩子成績的期待、孩子上學天天遲到、母親因孩子表現感到丟臉等。成員分享處理問題的方法,也交換不同觀點。分享管教經驗時,成員在聆聽時相互學習,便能擁有更多調適的想法及技巧。

(三)團體結束

當成員個人經驗獲得其他成員及帶領者的了解、接納與認可後,就能更接納自己,同時衍生出心理能量使其更能接納配偶、特殊兒童及其手足,能萌生勇氣與信心面對每日的挑戰。第八次聚會目標在協助成員統整團體經驗及學習,簡短回顧歷次聚會後,成員分享在團體中的學習及改變。透過彼此祝福與回饋的活動,成員見證彼此的成長,強化已有的改變。最後互贈卡片的活動,表達對彼此的欣賞、肯定與祝福,在溫馨氣氛中為團體劃下句點。

 家長支持團體的效能及挑戰

儘管團體組成的理由與形態多所不同,參與支持團體的成員卻有相近的

收穫（周桂如，2006；徐亞瑛，2000；湯麗玉、葉炳強、陳良娟、謝碧容，2000；謝素貞、徐畢卿，2005；Klein, 2000），包括接納自己是一個正常沒問題的人、發現其他成員的相近經驗而感覺自己不孤單、確認自己的感受不是自己想出來的、知道自己不是懶惰、瘋狂或神經質、感受到團體的凝聚力、宣洩，讓情緒紓解開來、在看似無望的情況下注入希望感、結交新的朋友或建立新關係、有機會向其他成員學習正向適應的行為、強化正向的行為及建立個人的目標等。

　　整體來看，本團體結束時成員有更佳調適，對自己和家人都表現出更多接納的態度。悲傷輔導理論指出，自失落到接納，當事人需走過一段心路歷程，多位成員的經驗說明了支持團體的確有催化接納的影響。具接納心態的特殊兒童家長有以下心理行為特徵：父母能自在地面對自己所處的情境，對於親職能力較有信心。雖然偶爾仍會有哀傷、痛苦等不快心情，整體生活中卻會有愈來愈多的正向感受，且更能欣賞孩子（Luterman, 1979）。父母照顧孩子的能力增加，能放棄不當的期待，為孩子設定具建設性且符合實際的學習目標（Wright, Granger, & Sameroff, 1984）。父母不僅接納孩子，也能接納自己的長處與限制（Gargiulo, 1985），父母對自己也會有較好的感受（Shea & Bauer, 1985）。面對外人時，父母可以坦然向人說明孩子的特殊情況。正如特殊兒童會影響家庭生活，家庭系統也影響特殊兒童的發展。父母的關係與幸福感將左右他們照顧孩子的能力（Schilling, 1988）。總而言之支持團體促進父母的心理適應及家庭關係，強化了父母照顧特殊兒童及其手足的能力。

　　儘管支持團體對特殊兒童家長有很多助益，籌組支持團體並不容易。例如缺乏適當的轉介機制、無法獲知團體的消息、父母參與團體時沒有人照顧孩子、父母工作太忙無法配合等。這些因素可能令家長無法參與支持團體（Taub, 2006）。此外，團體可能的失敗原因包括缺乏明確的團體目標及方法，未有充分的計畫及團體活動設計，專業領導者及督導之不足，支持團體的計畫與組織目標不相符合等（Cohen, 1995），都可能令團體效能不彰（Schilling, 1987）。為使特殊兒童家長能在支持團體中受益，需要事前充分的預備，才能克服上述的各種挑戰。

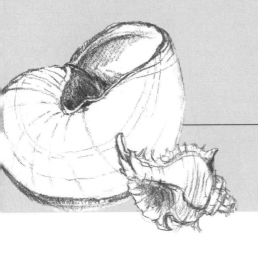

第一次團體聚會
堅強的淚水

1.1 團體設計：目標與流程

　　首次聚會的目的在說明支持團體目標、澄清成員期待、回答成員提問、讓成員初步彼此認識、引導成員發言分享，並簡要地介紹團體運作的方式等。簡短開場後，成員便依座位的次序以繞圈方式進行自我介紹。團體初期聚會採高結構的方式進行，有以下優點：能引導成員順利投入團體、減少成員因未知而有的焦慮、節省時間、摒除成員上課聽講的心態，並建立成員於團體中發言分享的習慣。本次聚會流程如下：

1. 開場白：致歡迎詞、帶領者自我介紹、團體總目標及聚會時間計畫說明、向成員說明本次聚會的目的及流程。（約3分鐘）

2. 成員自我介紹：成員介紹自己的姓名、家庭成員、特殊需求孩子的情況及參與團體的期望等。（每位成員約12分鐘，共約100分鐘）

3. 澄清團體目標及成員期望：成員期望若與團體目標不符時，應予澄清。（約3分鐘）

4. 中場休息。（15分鐘）

5. 焦點話題：由成員自我介紹的內容中選擇共同且重要的經驗或主題進行有焦點的經驗分享與對話。（30分鐘）

6. 團體規則說明：簡要介紹參與團體的原則。（5分鐘）

7. 簽署保密承諾書。（3分鐘）

8. 本次聚會回顧。（20分鐘）

9. 家庭作業說明。（2分鐘）

　　象牙白的牆上掛著圓形的壁鐘，四坪大的房間裡已有兩三位家長坐著閒聊，行政人員熱情地招呼大家入座，九點三十分準時開始聚會。多次帶領特殊兒童家長支持團體的經驗讓我知道，由於成員組成不同，每個團體經驗都很獨特。本團體由學習障礙者家長協會負責宣傳召集，成員相同的處境便是孩子在學習上都有某種程度的困難。上週團體前會議和大家見過面後，我取得成員的名單。八位成員前後加入協會，部分成員彼此已稍有認識，但也有些是才入會的新面孔。

　　「大家好，歡迎各位參加家長支持團體。團體進行的方式不同於上課聽講，主要是透過彼此分享，達成心理支持的目的。一方面我要鼓勵大家盡量分享，因為研究發現投入參與的程度與收穫成正比。同時也要鄭重聲明，大家可以按著自己感到舒服的程度決定分享的多寡深淺，不要有非說不可的壓力。團體共有八次聚會，每次三小時，從開始到結束，不會再有新成員加入，希望各位每次都能出席。我相信八週後，大家會有更多好心情，陪伴家人和孩子時也會變得更有力量與信心。」我環顧全場說。

　　「首先我要請每位用十分鐘進行自我介紹，包括名字、家庭成員、特殊孩子的情況，最後談談你對團體的期待。就由我右手邊第一位開始自我介紹，然後依座位次序輪流進行。」話畢我以手勢邀請成員發言。

第一次的淚水

　　「我是春梅。」春梅說出名字後，她停頓了一會兒。

　　「協會舉辦的活動，只要不衝到接送孩子的時間，我都很願意參加……」鵝黃色毛衣讓她看起來更豐滿。圓圓臉蛋上掛著大框架眼鏡，厚厚的鏡片看來

有些沉重。

「我有四個孩子，女兒都畢業去工作了，兒子今年才七歲，他從小就多災多難。其實我和先生都覺得男孩女孩一樣好，但婆婆餘生最大的希望就是能抱孫子，為了讓婆婆高興，我們就努力做人，沒想到意外成功！」春梅不好意思地笑了。

「婆婆原本很高興，可是產檢發現孩子有唇顎裂以後，婆婆就跟我翻臉，一直罵我，怪我犯了忌才會害到孩子……」春梅語調輕快，像在轉述一則與她無關的故事。

「婆婆講很多啦！說我一定是在牆上亂釘釘子！搬動了床位！亂用剪刀！反正他老人家認定孩子破相是我害的。將來孩子會一輩子抬不起頭來，而且會牽拖別人（台語），給家裡帶來惡運。她天天唸，軟硬兼施叫我不要這個孩子，最好是把孩子拿掉，生下來會是一輩子的麻煩。要不然就乾脆讓人領養好了……」春梅幾乎是一口氣把話說完，似乎覺得連喘氣都嫌浪費時間。

「可是……我捨不得孩子啊！我怎麼忍心不要他？畢竟，他不只是一塊肉！跟我一樣他也是條命啊！連爹娘都還沒看到，就被迫要說再見……」春梅語調驟然上揚。

「在婆婆強烈反對下，我還是決定要了這個孩子。我還跟先生說，這個孩子可能是上天派來磨練我們的！當初是我堅持要把他生下來的……」春梅字字鏗鏘有力顯出她的決心至今仍堅定不變。

「孩子出生後，我主動和顧顏基金會聯絡，學習餵食的方法。他們告訴我，這孩子不能平躺著吸奶，要成九十度餵奶。每次餵奶我都很小心，深怕孩子嗆到。可是不論我再怎麼小心，孩子偶爾還是會嗆到，咳到整個臉發青發紫。他細細小小的手腳，就在我的懷裡變得僵硬……」春梅忽然低頭哽噎，一時激動得說不出話來。她摀住臉龐，肩頭一陣陣抖動。累積多年的辛酸，如潮浪般一波波湧上來。團體空氣像是凍結了般，房間安靜得可以聽見壁鐘秒針跳動的聲音。

「好幾次他差一點就走了，我好擔心！」因劇烈哭泣，春梅說話的聲音忽大忽小。

「每次餵食都要花上兩三個小時。這餐才結束，下一餐又要開始。從早到晚，我幾乎沒有片刻休息。婆婆冷眼旁觀就算了，還說風涼話。當初是我自己堅持要這個孩子，所以我是有嘴無地講（台語）……」春梅淚水涔涔，情緒強烈感染大家。

「孩子大小手術共做了七次，算是很成功，最後連醫生都很滿意。孩子外表看起來很清秀，幼稚園的老師都說他聰明反應好。沒想到進小學後，課業問題愈來愈嚴重。我很煩惱，不知道他到底是有問題沒有？如果真有，那問題是出在哪裡？光要確認這點就很困難！我來參加團體就想多聽多學，希望能學到處理孩子問題的方法。」春梅情緒漸漸恢復平靜。

「為了照顧孩子，春梅經歷許多考驗。是你決心要了這孩子，這也讓你有苦難言，談起這段往事，仍觸動許多感受。在團體裡不論感受是好是壞，我希望各位都能自由地體驗。在這裡可以哭，可以笑，我們就是這樣彼此陪伴。」我重申團體強調體驗的取向，並請下一位自我介紹。

1.2 團體技巧：容許哭泣、接納悲傷情緒

養育特殊兒童的經驗與眾不同，很難得到其他成人的了解。長期受挫的經驗讓家長們多半學會沉默以對，經年累月後，心中便堆滿抑鬱情緒。在團體中談及過往，成員多年的辛酸一股腦湧現，豐沛的淚水奪眶而出。這類哭泣行為常出現在首次聚會的自我介紹活動中，由於多數人並未有心理準備，因此哭泣行為會引發三種的焦慮不安：

1. 哭泣者的焦慮：哭泣者可能會覺得自己失態失禮因而困窘，或害怕因哭泣而被人視為軟弱，擔心被貼上無能的標籤。另有些哭泣者會擔心哭泣行為造成別人難堪，為此感到抱歉。

2. 旁人的焦慮：平時習慣否認或壓抑情緒的人，在他人表達強烈的悲傷情感時，會感到渾身不自在。有些人受到哭泣情緒牽動，擔心自己也會發生情緒崩潰或失控行為。相反的，那些期許自己全力投入團體的人，可能視哭泣為比較好的表現，會擔心自己過於拘謹哭不出來。也

有些人在他人哭泣時感到手足無措，覺得應該做些什麼，卻又不知道該怎麼做。

3. 帶領者的焦慮：帶領者可能擔心成員無法負荷悲傷的情緒，或認為表現悲傷情緒無濟於事，甚至認為表達負面情緒對其他成員可能有負面的示範，不利團體進行，因而感到焦慮。

面對悲傷，才能走出悲傷。成員需要時間與空間體驗自己的痛楚，而非逃離這種體驗（Jacobs, Harvill, & Masson, 2002）。當哭泣令人不安時，不論是帶領者或是成員，都可能急於提供安慰或企圖以勸說的方式阻止哭泣。安慰勸阻的行動似乎傳遞著「不該哭」、「不必哭」或「哭也沒用」的訊息，促成當事人快快擦乾眼淚，因而壓抑的情緒無法得到了解與支持。為使哭泣者有機會感受悲痛等傷感的情緒，讓他的痛苦經驗被聽見、被了解與被接納，帶領者不僅要同理回應，有時還必須阻止其他人勸慰的拯救行動。此外，為減少眾人的不安，帶領者在第一次哭泣行為後，即指出在團體中真情流露是好的、被認可的，此舉能鼓勵成員表達及體驗情緒。

團體初期階段又可視為探索期（Gazda, Ginter, & Horne, 2001），藉由帶領者的引導與示範，成員們學會在團體中互動的獨特方式。當成員清楚得知帶領者對於哭泣的觀點與反應時，就能鼓勵成員在後續時段對情緒感受多加體驗，全體也因此學會了參與團體的方法，此即團體初期的要務。

孩子身心問題一籮筐，母親都要扛

「大家好，我是金花。我並不清楚什麼是支持團體，只是想多參加活動、多學習。我很同意剛才夥伴講的，媽媽這一路走來很辛苦……」金花開口就語帶哽咽，她身著淺色襯衫搭配素雅長褲，臉形輪廓柔和，一派慈母氣質。

「我有一男一女，讓我頭疼的是女兒。可能我比較敏感，三歲時我就發現她各方面反應都不如同年齡的孩子，幼稚園時她就好幾次拒絕上學。帶去醫院

檢查，醫生說她有過動問題又有自閉傾向，後來檢查又說她有學習障礙和情緒障礙。可是我覺得她並不笨，不但有好奇心也有求知慾。人家說豬頭皮榨油（台語），這幾年來我想盡辦法要把她教到會。我發現只要用對方法教，她就學得來。比如孩子常丟三落四，我就跟她玩很多記憶遊戲，不久健忘問題就好了。小一她寫國字常左右顛倒，我就跟她玩視覺遊戲，小二寫字就不再左右顛倒了。每次她在家寫功課就會打瞌睡，我就帶她去公園，規定她寫三行就可以玩鞦韆，再寫三行可以去溜滑梯……」說到克服難題的努力時，金花出現第一次淺淺的微笑。

「雖然連拐帶騙可以讓她把功課寫完，但也花去整個下午時間。我一直很羨慕別人可以把孩子送到安親班去，我得一直盯著孩子放鬆不得。什麼時候我才能過正常生活呢？」金花的聲音細柔，語調起伏不大。

「醫生說孩子詞彙提取有困難，如果一般人電腦是586，我女兒就是286。我想只要時間夠，烏龜也可以爬到終點。可是我沒想到這是一種障礙，更沒想到這障礙會跟著她一輩子，能改善的空間很有限。小學三年級以後，她怕同學笑她笨，上學壓力變很大，三不五時就上吐下瀉、高燒不退、頭痛、喉嚨痛、肚子痛，連耳朵也會痛！曾經一個晚上跑三次急診，問題一籮筐！」金花搓搓額頭。

「我認為老師對孩子的學習有絕對的影響力，老師能了解學習障礙，願意包容接納，孩子會就很快樂，要不然結果不堪設想。每每要換新老師，我就會提心吊膽甚至作惡夢。我要去學校關心，就怕老師嫌我囉唆。不去關心，又怕孩子會被貼標籤。」金花加重語氣，敢怒不敢言的委屈就寫在臉上。

「三年級時老師很嚴格，孩子寫好了作業卻不敢交。老師就一直罵，孩子覺得自己一無是處，回家就愛發脾氣，半夜作惡夢大吼大叫。她曾想從陽台跳下去！也曾拿刀子企圖要割自己！就這樣，就這樣……」金花舉起右手臂用手掌作出割喉的動作，全場驚訝聲此起彼落。

「孩子去鑑定後拿到學習障礙診斷書，開始接受資源班服務。資源班老師能接納她，她的行為問題就明顯減少。學習壓力愈小，她表現得愈好。結果原班導師竟懷疑那份學習障礙診斷書是假的，要不就是診斷錯誤。我真是百口莫

辯！哪有孩子好端端的，媽媽硬是要花錢診斷證明孩子有問題？！」

「孩子聽和說的能力強，但讀寫就有障礙。這種問題是隱性障礙，旁人很難發現。我一直很努力的教，孩子雖有學習障礙，但成績表現還不錯。加上孩子很愛面子，不願意別人知道她有學習障礙，深怕別人把她看穿了，會覺得她笨瞧不起她。她千方百計要掩飾問題，而且年紀愈大掩飾的技巧愈好。現在她六年級了，沒有老師認為她有障礙，甚至認為孩子可以表現得更好。當我和老師討論時，問題變成是我這個做媽媽的寵壞了孩子！」金花低頭停了一下，緩緩地把眼鏡往上推，用手帕擦拭淚溼的眼角。

「孩子的學習障礙引發許多問題，包括學習、健康和情緒層面。金花想盡各種方法協助孩子，付出相當大的心力。校方非但不理解你的努力，還質疑你教養有問題，讓你覺得委屈和生氣。」我同理道。

「我孩子也常這邊痛那邊痛，看醫生卻檢查不出所以然來。」敏珊回應道。

「醫生說是心理壓力引發的，孩子不善表達，就直接反映在身體上。」金花說。

「我們也是三天兩頭跑醫院，醫生跟我們熟的不得了。有時候我懷疑孩子是裝病，卻又不敢不帶他去看醫生，唉！真的很麻煩。」春梅加入說。

「談起孩子健康問題時，好幾位邊聽邊點頭，似乎都能了解孩子壓力下的身心反應，也能了解母親因不確定感而格外辛苦。」我反映成員肢體語言所代表的心理意義，指出成員們經驗上的共通之處，增進成員的團體感。

功課愈多，親子衝突愈大

「換我說。我是小鈴，有兩個孩子，老大女兒今年五專四年級，老二男孩國一。別人都說第二胎生產比較快，我卻在產檯上超過二十四小時，用盡全身力氣，人都虛脫了，孩子還沒生出來！」小鈴聲音清朗，一頭捲短髮，T恤搭配寬鬆的長褲。

「孩子四歲時，他染上小感冒，看醫生吃藥整整一個月都沒治好。偶爾沒

來由地突然全身抽搐，那個月急診不下四次。奇怪的是進了急診室施打生理食鹽水點滴後，所有症狀就突然消失。他的精神瞬間好轉，下床又跑又跳。醫生根本查不出原因，每次都叫我們回家再觀察……」小鈴深深地吸一口氣。

「反覆好幾次進出醫院，最後我受不了了，堅持孩子要住院檢查找出原因。住院第一天很平靜沒狀況，第二天早上孩子又開始無端抽筋。醫生懷疑是感冒藥引起的，立即就換了藥。可是直到下午抽筋的情況還沒改善，我們心急如焚卻又不知如何是好。後來有位老經驗的護士，私下建議我們轉院，我們就立刻辦轉院。轉院接手的醫生很生氣，說我們延誤治療可能導致孩子生命危險！」小鈴語氣變得急促。

「他們立刻就給孩子接上氧氣瓶、打針、照X光、電腦斷層掃描……霹里啪啦的，我們在旁邊全都傻眼！接下來我吃不下，也睡不著，日夜守著孩子，天天以淚洗面……」小鈴不禁哭了起來，她以手絹緊緊地遮住臉龐，破裂的嗓音穿過手絹，傳進大家的心中。成員紛紛拭淚，靜靜地等著小鈴再說下去。

「醫院一住就是半年，出院時醫生說孩子的命是救回來了，但會有後遺症，將來鐵定會變笨、長不高，甚至會犯癲癇。當時我一心只想趕快回家，醫生的話我就不以為意。回家後我格外注重營養保健，孩子也一直都能保持健康……」知道孩子無恙，大夥心情放鬆不少。

「因為醫生說他會變笨，我想勤能補拙，只要努力一定能克服問題。我就下定決心要拚命教，絕對要教到他會。孩子小學一二年級時，為了功課我們常拚到晚上十二點，甚至到一點才上床睡覺。因為這樣拚，各科成績也都差強人意。可是三年級後他學習出現瓶頸，成績一落千丈……」小鈴臉色變得陰沉。

「有一次他考全班倒數第二名，很難過跟我說，媽媽你為什麼不把我生聰明一點，這樣子你也不會那麼辛苦。媽媽為什麼我再怎麼努力，結果都是一樣，只有兩科及格？我心如刀割。五年級功課多、進度快，晚上孩子經常睡到半夜就自動醒來，下床整理書包，看看有沒有漏帶什麼東西。後來情況愈來愈誇張，夜裡每隔一小時他就要下床檢查書包。我想他已經完全無法承受了，我才開始面對他學習能力有限的事實，唉……」小鈴搖頭感嘆。

「兩年來，我到處聽演講、上課，找方法幫助孩子。但不管我怎麼努力，

無法改變的事實是，孩子的學習就是需要比別人多三到四倍的時間，有時我會愈想愈放不開，孩子也給自己很大的壓力。來團體我就想多聽聽大家的經驗，很希望能找到方法幫孩子紓解壓力。」話畢小鈴輕輕按壓著手絹，像要撫平自己心情般。

「小鈴的孩子幾次和死亡擦身而過，孩子在學習上遇到很大的挫折。孩子承受壓力不小，過得很苦，令人心疼。母親的壓力也很大，很不好受。」我說。

確認孩子的能力水準，才能有合宜的期待

「大家好，我是芳芳。我們的孩子看起來都很健康，外人可能會覺得他們跟別人一樣，其實他們都有某些部分比人弱。我有個獨生子，目前國中二年級，診斷是閱讀障礙、注意力不集中和感覺統合失調。他小時候就學得慢，到了兩歲還只會說疊詞，我覺得怪，可是老人家就說大隻雞慢啼（台語）不用緊張。我想可能再過幾年他就會跟得上吧！」芳芳有著健康的棕色膚色，一束緊紮的馬尾看來很有精神。

「可是孩子進了小學後，有作業、有考試，同學們就會互相競爭、彼此取笑，我才知道代誌大條了（台語）。就像剛才夥伴說的，如果老師不能諒解孩子有學習障礙，反倒落井下石認為孩子偷懶、母親縱容，那就慘了！」芳芳說話中氣十足，字正腔圓。

「為了要治好孩子的問題，我從南到北求神拜佛，希望靠著神明來改變孩子，就像總統候選人一樣，我帶著孩子全省走透透（台語），大廟小廟拜透透。」芳芳逗得大家發笑，團體氣氛變得輕鬆起來。

「算命啦！做法事啦！喝符水啦！到廟裡捐善款啦！無所不用！有陣子我甚至懷疑自己前輩子做了什麼孽，要不然我就是和孩子相欠債（台語）。我想冤有頭債有主，為了弄清楚問題的根源，我還去做過前世催眠呢！」芳芳爽朗地笑。

「兩次哦!」芳芳豎起二根手指加強語氣,作風前衛全場驚異。

「反正就是花了很多很多的錢,加總起來一定可以買棟別墅了!」芳芳一派輕鬆地說著。

「錢大把大把砸下去了,孩子的功課卻絲毫沒起色。我的痛苦也如影隨形!後來痛定思痛,我全力投入學習特殊教育,不斷參加各種特教的訓練及研習的課程。又過了好幾年,我才漸漸了解孩子學習問題的癥結。或者說,我才確定他的能力水準。如果超過他能力,再怎麼強烈要求,他也學不來!」

「現在我能接受孩子能力弱,期許自己要做個堅強的母親,要為孩子的前途設想好下一步。譬如,在孩子國三前,我就要把他將來進高中的各種可能性都摸透。以後升高中,我就把他就業的路找好!這樣我就不擔心孩子未來要怎麼過了。功課呢,英數理化二三十分,我都可以接受。這幾年來,孩子變得很信任我,而且比較能夠不理睬社會壓力,像同學瞧不起啦、學校功課要求啦、親友長輩的指責啦,他的抗壓能力增加了很多,這方法目前對我而言還算是有效。我來參加團體就想多聽多學,看看我和孩子還有什麼可以改進的。我就先講到這邊,謝謝。」說完了,芳芳轉頭看看玉蓮,意思是要玉蓮接著發言。

🦪 打罵無效後,才發現孩子能力有限

「各位好,我叫玉蓮。我有兩個男孩和一個女孩。老大、老么都沒問題。老二現在國小四年級,從大班開始就狀況不斷。進小一時,老師要求練習寫字,他死都不肯,用罵用打的也都沒效。起先我認為他是調皮、懶惰。後來才發現,他根本是寫不出來!」玉蓮身材高挑,臉形輪廓深刻,操著一口台灣國語,資料表上註明她的學歷是高中畢業。

「幼稚園時老師介紹我帶孩子去看心智科,掛號足足等了半年才看到醫生,接下來各種評估又花了半年時間。最後醫生說孩子有學習障礙,沒辦法記得國字,事情也會記不住,吃藥也不會有用。」玉蓮語調上揚一臉無奈。聽得出她不習慣在大家面前談話。表達不順暢時,她會比手劃腳示意一番。

「有人推薦我帶他去上感覺統合課程，前後上課也有四年之久。開始時還有點效果，可是後來他的成績不進反退，很奇怪？因為費用很高，我就把課程停掉了。養這個孩子好像是把錢丟到無底洞裡，永遠也填不滿。」

「他小學一年級的導師不懂特教，我去跟他講孩子的情況，請他多包涵多照顧。老師當面跟我說好好好，幾次我在教室外偷偷觀察，發現老師完全不理睬孩子，整天不跟他說一句話，徹底忽視他。孩子去了學校一整年，什麼也沒學會。最後變成不敢去上學！每天上學就要大鬧，一定要我押著進教室才行，真的很受不了，事情一拖就是兩年。後來我到處拜託，升上小三才換了懂特教的老師，孩子拒學的問題才得到改善！」玉蓮滿臉倦容。

「在家裡我花很多時間個別教他，可是愈教愈煩！最後孩子還抱怨我教的跟學校老師教的不一樣，糾正我，說我亂講亂教！我和孩子火氣都很大，吵得連我先生都看不下去，要我出去，換他來教……」玉蓮不禁搖搖頭嘆息。儘管玉蓮表達不甚流暢，成員們仍聚精會神耐心聽著。

「結果我出去沒三分鐘，換成他大吼大叫，場面比我還要難看。實在是不行啦，沒辦法啦！」說起和孩子相處的小故事，玉蓮有種純樸坦率的幽默，全場大笑，一時分不清楚是苦是樂。

「四年級功課比較難了，教不來我就會很氣。結果孩子乾脆不理我，完全擺爛不念，四科通通都給我考不及格。後來老師跟我聊了很久，說不能給壓力，一給孩子壓力，媽媽和孩子都完蛋了。老師說這樣的孩子最重要的就是行為不要變壞。聽了老師這樣說以後，我才開始學著放手……」玉蓮自顧自的苦笑著。

「玉蓮，聽到你跟孩子的戰爭已經好幾年了，現在你開始練習放手了。」我回應道。

「好像很難耶……說是想要放手啦，可是一看到他考卷的分數，話都還沒說一句，我眼淚就滴下來！現在只要不打他，就算好了！」玉蓮感嘆。

「這樣就有了進步了啦！」芳芳鼓勵道。

「可以談談你參加團體的期待嗎？」我問道。

「嗯……來上課就希望能讓我跟孩子不會常常衝突。」玉蓮答。

「玉蓮想減少親子衝突，這很重要。團體中我們會有機會分享管教經驗，但不會系統進行管教的技巧訓練。我想你可以從大家的經驗中找到一些方法或想法，對你會有些幫助。」我澄清，玉蓮則點頭同意。

入學如入火坑

「我叫敏珊，我有一個男孩就讀國小三年級，他出生時早產，只有一千五百公克。為了全心照顧孩子，產後我就辭職沒去工作了。他發展較慢，二歲才開始學會走路，四歲才說出一句完整的話。」敏珊坐在玉蓮右邊，身著簡便綿衫和牛仔褲，鼻樑上深色塑膠框眼鏡現代感十足，說起話來慢條斯理。

「那時阿公阿媽都很疼，也是說大隻雞慢啼（台語），叫我別擔心。五歲進了幼稚園，才知道他狀況差很多。去給醫生看沒五分鐘，就說他是邊緣性智商，說他會笨不會聰明，這就像是被判死刑一樣，接著半年我都很沮喪。」敏珊講到傷心處，神情並沒有太大的變化，講話依舊有氣無力。

「後來朋友鼓勵我們再去另一家醫院檢查，一連作三四種測驗後，說孩子是注意力缺陷過動症，外加妥瑞症。我想，過動應該比智能不足好一點！此後我就開始注意相關的資訊，到處打電話問……剛才有幾位都說到老師很重要，我也有同感。孩子幼稚園大班的老師，到現在我也不能原諒他！因為妥瑞症的關係，有時孩子就會有些不自主的動作或發出奇怪的聲音。平常他在家裡鬼吼鬼叫就算了，上課時鬼叫老師就會很抓狂！結果他被老師認定是調皮搗蛋的學生，歸入黑五類，每次發生問題，老師問也不問，就認為是我孩子帶頭作亂，先罵先罰再說，真的很冤枉！」敏珊忿忿不平。

「老師不但經常當眾用尖酸苛刻的話挑剔孩子，就連我也要數落。因為這個老師，我兒子幼稚園也不想去，什麼都不想學，動不動就哭。還好上了小學三年級以後遇到的老師都不錯，能包容他。幼稚園那段日子真是一場惡夢……」

「我先生什麼都不管，好像孩子是我一個人的。怕孩子闖禍我看得緊，婆

婆就嫌我管得太嚴，孩子好動常闖禍，婆婆就怪我管太少。我怎麼做婆婆都有不滿意的理由，反正很難搞！老實講，孩子這麼難帶，先生會選擇逃避也不是沒有理由的……」

「敏珊你一個人要承擔教養的責任，孩子難帶，婆婆的批評讓你很難做！過去孩子在幼稚園時曾遇到很多困難，現在改善了很多。你可以說說參與團體有何期待嗎？」我應道。

「我參加團體並沒有什麼特定的目標啦，主要是想和大家說說話多交流，聽聽大家的經驗，多認識些家長！」敏珊說完後和右邊的淑蘭交換眼神。

只有站在孩子的立場，才能解開孩子的心結

「大家好，我是淑蘭。我有一男一女。」淑蘭微微點頭向大家致意。

「我懷老大產檢時都很正常，誰知道後來發現他有先天性心臟病。當初我們一心想要救孩子的命，不論花多少錢都好。進出醫院陸續折騰了兩年，值得慶幸的是開刀很順利，孩子心臟的問題就這樣解決了。」淑蘭說得有點快。

「孩子在幼稚園時就有點怪，他很愛爬上爬下又常跌倒受傷。每次我跟先生說孩子的動作好像有點問題，他都會說男孩子本來就比較活潑好動，長大就會沒事了。他還說自己小時候也常受傷啊，現在不就好好的嗎？我只好半信半疑。結果幼稚園老師就跟我們反應，要孩子進一步接受檢查。醫生檢查的結果發現他有感覺統合的問題，接著就連續做了三年職能治療。進小學後又出現很多學習問題，我們又再帶回醫院檢查，發現他是注意力不集中而且兼有學習障礙。孩子接二連三出問題，後來每次帶孩子上醫院，我都有種莫名的擔心，深怕醫生又宣布孩子有什麼新的問題。」淑蘭笑得有些為難。

「雖然我明知他學習有困難，可是在教他功課的當下，我又覺得他應該可以學得會，所以我不願放棄，一次又一次的教，講到口乾舌燥。每次陪他做功課，我都需要端一大壺茶水在旁，邊說邊喝才行。我常用國父十次革命失敗的例子鼓勵他，只要努力就能學會。可是他睡一覺醒來，就把昨晚學的完全忘光

了。如果做媽媽的還沒有辦法接受，就會……」

「急得跳起來！」玉蓮接腔。

「對！會很抓狂，然後就發生衝突。有天我和孩子一起看電視連續劇『倚天屠龍記』，張無忌在父母墓前流淚哀悼。兒子就問，為什麼他要對著那塊石頭哭。我解釋說，那是他父母的墳墓，那塊石頭是墓碑。因為他父母已經去世，他很懷念父母，很傷心所以會哭。幾天後我們聊天，我就問他，如果有天媽媽去世了，那你會怎麼樣？他的表情忽然變得神秘兮兮的樣子，靠到我耳邊小小聲說，媽媽你死了以後，我會……我會……我會拿皮鞭……會拿皮鞭打你的墳墓！」淑蘭轉述著兒子的話，語出驚人全場嘩然笑聲雷動。

「我嚇一跳，你知道嗎？」淑蘭一面笑一面想要勉強繼續講，好不容易眾人靜下來，大夥急著想知道後來的發展。

「講實在話，我們都會認為媽媽這麼辛苦養你教你，孩子竟然要鞭墳，如此不知感恩！但是換個角度想，小孩也很無辜啊！他必須無條件接受媽媽的想法和作法。孩子搞不好早就知道自己能力不好，就是學不會！如果媽媽也能夠接受孩子的能力有限，就別一直硬逼著孩子無止境地背誦課文。」淑蘭說話時眼睛亮了起來。

「說起來很好笑，逼他讀書，考試得三十分。如果都不理他，光憑老師上課講的印象，他考四十分。昨天他跟我說，媽媽其實我睡一覺醒來，昨天讀的都忘光了！請問到底要不要逼他讀書？」淑蘭聳肩自問。

「聽了他要鞭屍，啊！不是啦，是鞭墳啦！」眾人又是一陣大笑。

「我就想出了問題癥結點，我兒子對事情的理解很片段，別的孩子會看爸媽臉色，一發現爸媽變臉了，就會停止不當的行為。可是我兒子不會看臉色，他完全不理會我說什麼，我當然會愈講愈大聲啊！可是他被處罰後，卻沒辦法記取教訓。他只記得說媽媽打我！媽媽罵我！對我大小聲！有一次他告訴我，媽媽其實你不用大聲的跟我講，你小小聲的跟我講我就會聽！後來我真的刻意小聲對他講話，你趕快把東西收好，要不然我會變得很大聲喔！小聲講他反而會聽！」淑蘭露出愉快的表情。

「說話改為小聲後，又過了一個禮拜，他跑來抱著我說，媽媽！以後你死

了，我一定會抱在你的墳墓旁邊，就這樣，給你抱著這樣……」淑蘭雙手往兩側伸開做出環抱狀，學著兒子說：「因為你教我讀書，還教我很多事情啊！昨天學校營養午餐剛好剩下豬耳朵沒吃完，兒子就全部打包。回家時他的便當盒裝滿了豬耳朵，還對我說，媽媽這都是你最喜歡吃的，看我對你多好！」淑蘭笑得合不攏嘴，團體氣氛輕鬆起來。

「每個孩子都有可愛的一面。」金花笑著說。

「團體說明會後，我就決定要來參加團體。因為我有滿腔熱忱要幫孩子，卻常搞得不歡而散！來團體我要學習調適自己的情緒。」淑蘭思路清晰。

「淑蘭的介紹是淚中帶笑。經過反省後，淑蘭發現媽媽付出所有，用心良苦，可是孩子不但無法體會媽媽的愛和關懷，還覺得有滿腹的委屈和氣憤！我聽到淑蘭能從孩子的立場看事情，調整自己處理和反應的方法，最後獲得孩子正面的回應！」我向淑蘭點頭，表達肯定。

母親也需要心理支持

「我叫婷婷，有一男一女。男孩四歲大時，常坐不住。去醫院檢查，才進門沒五分鐘，醫生就說這個孩子有自閉傾向兼有過動的問題！從此我就開始想各種方法來教他，我蒐集市面上的教具和書籍，一直想要靠自己的力量來幫助孩子。可是，現在我快撐不下去了！來參加團體，就是希望能有轉機。」婷婷穿著紅棕和米白相間的橫條套頭毛線衣，搭著合身的短外套，烏黑長髮披在肩上。

「孩子的問題一波未平一波又起，老師經常打電話給我，三天兩頭我就被學校召見。他不但學習有困難，而且還行為偏差！」婷婷一口氣把這話說完，順手將頭髮向後輕撥。

「上週他被同學慫恿，到玩具店裡拿東西沒付錢。那天還是我檢查書包時發現的，我馬上帶著孩子找店家賠罪並退還玩具，我簡直難以相信我的孩子會這樣子！」婷婷睜大雙眼說。

「以前我會處罰他，打他屁股，後來聽別人說要打小孩的腳底板可以刺激成長，雙效合一！」婷婷尷尬地笑著說。

「我就叫他把腳翹起來，打他腳底板……你知道嗎？這樣打了他三次，我覺得自己很殘忍，好像在虐待他！後來我就不打了，可是跟他講道理好像也沒有效果。到底我該怎麼做？我愈來愈不知道了！」婷婷說話時神情認真，帶點緊張和嚴肅。

「最近我開始睡不著，覺得暈眩，又經常腹瀉！醫生說我是大腸急躁症，是我心理壓力太大了。吃藥是治標，減少心理壓力才是治本。我想，來團體和大家談談或許會有些改變。剛剛好多人都說跟孩子有很多衝突，我也不例外。他應該是對我恨之入骨吧！可是我也沒辦法啊！我到底是愛他，還是恨他呢？為什麼愛孩子會這樣痛苦呢？我覺得很混淆很困惑，希望來這裡可以解惑。」

「婷婷覺得孩子的問題愈來愈多，絞盡腦汁希望孩子別學壞，可是問題行為頻頻出現、防不勝防，你希望在團體中能釐清教養上的困惑。」我摘要。

「剛才聽完大家的介紹，似乎各位都曾經驗過一段混沌不明，一方面不能確認孩子的問題，另一方面則抓不準母親角色該如何扮演。這些經驗就是我們在團體中要談的話題。雖然孩子問題有相近之處，但每個孩子的環境和資源都很不一樣。團體聚會的時間有限，我們沒有辦法在這裡解決孩子所有問題，卻可以透過經驗分享，彼此支持共勉。剛才每個人自我介紹時，我看到大家都很專心地聽，這是很好的開始。在結束上半場聚會前，我們要進行一個小活動讓大家能熟記彼此的名字，讓接下來的聚會時間裡，我們可以用名字直接稱呼對方。」成員們相視而笑。

「現在從我右手邊開始，請每位說出自己的名字。」大家依序報出名字。

「接下來，我要大家以名字接龍的方式，熟悉彼此的名字。首先由春梅開始，春梅先說，我是春梅。然後順時鐘方向請金花說，她是春梅，我是金花。以此類推。我們要試著輪一圈哦！」說明後大夥笑了起來，團體立時注入一股新鮮愉快的空氣。活動後中場休息時間，成員們三兩成群自由交談，團體室裡瀰漫著咖啡香，房間倍覺溫暖。休息時間結束前，我提醒大家，準時開始下半場聚會。

1.3 團體設計：獨白式的自我介紹

　　心理支持團體是以成員關係及互動為中心，成敗關鍵在成員彼此間能否建立信任。成員自我介紹後彼此有較多的認識，可為將來更深的自我揭露做準備。自我介紹的時間不能太短，否則成員揭露的內容較少，資訊不足時成員彼此的認同感難以形成。反之自我介紹若超過二十分鐘，雖能說得詳盡些，卻可能令不善言詞的成員倍感壓力。萬一成員表達繁瑣卻無重點，長時間的發言將令人感到無趣。此外，某位成員花費過多時間，可能會讓其他人感到被忽略（Jacobs, Harvill, & Masson, 2002）。因此聚焦在一個成員或主題上約在十五分鐘左右是較為恰當的安排。

　　成員以獨白的形式進行自我介紹，隨後便由帶領者回應，這種互動的模式下，成員們彼此對談的機會較少。為了建立團體有效的互動關係，完成自我介紹後，帶領者需運用引導及示範的技巧，增加成員彼此對談及回應的次數。

1.4 父母心理：調適心路

　　父母若能對孩子的障礙本質有所了解，能正視孩子能力的限制，進而發展出「接納」的心態，便能建立適切的期待，訂立符合孩子需要的教育與治療目標，發展合適的策略協助孩子。醫師對孩子的診斷與預測，是父母調適心理邁向接納的起點，而非終點。離開醫院後，父母需要一段時間來理解、確認孩子的障礙本質，這過程充滿了矛盾、疑惑和痛苦。當父母不認識孩子的障礙特徵時，易錯估孩子能力，誤設教養目標，帶來許多親子的衝突。父母要不斷嘗試錯誤、經歷無數失望與挫敗後，才漸漸能掌握孩子能力，正確描繪出障礙的輪廓。小鈴以為加倍的努力便能彌補孩子能力不足的問題，由於勤加督導曾使孩子表現出色，這成功經驗讓小鈴不斷勉強孩子，無視孩子能力有限的事實。直到孩子產生強迫症反應後，小鈴才重新思考醫生的診斷，開始試著接納孩子能力有限的本質。提供豐富

完整的資訊讓家長認識孩子的障礙，可以促使家長採取合宜的療育行動。儘管如此，家長接受資訊後仍可能出現「有聽沒有懂」、「一意孤行」的反應。父母能否有效運用所獲得的資訊，其關鍵便是父母心理調適的情況（Higgins, Raskind, Goldberg, & Herman, 2002）。

特殊兒童父母的心理調適，從問題解決的歷程來看，包括覺知問題、確認問題、尋找問題、尋求治療、接納孩子及其障礙五個階段（Rosen, 1955）。另由情緒反應來看父母調適歷程亦可分為五階段，分別是震驚否認、憤怒、討價還價、沮喪自責、接受（Opirhory & Peters, 1982）。調適的階段論點提供一個有價值的參考架構，然而每個家庭和孩子情況不同，家長調適的歷程個別差異大（Gargiulo, 1985）。並非每個父母都會走過相同的階段，每個階段所需的時間也因人而異，就算是夫妻雙方的調適過程也可能互異。雖然有許多父母可以調適良好，但並非所有家長都能順利達成調適（Abery, 2006）。

「接下來六十分鐘要分兩部分。前四十分鐘要用來進一步分享，最後二十分鐘則要回顧今天的聚會經驗。自我介紹時好幾位提到，照顧孩子生活起居、督導孩子學習，母親承受多重壓力，親子關係張力大時有衝突。接下來我要請大家談談親子衝突的經驗。這次發言不必按照座位順序，準備好的人先說。」說完我便環顧全場，不鎖定任何特定的成員。以肢體語言傳遞訊息，讓所有成員確知不需按著座位次序發言。此刻房間裡十分安靜，但我並沒有催促成員發言，因為成員預備發言需要些時間，尤其是第一次自由發言時更是如此。約有十秒鐘無人發言，即使如此，我仍按捺住性子靜靜等候，最後芳芳打破沉默。

親子坦誠談心可化解衝突

「我先講！這是前幾天才發生的事。」芳芳微微笑著向大家說：「我喜歡

園藝，利用空閒在陽台上布置一個小花圃。半年來一直沒時間去逛花市，上週末好不容易和孩子約好，一起去假日花市逛逛。那天搭公車花了一個多小時，才進花市沒走幾步，孩子就不耐煩說他累了想回家。那時我突然有股無名火衝上來，就大聲吼他，好啦！回家去啦！然後掉頭就走。孩子嚇了一大跳，一路委屈的跟在我後面。回家後氣氛一直很僵。我在房間裡傷心的哭了五分鐘後，又想，不行，我不能再走回頭路，遇到挫折只會哭，這樣程度太差。枉費我十年潛修特教……」眾人竊笑。

「當下我毅然擦乾眼淚，鼓起勇氣走向孩子的房間，要和他好好談挽回頹勢。本來我想表現得很專業，就像老師這樣，面帶笑容語氣平和……」眾人竊笑。

「可是才開口就無法控制，我竟忍不住哭了出來。接著就不斷地數落孩子，媽媽對你這麼好，你連這樣也不願意陪我，我覺得很遺憾……。說著說著，孩子就覺得自己做錯事，不該要求我對他百依百順，也要學著重視媽媽的需要。他就這樣低頭哭著，向我說對不起！結局當然我就原諒他啦，所有的不滿也就煙消雲散了。過去衝突後我們各自生悶氣，新愁加舊恨從來沒處理。這次不但沒結新樑子，關係反而更親近了！這次我做對了，到今天我還很高興呢！」話畢芳芳滿意地笑著。

「芳芳真情流露說出自己的需要後，反而贏得孩子的心！這次能化干戈為玉帛改寫親子衝突的模式，你很高興。」我肯定道，芳芳是下半場打破沉默的首位發言者，她今天分享的成功經驗似乎已有良好調適，發飆事件始末她交代得很清楚，顯出積極參與投入團體的心態，我暗自思忖或許她日後會是團體中一股支持的力量。

「各位，剛才芳芳的分享是否讓你想起一些生活經驗呢？接下來請大家也談談自己的經驗。」我將發言機會再轉給團體所有成員。

 功課引爆親子戰爭，母親身心俱疲

「我的衝突點就是孩子學得慢忘得快，以前我用盡各種方法教，他就是學不會。最後打呀！罵呀！好幾次氣到胃抽筋，自己關在浴室尖叫捶牆壁！」婷婷面無表情地說。

「教孩子功課，常讓你情緒高漲。」我應道。

「有一次我就受不了，對孩子狂吼，你到底要我怎麼樣！媽媽受不了了啦！孩子被我嚇到哭，我也大哭。事後我抱著他，跟他道歉。可是問題是這種情形會不斷地出現，搞得精疲力竭！情況好一點，就是爸爸在家時有人可以換手……」婷婷說。

「我先生常常說什麼他要對我好一點，要不然我可能會把氣出在孩子身上。」春梅加入談話。

「先生很支持我參加教養的訓練課程。他常說我太情緒化了。可是我自幼個性隨和、情緒穩定、易與人相處。奇怪的是教孩子功課時，情緒就自動加溫，最後變成不定時炸彈。先生認為這是我的問題，不是孩子的問題。我很懷疑，這真的是我的問題嗎？」

「這種話我先生也講過，我教孩子愈來愈大聲時，他就會叫我離開。他說得不痛不癢的，好像有毛病的是我一樣，真是氣人！」玉蓮不服氣地附和。

「我孩子數學不行，我也是不斷的教，愈教愈氣，最後真的是要爆炸了！」小鈴跟進。

「只因為他小時候開過刀，受太多苦了。出院後他一直很乖，我真的很不忍心打他！後來我教到不行時就換姊姊來，姊姊受不了就換爸爸。現在他已經國中一年級了，開始叛逆，會拒絕我們教。這兩年來我慢慢調整心態，現在只要教一兩題，有一點點進步就好，不強求啦！」

「唉！你們不錯還有換手，我都沒得換手！」敏珊羨慕地說。

「其實我跟孩子強烈衝突是發生在我和老大之間，而不是老二。因為老二最危險的期間，連續好幾週我都待在醫院，根本沒回過家。天天哭、吃不下，

瘦得皮包骨。那時老大就一直待在奶媽那邊，後來奶媽私下跟我講，姊姊說弟弟是魔鬼！」小鈴說。

「姊姊心裡不平！」芳芳接腔。

「對！因為我管老大比較嚴，考試成績未達九十分，少一分打一下。姊姊認為不公平，為什麼弟弟成績差卻沒被打！」小鈴說。

「小鈴降低對老二課業的要求，姊姊很不滿，你很為難。」我看著大家問：「還有哪位想要談談親子衝突的經驗？」

「孩子國小五年級後，好像變了一個人似的，不再像以前那樣貼心了。他開始叛逆不願意聽話，我一直想自己哪裡做得不夠，或者我是一個失敗的母親？！有次他跟我講話，忽然一個不高興，竟然舉起拳頭在我臉前晃，我瞪著他好一會兒，他才收斂下來。我整天辛苦竟換來孩子拳頭相向，我很失望，不想再扮演這個媽媽的角色了……下次他也許會拿刀向我砍下去！」經金花如此一說，團體原本熱絡的氣氛急轉直下，一種絕望窒息的感覺迅速漫開。

「不會啦！」婷婷急忙勸說。

「你不要盡往壞處想！這樣太悲觀了，日子會變得很難過。」芳芳力勸。

「不會這麼糟的啦！」敏珊也說。

「我看到婷婷、芳芳和敏珊都很關心你，希望你不要太擔心。孩子的態度很讓你傷心，也很擔憂。費心教養孩子卻換來這樣結果，你覺得很失望。」我慢慢地說。

「我原希望孩子生活沒有壓力，結果他把方便當隨便，對我沒大沒小。昨天甚至為了買手機的事還跟我頂嘴、撕作業本，威脅我，不買手機他就要翹家！我真的很氣，我到底是為誰辛苦為誰忙？！我懷疑自己還能再撐多久，什麼時候日子才能輕鬆點，或許只有等到我躺下的那天才會結束吧！」金花憤慨又無奈，團體因而有些躁動不安。

「孩子不尊重你，讓你很挫折，覺得多年付出很不值得。辛苦的日子遙遙無盡期，你覺得沉重難以承受，甚至懷疑只有死亡才能解脫。」我說話的速度漸緩，讓大家有心理空間可以感受。

「在座有誰能體會金花的心境？」

1.5 團體技巧：讓成員打破沉默

帶領者摘要前半場的團體經驗，作為下半場的開場，同時說明團體時間的規劃。此外也針對團體成員發言的次序提供原則，讓成員清楚的知道接下來不再依座位順序發言，而要讓那些心理有預備的人說話。帶領者的說明便是要打破上半場原有的發言規則，避免依序輪流發言的習慣限制了成員自發性的反應，令團體互動變得僵化呆板。

由於成員尚未熟悉團體中的發言規則，帶領者說明後出現了短暫沉默的現象。這種安靜的現象，不僅帶領者可以覺察，也會引發全體的焦慮。然而只要帶領者沉得住氣，短暫沉默引發的焦慮恰能促使成員自動地發言。為了培養成員自發主動參與團體的習慣，帶領者切忌因個人的焦慮而指定成員發言，以免成員心中認定無人發言時，帶領者就會挺身而出承擔起指派發言的責任。等待片刻仍無人發言時，帶領者可再次以開放式的邀請鼓勵成員發言，創造機會讓成員扛起發言的責任。

1.6 團體技巧：協助成員接納他人感受

當金花正表達她對孩子行為每況愈下的情況感到擔憂與無望時，其他成員出於好意而回應「不會啦！」「不要盡往壞處想！」這種急著安慰人的話語形式常出現於日常生活的對話中。說話者可能的心境如下：

1. 擔心當事人耽溺於負面思考，使得問題變得不可收拾。因此告訴對方，事情沒他想像的那麼糟，期能減緩當事人的焦慮。

2. 當事人分享的問題過於沉重難解，聆聽者想要幫助當事人卻又無技可施，只好打斷當事人的談話。因為當事人若揭露更多無解的困境，徒增聆聽者的無力感。因此聆聽者無法再聽下去，最後直接阻止當事人，不讓話題繼續。

3. 當事人分享經驗正巧與聆聽者舊有的痛苦相近，碰觸了聆聽者深藏的恐懼感，引發無能或不快的焦慮感受，驅使聆聽者急想著要轉移話題。

　　「你想太多了！」這類回答的幫助不大，所傳達的關心與安慰也很有限，頂多只能阻止話題不再出現在聚會中，卻不能阻止這些負面情緒繼續存在在當事人的心中。這類回答以一種直接、簡單的方式否定對方的經驗、情緒與觀點，彷彿在告訴當事人，他的判斷是錯誤的，他的擔憂是不智的。更糟的是轉移話題後，當事人沒能充分陳述憂心苦惱的經驗，其他成員也失去探索相關經驗的機會。

　　團體能產生心理支持的效果，往往是因為成員有機會表達各種經驗，並且能獲得認可，這是最基本的支持方式。耐心地聆聽成員的經驗，細心辨識成員在經驗中的各種感受，並回應給成員，如此就能傳達了解、認可與接納的意圖。當事人感到自己情緒獲得帶領者或其他成員的認同肯定後，就更能接納自己的經驗與情緒。帶領者除了要經常以同理心方式回應成員作為示範之外，更重要的是引導成員們分享相似的經驗以傳遞了解與支持。多數參與團體的父母都希望得到情緒的支持，當他們在團體中無法得到了解和支持時，便可能退出團體（Heller, Roccoforte, & Cook, 1997）。因此，在團體初期讓成員有被接納的感受顯得格外重要。

痛不欲生的母親

　　「我可以體會！」芳芳應聲道：「孩子沒讀好書還可以活，孩子行為不良父母可就沒好日子過了。金花為孩子付出這麼多，應該是覺得心力交瘁了！」

　　「你擔心孩子拿刀砍你，我是自己割自己！就在這裡，你看……」玉蓮語驚四座，她伸出左手，把袖子往上一捲，露出手腕上二條長約四公分的刀疤，新生的皮膚紅腫突出，宛如緊附手臂的一條小蛇。

　　「我實在氣得沒辦法！」玉蓮顏面肌肉糾結扭曲。

　　「教養連連挫敗，讓玉蓮痛苦不堪，甚至曾用刀子割傷自己，想結束自己的生命。這心理痛楚強烈，幾乎難以承受！」說畢我停了停。

　　「誰還有類似經驗？」環顧全場我放慢速度地問。

「當我聽到孩子有過動症時，我幾乎要崩潰了。孩子成績其差無比，我已經完全放棄了。他行為問題不斷，更讓我疲於奔命。兩週前他跟同學到超商去拿東西，我已經忍無可忍了！」婷婷嚴肅認真地說。

「晚上我獨處時就會想些有的沒的，前陣子電視常有燒炭自殺的新聞，我也想過或許我也該去買一個放在家裡，只要一兩個小時，以後就會變得輕鬆。只是我的勇氣不足，還沒膽量採取行動……」婷婷聲調緊繃，話畢全場沉靜，婷婷眼眶漸漸泛紅。

「我覺得家有特殊兒，日子真的不好過，會有這種心情也是難免的！不過如果媽媽真的不見了，那孩子怎麼辦？他們會更好嗎？而且受苦的不只是媽媽，孩子的苦更多！孩子不能沒有媽媽，媽媽是沒有權利選擇放棄，一定要堅強！」芳芳說。

「我想各位都能同意也都經歷了為母則強，然而長期照顧孩子，日以繼夜付出，難免會感到疲累。只是親職無假期，大家只能咬著牙硬撐。婷婷說自己膽量小沒勇氣尋死，我卻認為各位要與困難共存，不斷地奮鬥，需要更大的勇氣。」說畢我停了一下。

「好幾位都曾有過尋短的念頭，還有誰願意談談？」

「那我來說好了。」春梅舉手說：「孩子是我要留下來的，從醫院帶回來時他的問題很多，唇顎裂、耳朵積水常引發中耳炎，又得開刀，還要植骨……孩子所受的苦實在太多了。每次孩子要進開刀房，我就很擔心很心疼，在外面哭著等。以前婆婆冷言冷語，說這個孩子體弱多病醫藥費一大把，是我自找麻煩。」春梅一臉不悅。

「更有親戚閒言閒語，說都是因為我媽連生三個女兒，今天我才會生出這種孩子。還好我媽媽沒聽到這些話……當時我啞巴吃黃蓮有苦難言，也曾想過自己如果可以原地蒸發消失就好了。可是回頭又會想到孩子怎麼辦，他真的很無辜……有段日子我常抱著孩子躲在房間裡哭，懷疑自己做錯了決定，讓孩子受這麼多的苦。直到孩子不用再開刀，外貌變得正常以後，婆婆才比較接納孩子，我的日子也才漸漸過得好一點。」春梅哽咽了起來。

「我想春梅如果有機會帶婆婆到醫院走一趟，婆婆就一定會改觀的。」敏

珊說道：「我帶著孩子到醫院去復健，遇到太多特殊孩子的家庭。老實說，跟各種腦性麻痺、小腦症啊那些嚴重的障礙來比，學習障礙不算嚴重。我曾經看過十幾歲的男孩，還不太會講話，整個人軟趴趴的不能站不能走，還得要媽媽雙手抱著去做復健。別人問候時，那位媽媽還跟別人說孩子有進步！真不容易！我想你婆婆如果有機會到醫院去看看，一定會更了解情況的。」

「敏珊，你在醫院遇過很多進行復健的孩子，發現自己孩子的問題並不是最嚴重的，這種體驗很有價值。我感受到你對春梅的關心，建議她讓婆婆到醫院開眼界，然而這方法對春梅不一定合用。你會有這樣建議，想必是有感而發，你願意跟大家分享嗎？」

「哦，好！其實我的情況和春梅有點像……」敏珊推推眼鏡說。

「公婆住在鄉下很保守，因為孩子有自閉和過動的傾向，我得常開車載他到醫院復健。公公認為我藉故往外跑，向鄰居指控我不守婦道不知檢點、到處玩樂不顧家，還一度要把我趕出家門。我曾想大不了就去縱火，跟大家同歸於盡。」敏珊搗著嘴笑。

「先生難得回家一趟，他什麼都聽公婆的，我倒像個局外人。有天我央求先生和我一起帶孩子去復健，他親眼看其他復健的孩子，才接受孩子需要早療。儘管如此，他還是有心理障礙，絕對不會獨自帶孩子去。我們搬離婆家壓力減少很多，就不再有想死的念頭了。」

「剛才大家談到母親痛不欲生的苦，雖然壓力來源不一樣。只要壓力超過負荷時，就會出現尋短的念頭，壓力減退後，尋短的念頭也會消失。我們中間有些人已經過了這關，有些人還正在經歷。在這裡相聚的目的就是要讓大家可以暢談做父母的甘苦，今天第一次聚會大家能談到這些重要的話題，表示大家都很投入，這樣對談很有價值。」

1.7 父母心理：特殊兒童父母的壓力源

身心障礙兒童的家長承受巨大的壓力，父母不勝負荷攜子自盡的社會新聞時有所聞。尋死求得解脫的念頭，對多數特殊兒童的家長而言並不陌生。當孩子的障礙情況愈是明顯嚴重，家長所承受的壓力愈是強大，無人分憂解惑也無社會資源支持時，尋短的衝動便會更為強烈。

特殊兒童父母的壓力繁多（張淑芳，2000；Kazak, 1986; Singer & Farkas, 1989），首先是孩子的能力不如期待、孩子教養難度高、父母疲憊不堪、孩子能力不足需要更多的關注和協助、父母因為孩子表現差而覺得丟臉、為了照顧孩子父母相處時間減少、醫療及教育資源難求、費用支出增加等（Patterson & Hamilton, 1983; Stewart, 1986）。其次孩子的不良行為、功課跟不上進度、孩子學校人際問題、家中管教的挫折、手足的爭執、父母生涯發展及社交的阻隔（唐紀絜等，2007；Mullins, 1987）、夫妻的衝突、親友路人的閒言閒語、長輩的關切或批評等，都可能成為父母調適的絆腳石，或壓死駱駝的最後一根稻草。

1.8 團體技巧：接納尋短念頭

「尋短」、「自傷」等禁忌話題，會引來高度不安，將造成聆聽者的情緒負擔。人們平時不願意透露出自殺念頭的原因，可能是擔心被視為適應力差，無法把生活料理好，怕被瞧不起等。另一方面，當人們聽到朋友談論尋短的衝動時，最常出現的反應便設法安慰對方，或保證問題沒想像的那麼嚴重。勸說者也可能會訴諸家庭責任或道德的理由，要對方不要有尋短的想法。尋短是社交場合的禁忌話題，卻是許多特殊兒童父母曾經驗過的心情。尋短之苦無法獲得他人了解和支持，將會產生孤單感受。

帶領者引導成員開放地談論自身真實的感受，並非鼓勵成員採取尋短的行動。相反的，帶領者期待團體分享能創造一種接納的氣氛，讓成員可以自在地分享各種情緒，讓心理壓力有抒發的出口。成員交換相近的經驗

時，成員多年承受的心理壓力能被理解，尋短的念頭在團體中被認可，不再被視為禁忌。成員有機會可以聽見相近的心聲，藉此獲得支持、減少痛苦，甚至對原有的經驗產生新的觀點。

🐚 承諾保密

　　「今天各位在團體分享了很多故事，不論是挫折或成功，傷心或快樂，都鼓勵了其他人更加開放，也更安心自在地談自己。雖然每個人的生命經驗都很獨特，幾次聚會後大家也可以發現夥伴有相似的處境，可以在情感上共鳴，在心理上也更加靠近。團體就是用這個方式彼此陪伴，希望能讓大家獲得勇氣繼續往前走。團體經驗就像一趟內在的心靈旅程，愈能真誠開放就愈能有收穫。然而這樣開放也可能會觸及敏感脆弱的話題，所以需要各位保密的承諾，在彼此保護與支持下，旅程才能順利。」我緩緩地說，成員們點頭回應。

　　「在團體裡的故事可能讓你有很多感觸，離開團體後你也許會想找人聊聊。我要提醒大家，與人分享參與團體的經驗時，盡量以自己參與團體的感想為主，不要透露夥伴的名字和家庭基本資料，在團體裡聽到的事，並不適合作為社交閒聊的話題。有各位保密的承諾，大家才能在團體中安心談話。在團體前的會議曾經向大家說明保密原則，現在大家分享後就能了解保密的重要性。為了慎重起見，我預備了保密承諾書一式兩份，請大家先仔細閱讀並簽名，表示你清楚知道保密的意義，而且願意負起保密的責任。一份各位留在手邊提醒自己，另一份我為大家保留。用正式簽署保密同意書的方式，是希望大家能用行動表達決心，不但能記得也能確實遵守。」兩分鐘之內，成員陸續完成閱讀與簽署。

聽見別人的辛苦，就更能忍受自己的痛苦

「聚會結束前，我要請各位談談今天聚會你有何感想？不必按照座位次序發言，準備好的人先說。」

「我覺得聚會怎麼才開始，一下子就要結束了？！」芳芳發言，好幾位跟著笑著點頭。

「好幾位都點頭，覺得意猶未盡。」

「對！」芳芳笑著答：「我想大家一定還有很多話還沒講出來，可惜已經沒時間了。不過今天這樣談下來，我對團體的信任感增加了不少。」

「這次聚會讓我對大家都有更多的認識，覺得很好。」婷婷開口說：「以前我會在心裡想，為什麼這小孩生在我家不生在別人家？為什麼我不能快快樂樂像別人一樣的過日子。別人家的孩子功課也不用媽媽看，自己會讀書而且隨便考試就考第一，那媽媽就可以快快樂樂天天去打麻將、喝下午茶。今天我看到大家的付出，覺得大家也都很辛苦！」大夥發笑。

「我曾參加過一個父母團體，只有兩個家長有特殊孩子，其他人的孩子都很正常。結果那個聚會變成我們這兩個特殊孩子的家長一直談孩子的問題，其他人都在聽，兩次之後我就不去了。」小鈴說。

「為什麼不去？」玉蓮好奇地問。

「我的小孩最難教，孩子問題最多，表現得最糟。當時和其他人相比，我不僅管教能力最差、還兼品行不好愛抱怨！很不是滋味啦……」小鈴說畢，大家發笑。

1.9 團體效能：普同性的治療因子

特殊兒童的父母因為教養經驗與眾不同，由於特殊的處境無法與人分享，家長常有種孤立感。當團體中成員揭露自己的想法和心境後，會發現有些想法、心情大家都有，和其他成員產生共鳴，化解孤立的感受，此即

團體療效因子中的普同性（Yalom & Molyn, 2005）。

　　婷婷曾表示因為孩子不好帶，對自己的母親角色到疑惑與混淆，又因為孩子行為問題而感到困擾。在聚會中婷婷聽聞不同的成員論及親子衝突的百態，因而對自己的處境獲得一種新的觀點，覺得自己的困境並不特殊，尚有很多人都是這樣過日子，這即是所謂的普同性。從團體的層面看，普同性有助於發展凝聚力。從個人的層面看，普同性本身即具有治療效果，可以減少孤單感。對於婷婷而言，普同性帶來新的觀點化解心中的疑惑，讓她可以拋開自我懷疑與自責，更接受自己的經歷。

　　普同性的治療因子在團體初期就會出現。第一次聚會中的自我介紹活動中即出現的普同性，是可預期的。這並非來自帶領者的教導，而是來自聆聽他人分享及對照個人經驗而有的收穫。團體帶領者要引導成員們能自在地說、專注地聽，促使成員在其中有所領悟，經驗普同性的治療／支持效果。因此團體帶領者又可稱為催化者，就像觸媒有加速化學變化的過程般。

1.10 團體過程：處境相近促成認同凝聚，經驗差異引發好奇學習

　　綜觀春梅、金花與小鈴的故事，可以發現許多相似之處。她們都陷於強烈的親子衝突中，並為提升孩子學業表現費心不已，為孩子學校生活適應困難感到萬分苦惱。這相近的困境使成員們可以彼此認同，覺得找到同路人。成員家裡都有特殊兒童，這主要背景及處境相近促成彼此的認同，可以發展出強烈的凝聚力量，是團體發展的重要基礎。凝聚感可減少社會孤立的感受，是團體的療效之一（Klein, 2000）。

　　芳芳的分享卻與前三位截然不同。一度擲下萬金求神明保祐，最後全力學習特殊教育知能，芳芳走過一段掙扎成長的路。從不能相信孩子能力不足，難以接受孩子成績表現不佳，到接受孩子能力限制，並對成績徹底放手。芳芳自認為目前已無親子衝突，孩子沒有課業壓力，具良好抗壓能

力。這另類的分享及激進作風，就像炸彈般在團體中爆裂開來，衝擊著每個人。成員們可能對芳芳親子相安無事的情況感到羨慕，同時引發許多疑問：「若芳芳適應如此良好，團體對她還可以有什麼貢獻？」「芳芳的經驗是真實的嗎？」「芳芳所持的教養原則適當可行嗎？」芳芳的分享無疑地引發大家高度的興趣，也有助於提高凝聚力。

芳芳展現出破釜沉舟面對問題的決心。然而眾人只看到結果沒看到過程。聽到芳芳的決心，還沒聽見到芳芳的傷心。可預期的是，芳芳異質性經驗將為團體帶來多元的經驗和觀點，未來的聚會中可能引出許多有益的討論。

「以前和接送孩子時間相衝的活動，我一律不參加。這次我排除萬難，能聽到大家的經驗，我覺得很值得！我還是希望能學習到處理孩子問題的方法，但我也還蠻喜歡聽大家的經驗。」春梅笑著說。

「今天雖然談到很多處理孩子生氣的事，可是我還是不很滿意。因為我很急著想要知道怎樣處理親子衝突，不要一直生氣，但我還沒學到！」玉蓮坦率地說。

「你感到失望，期待能快點學會處理親子衝突的技巧。」玉蓮點點頭，我覺得有必要在此澄清團體的目標。

「雖然別人的建議不一定合用，多聽點總有一線希望嘛！」春梅說。

「團體前我曾經跟大家說明，這個團體的目標在提供成員心理支持，團體中我們會談論教養經驗，分享各種心情和想法。玉蓮和春梅都希望在團體內學到有效的方法來解決親子衝突。將來我們一定會更深入討論親子衝突的話題，屆時各位就會聽到一些值得參考的管教技巧。」

「今天我發現大家親子衝突的事件多半與孩子學習表現不佳有關，孩子不服管教的態度或違規的行為也讓大家困擾。最後大家談到長期生活壓力讓人精疲力竭，這些壓力不僅來自孩子的特殊需求，也來自配偶或公婆支持不足。在身心俱疲的情況下，好幾位都曾有尋短的念頭。經過今天的聚會，大家對彼此

已經有了初步的認識，處境相同的確會令大家更能了解彼此的困難，體會彼此的感受。為了讓大家能夠彼此更加熟悉，本週家庭作業要請大家用電話聯絡你左手邊的夥伴，我們下週再見。」

1.11 團體技巧：澄清團體目標

　　成員參與團體每週需撥出三個小時且連續八週，付出時間心力代價不小，成員需有足夠強烈的動機才能維持穩定的出席。團體運作能否滿足成員的需求與期待，將影響其參與團體的動機。每個團體都有各自不同的目標，團體目標決定團體運作的方式，也決定聚會時談話的範圍。雖然於團體前的會議中已經說明了團體目標，團體初期帶領者仍要敏銳於成員的期待，當成員的期待與團體原定目標不一致時，帶領者有責任澄清團體目標，並針對那些與團體目標不符的期待進行處理，以免成員對團體感到失望。澄清期待後，成員可能修正個人的期待，或者接受團體原定目標，如果雙方目標沒有交集，成員無法接受團體的限制，或明顯認為團體目標並不適合他，帶領者需要考慮讓成員選擇離開團體，或推薦那些符合成員需要的其他資源。

　　帶領者會發現有些報名參加團體的人並無明確的期待，他們抱著試試看的心態來參加。有趣的是在團體結束時，這類成員的收穫不見得就比較少。對團體無明確期待的現象，可能是由於社會大眾對心理團體的認識不足所致。帶領者有責任在團體前會議及團體進行時向成員說明，增進成員對團體目標的了解。

　　春梅與玉蓮希望在團體中能獲得管教技巧或資訊，以解決親子衝突，或減少自己生氣的次數。然而本團體的目標是透過經驗分享使成員獲得心理支持，而非傳授管教技巧的親職訓練團體。即使帶領者已清楚說明團體運作的方式及目標，對於急需管教問題解答的母親而言，則需要多次提醒與澄清，才能減少成員期待與團體目標間的差距，因為兩者差距愈小，成員對團體的滿意度愈高。

1.12 團體設計：聚會回顧

　　聚會回顧，成員收穫豐碩。由於成員全神貫注的參與，聚會歷經三個小時仍覺意猶未盡。芳芳與婷婷都表示成員背景相似，促使她們樂於揭露個人經驗。小鈴表示團體中的談話有立即紓解情緒的效果，而敏珊與別人的經驗相較下，發現自己憤怒情緒毫無章法的缺點，是成員透過團體獲得自我覺察的現象。綜言之，回顧活動具有以下五種功能：

1. 成員藉著回顧，為自己的團體經驗做成摘要或評述，有助於成員將個人的學習具體化。

2. 成員向著團體公開宣布個人的學習收穫，將使該項學習獲得確認。

3. 成員分享團體收穫時，能發揮彼此激勵的效果，強化成員參與的動機。

4. 部分成員在回顧時表明個人期待成長與改變的目標，帶領者可據以設計個別化的家庭作業，落實成員的學習，使其各項學習從團體內延伸至日常生活。

5. 回顧活動有助於帶領者能了解成員團體經驗，對團體成效進行評估。

　　回顧的活動扮演著小兵立大功的角色，這簡短而高結構化的活動具極高的價值。回顧也可用下列的提問來了解成員的聚會經驗（Jacobs, Harvill, & Masson, 2002）：

1. 你對這次聚會感覺如何？

2. 這次聚會你印象最深刻的是什麼？

3. 在今天聚會中你感到最有收穫的時刻是？

4. 這次聚會中你學到了什麼？

5. 你最喜歡今天聚會的什麼部分？

6. 團體聚會中有什麼讓你覺得不了解或不喜歡的？

7. 你對團體有什麼問題？

8. 為了讓團體更好，你有何建議？

1.13 團體過程：建立信任感

　　團體首次聚會的自我介紹活動中，成員以濃縮摘要的形式敘說個人多年的育兒經歷。全體成員專注聆聽的神情加上主題及時間上限制，架構起「把你說的話當做一回事」的氣氛。這種專注認真聆聽，像對當事人表達敬重的場景，讓團體內的分享不同於平日訴苦的經驗。成員講述個人故事時，勾起許多回憶。往事歷歷在目，五味雜陳的心情也隨之湧上心頭。由於孩子障礙類別與嚴重程度、家庭成員組成與態度、夫妻相處的模式與關係等差異，八位成員有各自獨特的故事。在別人的故事裡，成員不僅能聽見相近的育兒經，也聽見了同為人母疼惜子女的受苦心腸。經驗分享後成員得知彼此處境相似，再加上簽署保密同意的行動，成員對團體將更為放心。

　　首次聚會帶領者主導談話的進行過程，引導成員以接納的方式回應其他成員出現的悲傷絕望的心情。下半場帶領者以大夥關切的議題引導成員打開話匣子，打破逐一獨白的對話形式，試圖引導成員有自發的互動經驗。話題發展至「痛不欲生」的心情時，帶領者放慢腳步，引導成員分享相近經驗並表達理解，藉此發揮支持的影響力。故事，不僅讓成員彼此認識，也觸動人心，帶出團體的吸引力。在聆聽別人心聲的同時，成員更加靠近自己的心，更認清自己所經歷的一切。團體就這樣建立初步的信任，展開支持的網，將大夥的心聚攏起來。

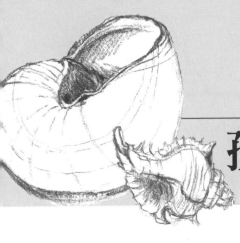

第二次團體聚會
孩子會恨我嗎？

2.1 團體設計：目標與流程

　　團體初期所建立的信任感及安全感，將是成員加深互動的基礎。初期聚會所建立的氣氛，將為後續的聚會定調。第二次聚會的目標在回顧家庭作業，評估第一次聚會經驗，了解成員前次聚會的感受與想法。此外，還要讓成員彼此有更多的認識、逐漸擴充成員經驗分享的寬廣度，同時要幫助成員習得團體對話的方式及互動的規則，建立起有效的互動模式。第二次聚會流程如下：

1. 回顧家庭作業之電話聯繫。（約20分鐘）
2. 前次聚會回顧。（約20分鐘）
3. 焦點話題：冷便當事件。（約25分鐘）
4. 中場休息。（14分鐘）
5. 生命曲線活動：團體共同創作約5分鐘，每人分享約10分鐘。（共約85分鐘）
6. 本次聚會回顧。（14分鐘）
7. 家庭作業說明。（2分鐘）

　　才走進團體室我還沒來得及開口問早，小鈴便搶先說：「老師我上次家庭作業沒有做，沒打電話！」全場大笑，房間裡頓時熱鬧起來。成員們愉快交談，展

現出對彼此的好感與興趣。這時婷婷信步踏入，才進門就抓住大家的目光。

「哇！髮型不一樣了！好俏麗！」大夥驚叫著。婷婷順手放下背包，回應以明亮笑容。上週她長髮披肩，此刻變成俐落的短髮，瓜子臉被襯托得更加秀美，前次雙眉緊鎖的神情已不復見。

「今天大家見面很開心，各位都注意到婷婷髮型改變囉！」我反映團體氣氛並描述成員的互動。

「對啊！美美的！」芳芳笑著，大聲肯定婷婷的新造型。

「謝謝啦！你們嘴巴這麼甜，待會兒我會報答你們的！」婷婷笑著回答，故意賣關子。

「不錯哦！」大家七嘴八舌笑著鬧著。

電話聯繫增進友誼

「首先請各位談談上週電話聯絡的情況。哪位願意說說看？」

「我先說！」芳芳首先發言：「我和小鈴曾在不同的研習活動見面，卻從來沒有機會這樣談話。聊了才知道，我們孩子情況很相似。長久來我希望孩子能擁有自己的朋友，但他成績差，在學校很難交到朋友。或許我們孩子有機會可以作朋友！這通電話對我很有意義！」芳芳充滿希望地說。

「孩子能找到朋友，芳芳很高興！接下來哪位要分享？」向芳芳頭點後，我環視全場，目光刻意不停留在任何特定成員身上。

「我要謝謝婷婷！那天接到電話時，我教孩子數學正遇到瓶頸。婷婷就教我幾招，我現學現賣效果不錯哦！」春梅向婷婷點頭致意。

「我自首，我沒打電話給玉蓮。因為我們碰巧報名相同的研習，有機會相約聚餐聊聊就變得更熟悉了！」敏珊說。

「還有人想談談聯絡的經驗嗎？」我問，控制時間是帶領者的重要工作。

「婷婷上禮拜三下午打電話給我，問候我過的好不好，其實這禮拜孩子月考，我搞得比孩子還緊張！講電話後才放鬆了些。至少這禮拜都沒有打孩

子……只是罵一罵而已！」春梅說話時的認真態度，讓大家更忍俊不住。

「我想這應該算有進步吧！我需要好好學習如何紓解壓力！」春梅又說。

「對呀！這很重要喔！」敏珊推了一下眼鏡附和著說：「以前我參加媽媽讀書會，幾位家長常聚聚聊聊。其實也沒什麼偉大的結論。但只要能出門和大家聊聊，心情就會變好。後來讀書會停了，整天關在家裡，我就變得有點……」敏珊一時詞窮。

「自閉！」玉蓮順勢接話。

「對！自閉又自卑！來團體和大家講講話，情緒有了發洩管道，這禮拜我也變得比較快樂啦！」敏珊語帶驚奇。

「接下來這禮拜還有電話聯繫的家庭作業，希望各位有更多機會彼此交換經驗。」我打算結束本段話題，卻意外地被打斷。

說出擔心，才能放心

「老師啊！這樣子打電話我們會變成什麼，你知道嗎？我們會變成垃圾桶！」玉蓮自問自答，大夥笑。

「各位覺得需不需要垃圾桶？」笑鬧聲中我追問。

「是有需要啦！至少可以減少打小孩的次數。」婷婷逗趣說，全體大笑。

「我是怕說太多，別人不想聽會受不了啦！」玉蓮一本正經，嚴肅的神情與此刻輕鬆氣氛顯得不協調。

「玉蓮擔心講電話會造成別人的負擔。」我簡短應道。

「以前我會跟我媽分享，其實就是訴苦啦！……孩子最近又惹了什麼事，闖什麼禍。日子久了，我覺得自己很糟糕，為什麼我總有問題老纏著人家。後來我就決定不再抱怨，誰都不說了！」芳芳坦率地說。

「我覺得有人可以傾訴，真的會寬心不少！」小鈴加入對話：「但聆聽者必須能夠了解情況，而且要能夠信任我們。否則我們可能會被誤解，如果被指控為教養無方，那可就得不償失了！」

「這種人不多哦？！」春梅天真地問。

「不多，不容易找到。可是，只要有一兩個也就夠了……」小鈴回答。

「如果擔心佔用對方太多時間，可以先問問看對方是不是方便現在講話啊！如果對方正忙，那就長話短說嘛！」敏珊向玉蓮說。

「其實我不是隨時都方便講電話，將心比心，我想對方可能也會不方便，後來就很少打電話給人。不過這次和小鈴講電話，真的有意外的收穫！」話鋒一轉，芳芳再次肯定聯繫的價值。

「像我們要照顧孩子、照顧先生，還有做不完的家事，電話長談很不容易。上次金花打電話來，沒講幾句垃圾車就來了，只好草草結束談話。可是有機會電話聯繫我覺得蠻好的，如果金花不介意我提早結束談話的話……」婷婷藉機表達歉意。

「生活忙碌要抽空打電話並不容易。不想打擾別人、不喜歡老抱怨，最後就會變成不想打電話。然而這次大家聯繫仍有收穫，下週請大家把握機會！因為採取行動改變的人會有較多的收穫哦！」我再次鼓勵並預備結束話題。

「來團體和大家聊聊，心情可能會變好，這就是支持團體的功能。當你心情變好了，和家人的互動也可能會變得不一樣！剛才各位能分享各種想法和心情，都能彼此聆聽，回應時能針能對別人的感受分享自己相關經驗，我感覺大家的心理距離拉近了不少。這樣談話的方式很具有支持性，讓今天聚會有很好的開始。」我針對成員的互動進行回饋，指出有助益的互動方式。

2.2 團體效能：注入希望

許多家長全力投入孩子療育活動，經年忙碌疲憊，因此多數家長大幅減少社交活動。電話聯繫的功能之一，在創造團體外互動的機會，可以增進成員間的關係，使成員的生活可以獲得更多的支持，減少孤立的感受。此外，家庭作業促使成員採取明確具體的行動，使團體的影響力延伸至成員日常生活中（Gladding, 1991）。聚會一開始便分享電話聯繫的經驗，這話題焦點明確，深淺適中，能讓成員自在地打開話匣子，為進一步的分享熱

身。討論家庭作業，可使成員感受帶領者對這項作業活動的重視與關心。

　　從成員分享的內容中可以發現，電話聯繫時，成員有機會發現彼此相似處、建立更深入的友誼、切磋督導課業的技巧等。團體初期每位成員的收穫或進展，不論大小都具正面意義。引導成員談論他們的正向改變，便是告知成員：「改變是有可能的！」「團體真的可以有幫助。」「別人有改變，我也會成長！」談論這些正向經驗有激勵人心之效，為團體帶來新鮮的希望感，並注入嶄新的能量，此即團體療效因子「注入希望」（instillation of hope）（Yalom & Molyn, 2005）。團體初期成員獲得希望感對團體產生正面期待，有助於提高團體的凝聚力。團體凝聚力愈高，團體的效能也愈高（Posthuma, 2002）。

2.3 團體技巧：接納成員的擔心

　　帶領者引導團體朝預定方向前進的同時，仍需保持彈性，對成員主動拋出的議題要有開放的態度及關心的回應。玉蓮擔心在電話上傾吐個人問題將造成別人困擾，這話題雖不在計畫之內，卻對團體發展有正面的價值。帶領者回應關注玉蓮的經驗，引發其他成員分享電話交談的負面相關經驗。芳芳認為太多的抱怨會損及自我形象，會覺得自己比較差、有問題、沒能力。儘管原因不同結果卻相近，成員皆失去傾訴的意願，寧可保持緘默，這也正是許多特殊兒童家長淡出社交生活的原因。

　　敏珊、玉蓮、芳芳等自發的對話，揭露電話聯繫時諸多牽掛，觸及隱藏的負面感受，能深化團體互動的層次，對團體發展具有獨特的價值。當這類負面經驗或隱情得以公開，並獲得聆聽與理解時，成員將感到被接納，在團體中更能放鬆自在，有完整與踏實感。這將使成員了解不論是正面或負面的經驗，在團體中都會受到同等的重視。值得注意的是帶領者傳遞接納的方式，乃是透過專注開放的聆聽態度，以及引導成員回應並揭露相近經驗的互動過程。當成員感到被接納時，就更有勇氣在團體中呈現真實的自己，樂於在團體中探索更深層的情感、心理需求與衝突。

孩子會恨我嗎？

「上週聚會各位還記得嗎？哪位能談談上次聚會讓你印象深刻的事？」我另起爐灶引發新話題。

「有二個故事讓我難忘，婷婷說孩子問題層出不窮，很難搞清楚到底是孩子有狀況？還是媽媽心理有毛病？坦白說，孩子問題重重，連專業老師和醫生都不一定抓得準確，媽媽是需要一段時間摸索，才能找到自己的定位！就我而言，這過程既漫長又痛苦！一旦能找到定位後，就會比較好過多了……」芳芳聲音宏亮神態自若。

「另外我記得春梅的先生對孩子說，我要對你媽媽好一點，這樣媽媽才不會把你當出氣筒！我也是過來人，夫妻關係和諧時，媽媽就會比較有耐心包容孩子，要不然孩子就會變成可憐的受氣包！」芳芳說完爽朗地笑了起來。

「那我要跟你學習！我常沒有耐性，生氣時不只孩子會遭殃，連他爸也會掃到風颱尾（台語）……」玉蓮僵硬的笑容中有一抹無奈和尷尬。

「先生常說我脾氣不好，會給孩子負面影響……」春梅提高音調加強語氣說：「不用他講，我也知道啊！我也很希望不要這樣啊！」

「我最記得鞭墳的那一段！」玉蓮面露難色卻欲言又止。比起其他成員，玉蓮每次發言都較簡短，好像有些話沒說完。

「我也是啊！想想看，我這些年來費心費力拉拔孩子，如果孩子不領情，那我不就白搭？！」春梅身體向前傾緊跟著說。

「上次聽了淑蘭的故事，我就很好奇，想知道孩子對我有什麼想法。當天我就坐在客廳裡等孩子回家。孩子放學一進門我劈頭就問，你會不會恨我啊？」春梅說，大夥都豎起耳朵聽。

「其實我很想聽到他說，不會啊！」春梅說出心底願望，大家笑成一團。

「可是，萬萬沒想到……」春梅眼睛睜大如銅鈴，音調也爬高幾度。

「他竟然連想都不想就說，恨啊！」春梅一臉不可思議，喧鬧聲四起。

「我最擔心的事，真的發生了！」春梅垮著臉，如洩氣的皮球。

「可是，孩子說話時笑笑的。所以我就安慰自己，他一定是在開玩笑！雖然我努力說服自己，事情沒那麼嚴重，那句話還是在心頭迴盪好久……」春梅十分懊惱。

「不管是真是假，小孩講這種話都會笑笑的……」敏珊直言毫無粉飾太平的意圖。

「我想大概不會是真的吧？！」春梅一臉困惑，仍不願意接受。

「我認為孩子對父母有討厭的感覺應該很正常的。想想，一天到晚因為功課被盯，不能看電視、不能玩電動、不能去睡覺，孩子完全沒有憤怒那才奇怪！」芳芳反過來說。

「儘管父母的出發點是好的，成天不斷要求孩子、責備孩子，孩子心裡必定會累積些不愉快的啦！」敏珊也附和。

「是啦！一定會有！我給他壓力滿大的。」春梅這次承認了。

「孩子的話讓春梅感到震驚，難以置信。芳芳和敏珊卻認為孩子對母親心懷不滿是可以理解的！」摘要後我刻意留下談話空間，讓其他成員有機會再加入。

「我幾乎天天罵孩子，如果說他很生氣，那我可以了解。但如果說他恨我，那……」玉蓮欲言又止，五味雜陳的心情掛在臉上。

「我的孩子很乖，可是我曾去醫院給孩子做心理測驗，心理師跟我解釋測驗結果時說，孩子對你有強烈恨意！當時我真的給嚇了一跳！我想平常我跟孩子相處時雖有衝突，可是應該不至於那麼嚴重吧！」小鈴說。

「你認為測驗結果準嗎？」春梅急切問。

「本來我也很疑惑，但是幾年後回想起來應該準吧！」小鈴坦然說道。

「你相信囉？！」春梅驚愕。

「剛才大家談到孩子對母親的憤怒。如果孩子對你很生氣、有恨意，各位會有什麼想法？」我發問鎖定焦點在母親的感受上。

「我們把人生最菁華的時間都奉獻給孩子了。如果孩子這樣說，我一定會很傷心的。」春梅慨然。

「我認為孩子的情緒有時來得快去得快，不管是孩子親口說的，或是測驗

結果,都可能代表孩子某階段的感受,並非永遠不變的。」淑蘭語氣平穩地繼續說:「那次聽到孩子要鞭墳,我既洩氣又難過。但這可能是因為我不了解他而造成的,管教方法稍微改變一下,結果就會很不一樣了……」

「測驗的結果讓我感覺很糟!好像我這個母親做不好……」小鈴淡淡地說。

「我認為孩子對父母有各種情緒,應該都算是很正常的!期待孩子對母親完全沒有負面的感受,這樣很不實際。但如果因為孩子不高興,我們就覺得自己做得不好,那也太不公平了!」敏珊推了推眼鏡說。

「愛孩子不等於討好孩子!」婷婷應道。

「我很同意敏珊說的,父母為孩子做得很多,也不能對自己要求得太完美。但孩子的不滿,我們也不能完全置之不理,如果親子關係差,做到流汗被人嫌到流唾(台語),我們所為何來呢?」芳芳提出新觀點。

「後來我聽了心理師的勸,慢慢放掉對孩子功課的要求,這二年來有好轉些。我想他會恨我,應該是當初我對他功課期待過高,讓他太痛苦了。」小鈴說。

「按照各位的說法,孩子功課和親子關係好像是魚與熊掌不可兼得,真是這樣嗎?」春梅再度質問。

「各位來參加團體,就是想把母親角色扮演得更好。大家為孩子盡心盡力無怨無悔的付出,孩子卻可能有完全不同的感受。」眾人笑。

「剛才大家談了孩子的憤怒,面對孩子的憤怒,有人重新調整期待,發展新的互動方式,化解孩子心中的不平。春梅對孩子的表白感到很驚訝,希望日後你也能找到辦法化解。」此時我眼角餘光發現婷婷正在一旁微笑著,我推測應該是有些想法觸動了婷婷。她神秘的笑意加上外型的大改變,讓我決定邀請婷婷談談。

2.4 團體設計：回顧前次聚會

　　人生是一連串事件與經驗的總和，團體的影響力也是來自歷次聚會經驗的累積。回顧前次聚會這種看重團體歷程的安排，用較緩慢的步調來帶領團體，能避免團體過度活動化的問題。帶領者開放式的邀請，意指發言次序上無強制或輪流的規定，發言的主題也由成員自行決定。團體初期結構性較高，然而回顧活動時可以打破輪流發言的制式互動模式，加入低結構團體的元素。這番互談能有以下功能：

1. 增加聚會間的連貫性：談論前次聚會經驗，讓兩次聚會有所連結，而非無關且各自獨立的。
2. 增加成員間互動：前次聚會是成員共有的經驗，成員有機會表達對前次聚會的想法時，將透露對彼此的觀感。成員對彼此的回饋，將促進成員間的連結。
3. 帶領者可以了解前次聚會對成員的影響：前次聚會對成員的影響可能隨時間逐漸遺忘，也可能因生活事件而有更多的洞察。回顧並發掘前次聚會對成員的影響，成員的經驗將在公開重述時獲得關注與認同。此外回顧時帶領者有機會進行評估，發掘、修補前次團體之不足。

2.5 團體技巧：轉換到內在焦點、適時打斷成員

　　回顧前次聚會的段落中，「孩子會恨我嗎？」的問題引來眾人熱烈的回應。春梅的話題引導大家關注孩子的反應，大夥討論的焦點在於「孩子的恨意是真是假？」「孩子的憤怒合理嗎？」在團體動力已初步形成的情況下，帶領者容許成員自發對話，展現出對此議題的關切。釐清孩子恨意的真實性固然重要，然而母親對孩子恨意的感受更是不能忽視。帶領者幫助成員引導話題轉換到內在焦點，幫助成員的談話不停留在抱怨的層次上，而能進入內在的層面，揭露更多個人對問題的感受、看法、知覺及反應方式。帶領者運用內在焦點可以深化對話的層次，增進成員對原有的反

應模式產生自覺，擴展觀點並引發更具彈性的反應，引導成員進行內在焦點可運用不同句子：「當孩子說他恨你的時候，你在想什麼？」「你感覺如何？」「你如何回應？」「你覺得最難以接受的是什麼？」

回顧對談進行十餘分鐘，有七位成員主動投入分享，團體動力十足。雖未有明顯的結論，但是一段良好互動。雖然春梅對此話題仍有強烈的興趣，帶領者卻選擇截斷對話轉移話題。這決定是基於以下考慮：

1. 春梅的提問反映出她個人的內在衝突，成員針對春梅的提問已有許多回應，似乎都沒讓春梅感到滿意。聚焦於特定成員的問題，雖有支持效果，但時間拉長後可能使當事人感覺自己問題特別嚴重，需要大家幫助。這種感覺並不好，即使當事人在互動的當場並未覺察，也可能在團體後萌生負面感受。

2. 當某成員的問題佔用了團體時間，可能導致成員誤以為帶領者有偏愛，引發不公平的感受。雖然成員不一定會說出口，但這種不平等的感受，將對團體凝聚力有負面影響。

3. 春梅不斷提問，當團體繼續回答問題時，團體可能就會漸漸偏離「支持」的原訂目標，轉向以解決問題為焦點。一方面眾人可能藉著聚焦於別人的問題而迴避自己的困難；另一方面成員也可能會擔心自己成為下一個公開接受「治療」的人。

4. 團體初期的目標在建立成員彼此的信任感，並形成有益的互動規則。不斷地回答春梅的提問，不但無助於建立成員彼此間的信任關係，還可能誤導其他成員如法炮製，形成不當的互動模式。

孩子冬天吃冷便當，媽媽心寒

「剛才我看到婷婷在一旁笑，加上今天她的髮型有重大改變，我想婷婷可能有些想法。婷婷願意談談嗎？」我邀請，大夥轉向婷婷。

「哦！偷笑被發現了！」婷婷的笑變得更明朗。

「好吧！那就告訴你們好了。這一陣子我心情跌到谷底，參加團體或許是個轉機……」婷婷收起笑容。

「孩子前天又忘了蒸便當，老師認為孩子早上有三次下課機會，可以把便當放到蒸籠裡。但這孩子忘得太離譜，到中午都沒去蒸，結果老師就讓他吃冷便當！」婷婷深深吸了氣後抿抿嘴。

「因為便當是前晚做好放冰箱的，冬天冷便當放到中午也還是冰的！我真的很不忍心……」婷婷放慢說話速度。

「如果老師認為我孩子吃冷飯就會學到教訓，那就大錯了！這表示老師完全不了解過動孩子就是衝動、記性不好，他們很難從後果中學到教訓！」婷婷的聲音略略顫動，憤怒湧現於字句間。

「上禮拜我一直在心裡盤算著，要到學校大吵大鬧，還是……把它淡化掉。失眠想了兩個晚上，最後決定請資源班老師提醒導師，畢竟他們比較了解過動兒！下定決心後，我就把頭髮剪了好換個心情！」我順勢引導團體就此主題交換經驗。

「孩子吃冷便當，婷婷很煩惱，對導師也很生氣。哪位有類似經驗？」

「我孩子以前也常常忘記蒸便當。」敏珊立即說：「就算有老師提醒，他還是會忘記。夏天便當就會餿掉，冬天就吃冷便當。後來學校開辦營養午餐，我以為從此再不會有問題了。結果整整一年孩子體重都沒增加，我覺得奇怪，私下問他同學，才知道他吃不慣學校中餐，每餐都只吃幾口而已。這學期開始我就都每天送便當，把飯菜塞得滿滿的要他撐到飽……」敏珊以手勢做出推擠的動作。

「早起做便當實在太累了，我就給他錢去買個便當。」玉蓮也加入。

「我本來是每天送便當，後來覺得他太依賴我了，所以改成每週二讓他帶便當。」婷婷回應說。

「天天有變化，會不會增加混亂，讓孩子更容易忘記？」春梅關切。

「我覺得請資源班老師協助，是非常好的方式。我在學校協助補救教學，才發現導師一個人要顧那麼多小孩，不可能像媽媽那麼仔細。資源班師生比低，比較照顧得到。但即使如此也還是有不足處，補救教學時我看過一個女

孩，不但不會寫字，東西永遠都是亂七八糟。更糟的是她一緊張就會尿失禁，一天尿溼好幾件褲子。幾次她只剩下一件乾內衣可穿，而且沒內褲穿！假如那是我女兒，那我該怎麼辦？」芳芳語重心長。

「午餐便當這生活中最基本的事，都可能變得很不容易處理。剛才聽到好幾位都曾很費心的處理，提出不少想法和作法。婷婷，冷便當事件最讓你難以釋懷的是什麼？」我將話題拉回到婷婷。

「其實我已經溝通過很多次了，導師一直認為我兒子有能力，一定能夠做到。有這種先入為主的觀念，老師就不容易接受孩子真有過動障礙！每次狀況發生我就會覺得很痛苦，我已經這麼費心費力做，為什麼問題還會接踵而來？」婷婷有氣無力地說。

「問題層出不窮，讓你感到痛苦又疲憊。」我回應後，全場靜謐氣氛凝重。

「我有話說！」淑蘭開口打破沉默。

幫助孩子的方法不只一種

「我曾當愛心媽媽做交通導護，有次放學正好下大雨，我在路口站崗，突然遠遠看到我兒子沒穿雨衣淋著雨在路上跑。當時我很心疼，其實他書包裡就有輕便雨衣呀！我自認為在學校付出蠻多的，為什麼導師不能幫忙提醒孩子穿好雨衣？只要導師多講一句話，孩子就不會淋溼啦！當時我很不能諒解老師。」

「後來我想，孩子不穿雨衣的原因有很多，可能是偷懶怕麻煩，也可能是覺得淋雨很新鮮刺激。何況老師能力有限，沒辦法緊迫盯人看著每個孩子，這樣想以後我就覺得好過些了。現在每當氣象預報會下雨，我就會提醒孩子，輕便雨衣放在書包裡了哦！這句話是我講給自己心安的，不保證他就會穿！」淑蘭說完逕自笑了起來。

「我覺得低年級老師比較細心，會叮嚀孩子。」金花回應說：「年級愈高

老師管得愈少！我們班家長先出錢買一批輕便型雨衣放在教室應急，使用者隔天再補繳費用就可以了！」

「跟大家比起來我的例子比較特殊，我採取不溝通的方式！」芳芳語出驚人。

「以前我常急著想要幫孩子，減少他的困難。後來發現他並不領情，有時還嫌我多管閒事！現在我學會退一步，先觀察他是不是真的需要幫忙。他運動能力和語言發展都不如同學，除非他去找低年級小朋友玩，要不然他連一個玩伴也沒有。我到校觀察好幾次，發現下課時間雖然都是他一個人晃蕩但看來很自在，我就不做什麼了。還有他英文和數學都很爛，我就申請陪讀，要看看為什麼他都學不會！結果我看到老師教的很好啊！是我孩子學不來，怪不得別人！此後我再也沒去找老師溝通了。剛才說老師細心不細心喔，我現在也都不會強求，一切靠自己啦！」這故事有些悲哀，芳芳倒說得很平靜。

「以前我常向老師詢問孩子學習情況，每次聽完老師描述後，回家我一定整晚痛哭。現在我乾脆就什麼都不問，免得自己過不下去！他有些科目實在是太糟糕了，我就把它當作是零，沒有任何期待！像我的英文也不好，現在日子還不是過得很好！這樣想以後，我就愈來愈快樂，親子關係也愈親密沒有距離了！現在除非他要求，我才提供協助。不然我就是無為而治啦！現在我的心就很清（台語）！」芳芳十分肯定的說。

「你很厲害耶！可以做到這樣！」春梅羨慕地說。

「練功練出來的啊！」芳芳的笑摻著些許自豪及自嘲。

「上次我去學校偷看孩子，所有小孩都有朋友一起，只有我兒子一個人孤孤單單的，我回家哭了好久！真希望老師能幫點忙，可是經常麻煩老師我也不好意思！」春梅道出心中的矛盾。

「我覺得芳芳講得對！我兒子的音樂課真的要求不來，幾乎是完全放棄了。為了避免我太過失望而對小孩施加壓力，我乾脆就不要教他音樂。寧可等到他喔……」淑蘭一時沒接上話。

「沒－法－度－（台語）！」芳芳誇張地接腔，全場捧腹大笑。

「我覺得人過三十幾歲再來學會吹直笛，也不算丟臉！」淑蘭平鋪直述

說,大家卻忍俊不住。

「大家不要笑!為了教我女兒,我也是到老了才學吹直笛啊!」金花嚷著,大家笑得更厲害。

「剛才的話題從冷便當、雨衣,說到音樂課。孩子的生活、學習、人際關係有問題時,當媽媽使不上力會希望導師多幫忙,但不都能如願。剛才好幾位提出不同的解決方法,包括請資源班老師協調、降低對孩子的期待、接納孩子確實與眾不同、等待孩子求助、承認並接納自己和導師有鞭長莫及的時候。希望這段分享有集思廣益的效果,讓大家對問題有更多元的看法。我們休息十五分鐘,再開始下半場聚會。」我宣布後成員紛紛起身。

「我帶了小點心來給大家!」婷婷則由背袋中取出盒子,打開盒子香味四溢。

「哇!是蛋塔!好香!這是哪裡買的?」大夥好奇地湊近。

「是我親手做的!」婷婷笑著回答。

「好專業哦!」大夥驚嘆連連,蛋塔美味唇齒留香,點心使休息時間變得熱鬧豐富。

2.6 父母心理:安全考量或過度保護

因為孩子的障礙或特質,使得孩子自我照顧的能力明顯低於同齡兒童時,父母多一份的擔心及關照顯得理所當然。然而學校生活不同於家庭,老師在校的照顧永遠不比父母在家中量身訂製的照顧。除了吃冷飯的事件外,特殊兒童在校沒有朋友,分組學習活動時落單,因能力較弱而被語言霸凌、肢體霸凌等情況(Taub, 2006),讓家長憂心孩子在校的安危,並質疑教師未盡保護及教育的責任。當教師不能了解孩子的障礙或特殊需要,而堅持以一視同仁的原則對待所有學生時,孩子的需要很可能受忽略,這將讓家長感到憤怒甚至忍無可忍。即使學校確實不夠安全,家長仍可能有過度保護的心態,這心態將無助於孩子獨立的發展。如何維繫親師關係避免對立,找出方法解決問題並能訓練孩子獨立,這都是父母的挑戰。

2.7 團體技巧：焦點話題的功能

　　帶領者有引導的責任，讓團體談話有適切焦點，使成員們能針對一個事件、主題或觀點交換經驗。沒有焦點的漫談或是話題無法引發成員興趣，團體可能讓人感到無聊，降低團體動力。支持團體並非認知性的學習團體，帶領者不扮演指導者「有問必答」的角色，也不會對成員的經驗進行心理分析。對於成員提出的困難，帶領者除了積極的同理回應外，也可以引導其他成員回應以相近經驗。冷便當事件並未涉及個人深度的隱私，這種以事件為中心的談話所引發的焦慮程度較低，很適合在團體初期作為談話焦點。冷便當話題由婷婷開始，帶領者刻意引導成員分享經驗，而非邀請大夥集思廣益替婷婷想辦法解決問題。隨後有六位成員們加入對談的行列，分享孩子在校適應的問題及各種協助經驗，對婷婷進行回應。成員們分享解決的方法與觀點十分多元，雖未達成特定結論或共識，這段談話仍具有四項功能：

1. 婷婷可以聆聽其他成員相似的困擾，知道其他人掙扎奮鬥的過程。
2. 成員們解決問題的經驗，以及解決問題時的眾多考慮，可擴大婷婷面對問題時的觀點。
3. 團體發展出大家有興趣的話題，多數成員主動參與團體，有助於建立凝聚力及團體感。
4. 成員主動發表，自由分享的行為有助於形成成員互動默契，形成良好的團體運作規則。

　　成員輪流說出自己的生活經驗時，不會覺得自己是「心理有問題」或「很需要幫助」。在對談時成員彼此關係平等，並能感到安全自在，能在聆聽他人經驗時反觀自己的作法，並在彼此回饋中獲得支持。

生命曲線

「接下來是生命曲線的活動，目的在回顧人生不同階段的經歷與心境。每人會拿到一條紅色軟鐵絲，請根據你生命中重要的事件，用這鐵絲折出你生命中高低起伏的曲線。愉快、滿意、有成就感的時光可以是高峰。辛苦不順利的日子，可以折出低谷來。」我拿起鐵絲折出凸起和凹陷狀說明。

「各位可以運用創意，折出不同的形狀和曲線，呈現過去到現在各階段的人生經歷，包括你的童年、青少年、婚前、婚後，以及養育子女至今等階段。進行創作的時間約有五分鐘，完成後將作品用膠帶黏貼在A4紙張上，這樣大家可以看得更清楚。你可以在紙上簡單註記轉折的事件，待會兒就要用生命曲線來說自己的故事。」拿到鐵絲後，成員個個仔細端詳，紛紛動手創作。

「每位約有十分鐘可以介紹自己的故事，請先簡介整體的曲線，再選擇其中一兩項重要轉折做進一步分享。今天時間不夠所有人分享，有部分的人要順延到下一次再分享。哪位準備好就可以開始……」

春梅的生命曲線

「我先說，這是我的生命曲線圖。」春梅向大家展示作品，曲線前半段大致平坦，中途下滑後回升，繼而有小幅波動。

「我家有三千金，我排行老三，從小就是天塌下來都不用擔心，我的童年生活無憂無慮，求學和工作也都很平順，婚姻生活也很美滿平實。只是，好像別人都有轟轟烈烈的戀情，而獨獨我沒有？」說起這樁遺憾，春梅害羞地笑起來。

「我先生是獨子，我註定要和公婆住。我常聽婆婆抱怨以前日子多苦多累！像我用洗衣機啦、吸塵器啦、電熱水瓶什麼的，婆婆就常說我有多好命哦！聽起來很酸，很不是味道。我一直都想討好婆婆卻常碰釘子。不管我做什

麼,她都不滿意。嫁進夫家前十年,婆婆沒睡我不敢睡。清早四點她起床出門散步,我不敢不起來。每天都睡眠不足、精疲力竭……」這段獨白春梅說的有些快。

「原本生了三個女孩我也很滿足,但婆婆總覺得遺憾。後來女兒陸續去住校,畢業後在外地,婆婆就常掛在嘴邊說,家裡沒孩子不熱鬧。其實我們都知道她一直想要有個男孩,所以又再試著懷孕。沒想到小兒子狀況頻頻,一老一小兩面夾攻,我內憂外患,幾乎沒時間喘氣,那幾年就是我人生最低的低谷……」春梅指著曲線下滑的部分說。

「兒子有唇顎裂,從醫院回來的時候,什麼都不肯吃,我用吸管一滴一滴這樣餵他。還好孩子也算爭氣,四個月起開始吃副食品,吃到現在那麼壯。現在就怕他太壯!」春梅用雙手做出環抱的動作,說完大家笑。

「婆婆認為這種破相會帶衰(台語)。明明開刀可以治療,婆婆卻又對醫院有忌諱,不准我帶孩子上醫院。我只好趁著先生休假的時間,佯稱帶孩子出去玩,中途繞道醫院檢查安排開刀的事。因為兒子好幾次開刀,婆婆對我從頭嫌到尾。還好開刀後醫生認為手術很成功,問題就告一段落。孩子進幼稚園時是我最快樂的時光,我很期待他會和別的孩子一樣正常成長。外表上他看起來很健康很靈光,不會比人家笨,怎麼會知道上小學後連簡單的數學加法都會出錯,寫個國字東漏西漏失誤連連,我才知道太平的日子還沒來。」春梅的曲線下滑後又有多個波動。

「這一年來他是有慢慢的進步,但學習路上蠻辛苦的。我曲線最後向上變成一個圓,就是希望人生愈來愈好,最後可以很圓滿。」

🦪 熬過婆媳難題,展露生命力

「春梅的故事想必在各位心中激起一些感受和想法。現在我要請幾位對春梅說幾句話。比如你對春梅處境的了解、你的相近經驗、春梅值得你欣賞的是什麼?」我提問具體地引導成員進行回饋。

「我覺得春梅長期和婆婆一起生活應該是壓力蠻大的，當初我就先談好條件，不和公婆住才嫁。」芳芳手段強硬眾人譁然。

「因為從小到大凡事我都自己決定，如果婚後事事要遷就婆婆，對我來說生不如死啊！」芳芳大笑。

「聽到你孩子那麼小就好幾次開刀住院，我覺得很捨不得。」婷婷回應道。

「我孩子也有住院的經驗，全家生活都變形走樣，我好像天天到醫院去上班，那種日子還真不是人過的……」小鈴說。

「我覺得春梅很有孝心，雖然三個女兒都大了，還願意為婆婆懷老么。後來還概括承受所有的難題，就像中國傳統有婦德的女人！」淑蘭應道，大夥一起笑。

「我沒那麼好啦！我是很想找人抱怨，只是找不到人說啦！」春梅說完眾人再度大笑。

「春梅你很不簡單，我只有一個孩子就搞得天翻地覆。可是你有大有小都要照顧，這樣很辛苦。別說孩子有特殊情況，其實你願意懷老四就很有勇氣了！」敏珊說。

「各位都能將心比心，給春梅的回饋都是真誠的鼓勵。」說完我請下一位介紹。

金花的生命曲線

「我的童年從這邊開始。」金花的鐵絲如大波浪般，曲線高低起伏強烈。

「小時候我住在山上，童年就是在大自然中度過。最難忘的經驗是有天到朋友家玩，沒想到一進門，就看見客廳放了一具大棺木！」大家發出驚訝聲，金花指著曲線上的第一個凹陷處。

「我嚇一跳，拉著妹妹轉頭就跑，一路跑到腿軟！我第一次那麼靠近死亡，感到強烈恐懼，此後只要接近棺材就會不由自主的顫抖。小學三年級時我

母親肝癌過世，我仍然沒有辦法面對死亡。為了給母親治病，家中所有積蓄都花光了，後來爸爸經商失敗到處躲債，我和妹妹輾轉住了好幾個親戚家，寄人籬下的生活真的很痛苦。所以現在生活再怎麼困難，我絕不把孩子放在別人家……」金花指著第二個低谷。

「小學五年級時父親再婚，為了躲債我們搬到更很偏僻的鄉下。繼母帶了三個孩子來，因為我年紀最大所以就要幫忙做家事。早上四點起來挑水、洗衣服、燒柴做飯。五點到田裡除草，六點半回家換衣服上學去。雖然要花一個小時才能走到學校，但不論颱風下雨，我一定要上學。要做多少家事都沒關係，只要讓我去學校就好了，因為讀書是我最快樂的事。」儘管金花語氣溫和，故事情節卻扣人心弦。

「小學畢業時老師認為我一定可以考上初中，但繼母一直要我留在家裡幫忙，爸爸為此還跟她大吵了幾次。其實我家甚至沒錢付考試報名費，老師不但偷偷幫我繳費報名，當天還帶我搭車去考試。到今天我還很感謝他……」金花嘴角露出一絲笑意。

「為了不讓爸媽再為我吵架，考前一個月我每天四點起床，躲在廚房裡一邊燒水做飯，一邊靠著火光讀書。」金花眼中閃耀著光芒。

「放榜時老師託人通知我考上了第一志願，得知消息那晚，我高興得睡不著。但這事就此打住，我沒告訴家人，一直放在心裡直到現在。後來家裡經濟漸漸好轉，可是我已經過了年紀，回學校讀書算是我一個沒有完成的夢想吧！」金花停了一下。

「我老公是做土水的（台語），是別人介紹的。婚前我對他一無所知，只是一心幻想婚後能結束我失歡的童年，結果婚後生活更糟糕。先生還算是孝順，賺了錢都會拿給婆婆。但他嗜酒如命花錢如流水，怎麼講都沒用。後來我才發現先生的手足每個都有問題，有的長期臥病、有的游手好閒、有的吸毒。我先生還算是其中情況最好的了……」金花牽動嘴角，似笑非笑。

「兒子出生後，我享受到做媽媽的快樂！陪孩子玩泥巴、抓蚯蚓，就像是我的第二次童年！」金花指著曲線高峰，臉上出現第一次笑容。

「懷老二時婆婆病情惡化，她一直說很對不起我，她身體差兒子品行不

好，害苦了我。還說，如果我受不了她兒子喝酒，可以考慮離婚。當時我只想盡力照顧婆婆也沒想太多，沒想到婆婆過世後，先生變本加厲天天喝得酩酊爛醉，根本沒法工作。我帶著二個孩子在家，只好開始做家庭代工，多少補貼一點家用……」

「小女兒三歲時我開始發現她能力比較弱，先生竟然怪我沒把孩子照顧好，如果小孩有問題都是我的罪過，我心裡好難過。那段日子我差點就崩潰……」金花眼睛泛紅，再也說不下去了。數度以手摀口，傷悲來勢洶洶，淚水潰堤而來。

「孩子升上三年級，成績一落千丈，經常出現頭痛、眼睛痛、不想上學……問題一大堆。我現在最大的願望就是希望能把孩子帶好。」金花指著曲線最後急速下滑的陡坡結束介紹。

「求學夢碎、婚姻和小女兒是金花三個低谷，這一路很艱苦。哪位對金花剛才分享的內容，有些了解或體會，願意對金花說些話呢？」有些成員低著頭凝視著地板，有些默然看著金花。

多重人生打擊，一路有情有義

「金花你人生遇到困難真的很大，與你相比，我的難題好像就不是什麼問題了。」春梅誠懇的說。

「我沒想到在台灣還有人會過得這麼辛苦。你的故事曲折起伏，夠演一百八十小時的連續劇了。你能走出來，而且還能坐在這裡分享，我覺得很難得！」淑蘭說。

「我覺得金花比日本阿信還要不容易，從小過得苦，嫁人後更苦，我聽了覺得很捨不得！同時我覺得你很堅強，嫁了不好的人家，但仍然盡力服侍婆婆，沒有一走了之，我很佩服你！」芳芳說。

「這沒什麼啦！看她老人家有需要，我也真的走不開！」金花輕輕地說。

「我認為金花你很堅強，這麼多問題都沒把你難倒！」春梅說。

「金花剛說到她想要放棄婚姻……其實嫁入婆家後，我生活沒有自主的空間，婆婆連我買什麼牌醬油都不滿意，她還會跟我左右鄰居批評，那時我也有放棄婚姻一走了之的想法。但金花選擇留下來照顧婆婆，我覺得你是個有情有義的人！」淑蘭擦拭著眼角的淚水說。

2.8 團體技巧：引導有助益的回饋

　　成員彼此回饋是支持團體的重要活動，回饋的品質將影響團體的成效。回饋是對訊息傳送者的回應，在支持團體中回饋意指成員針對聚會中的聽聞說出個人的想法、感受、判斷，或分享一段相關的經驗。真誠而良好的回饋具有多重的影響力，不但可拉近成員彼此的心理距離，也能提高團體的凝聚力。回饋者不但能有機會抒發個人感想，回饋若對他人有助益，回饋者正向自我形象便獲得強化，而感到有能力感與價值感。當事人聽見其他成員對他或他的經驗持有正面看法或感受或相近的生活經驗時，便能獲得被了解及被認可的感受，也就能獲得支持，且降低揭露過多的疑慮。若回饋的內容與當事人的經驗、觀點、反應及立場上有差異，可能會擴展當事人的觀點，產生現實考驗的效果，有助於釐清個人的思緒。

　　有助益的回饋需具備特定的、具體的、正向的三項特徵。帶領者明確引導成員回饋的方向，如「你能了解他的處境？」「有沒有相近的經驗？」「你認為值得欣賞的是什麼？」如此成員習得有效能的回饋方式。與前次聚會相比較，本次聚會中成員回饋所佔的時間長度有增加的趨勢，這可歸功於成員愈來愈了解回饋的團體互動規則。回饋時刻是團體產生支持效能的時刻之一，從他人的回饋中成員會感受到被重視、被了解及被關心。除了在一段焦點話題或分享後進行回饋外，也可以在聚會結束前給成員機會彼此回饋，這樣能促使成員統整其團體經驗（Gladding, 1991），成員可以整理個人的學習與收穫，也能強化成員關係及團體凝聚力。

　　團體發展的初期，帶領者要協助成員學習有助益的回饋方式，培養成員能主動自發給予他人具意義的回饋。當成員熟悉彼此回饋的互動規則

時，團體即預備可以接得住更深的自我揭露，如此便可以邁入團體的工作階段。

小鈴的生命曲線

「跟金花比起來，我的童年很平順，只是我先生成長的環境比較特別。因為婆婆以前日子很苦，所以非常非常非常節儉。」小鈴展示作品並強調。

「我媽很愛乾淨，婆婆剛好相反，我很難適應。婚後才發現先生很多怪僻，不回家吃飯也不會事先講，我做了飯菜也不知道他會不會回來吃，搞得我心煩意亂。因為我爸吃公家飯，生活很正常，兩個人的成長背景南轅北轍。回頭看，結婚就是我人生第一個低谷……」小鈴語氣有些急促。

「後來老二連連生病，我沒有辦法兼顧工作和孩子，那時先生會幫忙照顧小的，對家裡付出就比以前多一些。」小鈴指著曲線中的高處說：「這個高峰就是孩子開刀住院六個月，終於出院可以回家過平靜的生活，結束以醫院為家的生活，我們好高興喔！小兒子各方面表現都很好，個性也都很乖，不像老大叛逆，那是我人生最快樂的時光。」小鈴笑著說。

「孩子健康問題告一段落後，換成老公出問題。因為他工作表現不錯，常有年輕女同事投懷送抱，鬧到全公司的人都知道，而我總是最後一個知道。後來我發現先生欺騙成性，日子過得很痛苦。」小鈴皺起眉頭，指著第二個低谷說。

「我不懂他為什麼一直要騙我？半夜四點鐘才進家門，害我整夜生氣等門，睡不安穩。他清晨四點躡手躡腳進門來，我就故意裝睡不讓他知道。早上起床後我就問他，你昨晚幾點回來？」小鈴此刻說話中氣十足。

「一點！」

「幾點？！」口氣加重。

「兩點！」

「幾點？！」口氣更加重。

「三點！」

「你到底幾點回來？！」話裡帶著強烈的火藥味。

「四點！問了四次才說實話，真不知道他為什麼要這樣騙我！我又氣又恨！這只是一般生活小事，又不是在外頭捻花惹草，連問他幾點吃飯都要騙！」話畢小鈴大笑，大家笑個不停。

「其實我也很想離婚！」小鈴看了金花一眼：「我受不了這種沒品質的婚姻生活，和他攤牌談判好幾次。最後為了孩子需要有個爸爸，加上經濟的考慮，還是讓他回來了。孩子長大後這十年，我們夫妻關係慢慢地轉好。或許是他老了，比較會想待在家裡吧！」小鈴搖搖頭笑了。

「我的婚姻是部辛酸史，而現階段是最好的一段。朋友看到現在的我，都覺得我不一樣了！因為我以前很內向、很乖，什麼也不會爭。婚後被先生騙，就會氣他，跟他鬥，才會練就一身工夫……」大家又笑。

「曲線後半段比較平坦，我的心情都是跟著老二的情況起起落落。他是很努力讀書，可是就是放不開，課業一直讓他心理壓力很大，我也就會跟著七上八下。幾年前我開始參加學習障礙者家長協會，認識了很多朋友，得到很多支持，我覺得自己愈來愈好。」小鈴指著尾端向上揚升的曲線說。「誰想要對小鈴說幾句話？」我接著問。

走過婚姻磨難，練就自處好工夫

「好棒哦！」春梅羨慕地說。

「我覺得你很理智，像做會計賺錢賠錢分得清清楚楚，我很喜歡這種個性，你應該可以活很久！我很欣賞！」芳芳說，眾姊妹同聲大笑。

「剛剛春梅說很棒！可不可以具體說說，你認為小鈴什麼棒？」我引導春梅更具體地說明。

「就是你的心放得開啦！夫妻關係好轉後，現在心情好，日子也好！」說著說著春梅把手搭在小鈴的右肩上。

「我現在唯一的困擾就是兒子還放不開。」小鈴笑，大家也跟著笑。

「我們一起努力！加油！」芳芳拍一拍小鈴的肩膀說。

「我有個心得，就是家庭教育很重要。我願意原諒先生的原因之一，是因為我後來知道婆婆對孩子的管教時而苛刻時而放任，有時又不負責不管孩子死活，所以養成我先生隨便講話、沒責任、一副無所謂的樣子。以前被老公騙，我就會吃不下、睡不著，不必刻意減肥就會變得削瘦。現在我生氣歸生氣，但該睡時就睡、該吃時就吃。心一放開，就胖回來了。」小鈴笑。

「我覺得小鈴的優點就是你是非分明的個性，你血型是不是O型？」婷婷舉手發言。

「對！」小鈴笑答，大家也跟著笑。

「我覺得你是很理智的人，能走出婚姻的黑暗時期，證明了你的執著和堅持是正確的。你做到了！」婷婷說完即為小鈴鼓掌。

芳芳的生命曲線

「我來說！」芳芳生命曲線前半部呈現高原狀態，有兩處高峰。

「我是家中獨生女，從小父母很疼愛，不知人間疾苦。大學時代我們幾個死黨玩得很瘋。我第一個人生高峰是二十歲談戀愛到結婚的階段，天天都過得很精采。因為我覺得自己的成長經驗很好，希望兒子也能跟我一樣，所以有了兒子後，我就決定不再生了。」芳芳說話時保持一貫明快爽朗的作風。

「第一個低谷是兒子小學一年級時，老師說孩子連抄寫黑板上的字都有困難。到醫院評估，發現他智商分數偏低，對我而言簡直是晴天霹靂，接下來我就很不快樂，過著暗無天日的生活。」芳芳說明曲線中兩個最低點，忽然停了下來。

「想到我三十歲不到，卻要一輩子都背著這個擔子，永遠無法擺脫，這種人生沒有任何改變的希望。我覺得很不甘心，覺得自己真的很可憐！」芳芳輕鬆神態忽然消失，面部肌肉扭曲，驟然痛哭失聲。芳芳雙手掩面，哭泣的聲音

迴盪在房間裡，也在眾人心中。

「每次參加同學會，未婚的女同學個個春風滿面，打扮得好漂亮。而我已經是個黃臉婆，我覺得自己早婚真倒楣！」強忍著淚，芳芳繼續說。

「我就把所有的氣都發洩在先生身上！」擦了擦淚水，芳芳忿忿不平。

「我是沒說出口啦！可是打從心底我一直認為這孩子有障礙都是先生害的，看到他我就有一股無名火。我就曾規定他每天十點以後才能進門，而且要先在外面吃飽，回家洗完澡立刻就去睡覺。孩子沒有我陪會死！我先生四肢健全不需要我陪啊！」剛才芳芳的哭泣仍餘波盪漾，這段話又讓大家瞠目結舌。

「真的，我看到他的臉就覺得很討厭，因為我覺得孩子有障礙，都是他的種！」語氣鏗鏘有力，芳芳篤信不移。

「幸好我先生沒有趁機落跑，不但每天乖乖回來，而且把辛苦錢全數交出來！為了減少孩子的課業壓力，我們全家搬到鄉下住，我也有足夠時間專心學習特教知能，回家進行補救教學。十年來，我的心情慢慢平靜下來，現在算是已經脫離了低潮，慢慢往上爬了……」芳芳指著曲線最後上揚的段落。

「我是學管理的，最怕的就是失控！所以我喜歡控制孩子和先生。他們也如我所願，受我控制。」談起大權在握，芳芳擦擦眼淚笑了起來。

「我一直都很強勢，後來發現孩子和我有隔閡，我想這樣不行！經過數年努力，現在我們親子關係變得非常好！可是我家還有個隱憂……」此刻的芳芳情緒已趨平緩，大家也跟著放鬆些。

「現在我對先生已經不兇了，可是對他還不夠好！有時他講話，我還會嫌他囉嗦，要求他講重點就好，別耽誤我陪小孩的時間。唉！我應該還要對他好一點！這樣我們家一定會更棒！謝謝！」芳芳話畢大夥不約而同地鼓掌。

「芳芳的分享淚中帶笑！哪位有話要對芳芳說？」我才說，大家又笑了起來。

2.9 父母心理：憤怒與悲傷

芳芳先是平鋪直敘地報告著自己的經驗，未表露出任何情緒。當她道出心底的悲涼，出乎大家意料之外大哭了起來。這是芳芳在團體中第一次的哭泣，她的眼淚帶著憤怒，和其他人流淚時明顯有著不同的情感。芳芳的悲傷感受在論及出席同學會後，變得更加強烈。早婚且孩子具有障礙的處境，讓芳芳自覺身價大跌，遠遠比不上單身同學享有如意幸福的生活。芳芳不僅失去了過去的優勢，也失去了現在的幸福，對將來生活也失去了希望。失落帶來了悲傷，也帶來了憤怒。悲哀的情緒若受到壓抑，無法被當事人知覺及了解，憤怒也就不會離開。

芳芳自覺在沒有任何疏失的情況下，很難解釋她的人生為會何走到這樣的田地？在無預警的情況下，承受全面失控的人生，芳芳的憤怒因此油然而生。憤怒毫無掩飾地指向先生，認為先生應該為她的失落負責，這種憤怒情緒是典型的失落反應。父母的失落感受不只發生在孩子診斷確認的時刻，爾後一生中每當父母察覺失落，就會再次經歷悲痛。孩子的特殊需要徹底改變了父母的人生，父母終其一生都不能放下照顧孩子的包袱。這些改變超過父母的預期，只能承受無法逆轉的事實，讓父母感到悲憤異常（Kahn, 1972）。唯有認清各樣的失落，允許自己面對並體驗悲哀的情緒，憤怒才能隨之遠離。

老公就像搖錢樹

「有！」春梅熱切地爭取第一位發言：「芳芳心情保持得很平穩，很堅強，也很強勢。今天你居然會這麼激動流淚！我覺得你是敢愛敢恨的女子，我很欣賞！」聽完春梅的回應大家都笑了。

「以前我婆婆也很強勢，先生又經常出差，小孩都是我一個人帶，想起那段日子真的很心酸。還好先生很感念這點，常感謝我，說我把小孩子帶得很

好！有時候我把在家帶孩子的辛苦講給他聽，可是他在外面工作的委屈從來也沒告訴我，我也沒有多想。結婚幾十年後，有天他竟跟我說，其實你也沒有關心過我！我愣了一下。後來想想他說的也是真的耶！因為我全心照顧孩子，先生好像只是個不重要的配角而已，就好像是……賺錢的機器！」話才說出口立即引來哄堂大笑。

「我也曾這樣想！向來孩子教育和生活大小事都由我一個人打理。老公沒幫什麼，只是每個月會固定拿錢回來啦！就像棵搖錢樹……」婷婷瞇著眼笑，大家又笑成一團。

「到了月底只要搖一搖，就會有錢進帳！」春梅說，大夥再笑。

「那我先生當搖錢樹已經很久了！」芳芳跟進，眾人再次大笑。

「其實我並不要先生變成賺錢機器，相反的我是很希望他能多跟孩子相處，享受親子關係。」婷婷搖著頭補充說。

「我老公好像隱形人，每天早出晚歸！一方面工作忙，一方面可能孩子也讓他很失望，加上他不知道怎麼和孩子相處，結果他就從我們生活中消失了。一開始我對他很生氣，我認為家人應該常在一起，放假就要一起外出走走。冀望他計畫安排全家出遊活動，空等了好幾年。後來我退而求其次，乾脆我安排，只要他配合就好。可是每次要出門，他就喊累想在家看電視休息，叫也叫不動。最後我覺悟了，索性就自己帶孩子出門，只要他提供金援時出手不要太小氣就好了！」婷婷說完大夥又笑。

「可是錢也是要有人去賺啊，要不然我們怎麼有空閒來參加團體？對不對？」春梅忽然改換立場。

「以前我覺得很不公平，我成天關在家裡教孩子好辛苦，先生完全不用教孩子，出門賺錢過得倒很輕鬆。後來遇上經濟不景氣，我發覺如果他沒賺到錢，我們三個都會餓死！我才降低標準，接受他成天工作回來睡覺就好！只要他別忘了把賺來的錢都交我就好了！」芳芳坦白的說話風格，又把大家逗笑了。

「說到先生，我們要互相勉勵，因為有他們在外面辛苦打拚，我們才有辦法全心對付家裡的小蘿蔔頭。」春梅總結。

「對啦，是要對先生好一點啦！」芳芳附和著表示同意。

「而且我們年紀愈大對先生就要愈好，這樣後半輩子才會有保障！」春梅瞇著眼說，眾人笑成一團。

「春梅、芳芳，我好羨慕你們兩個耶！你們老公這麼好，居然罵不跑！」婷婷傾身向前笑著說，旁人皆點頭稱是。

「喂！我可不是說自己的老公不好哦！」婷婷忽然解釋，卻愈描愈黑。

「只是，我和芳芳剛好相反，我是苦無機會好好的和先生談話。你先生願意跟你說話，你還不聽他講！平平是尢婿，那會差這最（台語）？」婷婷的幽默，又惹得眾姊妹大笑不止。

「因為我覺得這樣很浪費時間啊！每次跟先生講的盡是些生活瑣事，把孩子的需要放一邊，盡聽這些有的沒的，太浪費生命了！」芳芳繼續堅持她的論點，成員個個大笑不已。

「可能是我們和先生的生活沒有什麼交集吧！」春梅為芳芳試著找理由。

「對啦！都是瑣事啦，談不出個什麼所以然，只是浪費時間啦！」芳芳再次強調，眾成員猛笑，團體氣氛高漲。

「簡單說，你就覺得他講的是廢話啦！」玉蓮接腔說。

「對啦！對啦！」芳芳開心地回答。

「各位剛才談起先生就像棵搖錢樹，這種說法得到很熱烈的回響。大家談得很盡興，對老公的不滿好像找到宣洩的出口般，這段談話似乎讓大家的心靠得更近了。」眾人又笑。

「時間過得很快，今天我們聽了春梅、小鈴、金花、芳芳生命曲線的故事，其他四位延到下次分享。接下來要請大家談談今天聚會的感想或收穫。」

2.10 父母心理：父親缺席

搖錢樹的話題如天賜良機，讓眾人肆無忌憚說出心中的想法。對話中出現戲謔嘲諷與幽默的形式，很快地把大家的心凝聚了起來。家庭生活中父親的角色舉足輕重，當父親在教養崗位上缺席時，不僅特殊需求孩子的

發展受到影響，妻子無法獲得支持，整個家庭都會因而受苦（Seligman & Darling, 1997）。有些家庭中缺席的不是父親而是母親，那時父親便要擔起主要照顧者的角色。親職角色上的缺席者，眼不見為淨，可以忘卻孩子的障礙以及伴隨而來許多惱人的情緒，這種逃避的行為可視為否認心態的表現（Sharon & Addison, 1978）。

國內研究發現特殊兒童以父親為主要照顧者的家庭約有4.2%至7.3%（林欣瑩，2006；張秀玉等，2008）。特殊兒童父親缺席可能來自以下單一或多重的原因：

1. 父親對孩子的障礙所知有限，缺乏與孩子互動的技巧，不知道如何幫助孩子，因而保持距離。

2. 父親對孩子的障礙感到失望悲傷、有過多的擔憂與恐懼，由於無法接納孩子的障礙，因而選擇逃避，鮮少和特殊孩子互動。

3. 因孩子有特殊需求，父親感覺自己人生失敗，卻又不願接受這項事實，也不願接納孩子，甚至對孩子懷有敵意。

4. 由於男性氣概自我期許，情緒壓抑成習，無法與孩子建立良好依附關係。

5. 基於男主外女主內的文化傳統，父親工作超時或於異地工作，無法與家人同住。

6. 夫妻互動不佳常有衝突，母親與孩子結盟而排擠父親。

上述前五項原因皆屬於父親個人因素，第六項則是家人互動的結果。不論父親是實際缺席或心理上缺席，教養特殊兒童的責任將落在母親的肩頭（Lamb & Meyer, 1983），甚至是特殊兒童的手足身上。母親照顧孩子難免有挫折困頓的時刻，如果父親不能在情感上及實際的行動上給予協助，母親可能感到孤單、不平、抑鬱與易怒。研究發現不同障礙類型對家庭有不同影響，父母皆感悲傷、焦慮，其中又以母親受到的打擊最大（Cook, 1988; Heller, Hsieh, & Rowitz, 1997）。父親涉入少時，夫妻關係可能因而惡化（Sabbeth, 1984）。

母親，你的名字叫堅強

「今天聽到幾位從童年到結婚生子的歷程，我覺得大家都好堅強！雖然生活中遇到的問題很多，我們卻沒有一個人被打倒。我們不只活著，而且愈活愈好！」婷婷首先開口，說話聲音清朗。

「今天我從小鈴的故事中學到，原生家庭對人的影響蠻大的。今天我特別覺得自己蠻幸運的。雖然我壓力大，為了孩子受很多苦，可是先生一直都很支持，為此我要很感恩。」春梅神態平和。

「我要謝謝團體，因為我的生活非常單純，在家裡我一向都很強勢，總認為別人有問題是因為他們用錯方法，不夠聰明或不夠堅強。聽了幾位的故事後，我才知道每個人背景不同、資源不同，對壓力的感受也不同。和幾位比起來，我沒有婆媳問題，沒有經濟壓力，先生又很聽話。所以我日子過得好，並不是我特別能幹會處理問題，而是因為我遇到的困難比較少。今天我學到心要更柔軟，別把我的想法或生活方式當作唯一的標準來看待別人。」芳芳的眼神謙和溫柔。

「另外，這兩次聚會我體會到聽人講話要有耐心，這樣才能聽到完整的故事。上次我聽了金花的女兒想要自殺的事，當時我不能體會死亡對金花的威脅，覺得她的反應有點小題大作。今天我才知道她對死亡的恐懼這麼強烈其來有自，這兩次聽金花的故事讓我學到，事情不能只看表面。每個行為背後都有一段故事，耐心聽人家講，才能了解。金花，抱歉喔！」芳芳轉向金花說。

「日後，我也想用這種眼光來看我的孩子和先生！」芳芳每個字都著實有力量。

「哦！還有……」芳芳突然又再補充：「就是在這裡，大家都能夠很坦承地把心裡的故事講出來，真的是很難得！我想除了這種團體外，我不會有機會聽到大家的心聲，我真的很感謝大家。」話畢芳芳身體放鬆地靠到椅背，滿足地笑著。

「芳芳有很多地方都是我要學習的，她對孩子的學業成績很放得開。」小

鈴看著芳芳語氣懇切地說：「對於先生，你看看我，先生三不五時就鬧失蹤。你應該會覺得自己很幸運，你先生真的很好！其實我先生也還是有優點啦！像他很節儉絕不亂花錢。我盡量想他的好處，忘掉他的缺點，心情就會放得開！如果你可以這樣想，就會覺得你先生很棒！」

「和大家比起來，我過得比較坎坷，不過我是個容易滿足的人……」金花靜靜地說：「今天我的收穫是知道，家家有本難唸的經，每個人面對的挑戰是不一樣的。」

「今天我話比較少，但我也體會到媽媽是家庭的重心，全家都看你的臉色。媽媽快樂全家就都快樂，媽媽臉拉長了，全家都不會有好下場！」敏珊說完，全體齊聲大笑。

「美國和中東的戰爭已經結束了，我和孩子的戰爭卻一直沒停。我知道對家人應該要和顏悅色，我卻天天生氣，忘記怎麼笑了！」玉蓮說話時面無表情。

「然後……對先生，我想我就是要對他好一點……」說完話玉蓮做出跌下椅子的動作，惹得大家笑。

「要多一點……怎麼講，要多撒嬌一點。」玉蓮輕抓著耳朵靦腆笑著。

「這次沒讓所有的人都講完有點可惜。放手的事，我想了很多。其實自己心裡有數，是應該放手，卻心有不甘，真的很痛苦。」敏珊皺著眉說。

「我蠻欽佩芳芳說放就放，讓孩子去學他能學的，這樣子孩子會學得比較實在，不是只在形式上應付學校課業而已。芳芳這樣很好，只是我還很難做到！我就先講這樣子，其他的下次再講，不然以後就沒得講了。」敏珊笑道，大家又笑了。

「今天最令我感動的是，知道大家都承受了很大的壓力，同時我覺得大家都很努力，很盡力！」淑蘭微笑說。

「過去我唯一紓解壓力的方式，就是窩在家裡看韓劇、日劇，然後跟著劇中人哭啊！笑啊！用這種方法釋放壓力和宣洩情緒。今天在這裡聆聽各位的生命故事，才發現以前我用看電視來調節情緒的方法實在很沒營養，而且視力會愈來愈差！來團體一次，比起在家裡看一年電視都還要來的值得！這次聚會對

我而言，真的是心靈高湯！啊不是啦，是心靈雞湯啦！」淑蘭風趣惹笑大家。

「就像淑蘭和芳芳說的一樣，大家在這裡開誠布公的分享，聚會變得很豐富，也會讓人獲得情感上的支持。芳芳的放手很徹底，讓大家印象深刻。大家能夠走到今天，都是經過不斷努力才換得的成長。談起老公全心拼事業，沒參與孩子的教育，結果變成搖錢樹，這很多人都有共鳴。原本計畫讓大家用十分鐘介紹個人故事，然而在分享和回饋時，我發現大家都很投入，十分鐘明顯不足。我想團體不需趕進度，所以我就決定讓每位的分享時間延長為二十分鐘，因此今天僅有半數夥伴說完自己的故事。今天四位夥伴的故事雖然都不一樣，卻都有艱辛的一段。團體有淚水也有歡笑，我看到大家愈來愈知道如何參與團體，也更能自在的談話，這是很好的進展。很期待下週另外四位生命曲線的分享。」

「剛才有幾位分享時說，要對先生溫柔一點，要善待老公的人，請在這禮拜試著採取行動，因為能行動會讓大家有更多的成長，下週希望能聽見你們怎麼做！最後請大家記得用電話聯絡左手邊成員。今天聚會到此結束，下週見。」

2.11 團體效能：生命故事帶出人際學習

讓成員說出自己的生命故事，看似平凡無奇說說而已，事實上就如芳芳說：「大家都能夠很坦承地把心裡的故事講出來，真的是很難得！」平日社交生活中可能缺乏良好的聽眾，這些話題難以說出口，然而支持團體卻能創造一個環境讓成員暢所欲言。讓成員說出生命故事，其效能不僅讓說者可以一吐為快，真實的人生故事可以引發彼此多種的學習，聚會結束前的回顧內容便是最佳的說明。婷婷、淑蘭發現大家的堅強與努力，春梅感謝先生的支持，金花發現人人挑戰不同，敏珊看見自己在家庭中的重要性，玉蓮想要善待老公，芳芳發現自己過去主觀過強，在團體中學會要耐心聽別人說話，且期待自己能以專注的態度聆聽家人說話。

團體中真實又具支持性的人際互動，不僅可以帶來心理上溫暖的

感受，還能引發學習，這便是團體中強而有力的療效因子「人際學習」（Yalom & Molyn, 2005）。成員在聆聽他人生命故事後，對自己的處境或經驗有了新的看法，甚至產生改變的動機與行動計畫。當成員在團體中能感到安全，能自在地表白，呈現出他們與眾不同的經驗時，最能促成人際學習。

2.12 團體過程：形成團體規則

「學貴慎始」強調學習初期就要養成良好的態度與習慣，這原則對心理團體也同樣適用。支持團體中成員互動的方式不同於社交聊天，團體初期帶領者要引導成員以有助益的方式互動，亦即幫助成員習得團體互動的規則（norms）。成員習得團體互動的方式，便能增進團體活力及效能，強化成員參與動機。反之，成員互動若遲遲無法突破社交閒談的層次，未能以相互支持的方式互動，將導致團體氣氛低迷，後續聚會也較可能欲振乏力，甚至會導致成員流失、團體瓦解。

團體互動的規則將依團體目標而不同，也會因團體的階段轉換而有改變（Gazda, Ginter, & Horne, 2001）。支持團體裡一般互動規則包括：稱呼對方的名字（而不稱某某孩子的媽）、讓成員作自己、重視體驗／表達感受、不給建議、強調經驗分享、學習聆聽他人經驗，並學會給予他人有意義的回饋等。成員習得參與團體規則的途徑如下：

1. 帶領者說明團體規則：帶領者說明團體規則，能幫助成員初步理解團體互動的方式，對於如何投入團體能做好心理預備。團體進行中，帶領者可以指出成員符合團體規則的行為並加以肯定，如此成員就能清楚掌握各項規則。

2. 帶領者的引導：帶領者引導成員以較具效能的方式在團體中談話，例如：「準備好的人可以先發言。」「請不要給建議。」「誰能體會這種感受？」「有誰能談談自己相似的經驗？」當批評、質疑、否定或過多不當的建議出現時，帶領者適時地阻止，成員便能漸漸習得回饋

的原則。

3. 帶領者的示範：成員對帶領者的言行有高度注意力，能引發良好的模仿學習。成員向帶領者學習說話的方式和態度，包括同理傾聽的態度、尊重接納的回應、真誠坦白的分享感受等。

4. 成員參與的經驗：成員跟隨帶領者的引導，在團體內開放談論個人經驗並獲得正面回應時，他對團體的信任感會隨之提高。成員便能了解「分享個人經驗」是團體所期待的行為，並繼續在團體中揭露個人經驗。

5. 成員分享的內容：成員分享時若能推心置腹，就能引發其他人揭露相近的主題或深度的經驗，由此可創造充滿動力的對話經驗。如果成員分享的經驗流於表面，會讓人感到無聊沒意義，將減損團體動力。

6. 成員分享的方式：成員分享時主題清晰，經驗具體明確，則能獲得較多人的迴響。如果分享的方式是叨叨絮絮的流水帳，則會叫人反感。每位成員聆聽時，對於他人談話的內容與方式會有某種程度的評價，因而產生見賢思齊，見不賢內自省的調整。

綜觀本次聚會，帶領者透過說明、引導、示範、鼓勵等方法，不僅讓成員能開放地談論個人的經驗，也能專注聆聽且回應他人的經驗，不但能傳達理解與肯定，也能說出不同觀點和經驗，支持性的互動規則儼然成形。

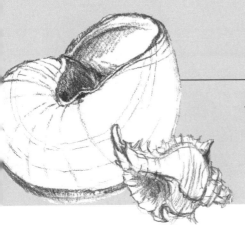

第三次團體聚會
青春小鳥一去不回頭

3.1 團體設計：目標與流程

　　歷經二次聚會，成員分享個人的經驗，彼此已建立起基本的信任關係，對團體進行的方式已有領略。當成員自我揭露的層面愈寬廣，揭露的程度愈深，就愈需要其他成員支持性的回饋，如此成員便能透過了解、接納得到支持。第三次聚會的目的在幫助成員更熟練支持性回饋的原則，使成員自我揭露的行動與所獲得支持回饋形成正向循環，為團體邁入工作期做好準備。本次聚會將延續生命曲線分享活動，帶領者隨著團體話題發展，引出值得討論的生活經驗，引導成員有更頻繁、自發的互動。本次聚會流程如下：

1. 回顧家庭作業：上週三位成員期許自己要善待老公，團體開始便請三位分享她們善待老公的行動。（約15分鐘）
2. 生命曲線分享：玉蓮與敏珊分享並獲成員回饋。（共約60分鐘）
3. 中場休息。（15分鐘）
4. 生命曲線分享：淑蘭與婷婷分享並獲成員回饋。（共約60分鐘）
5. 回顧本次聚會。（約20分鐘）
6. 家庭作業說明：請成員預備不同人生階段的照片於下次聚會中分享。（約3分鐘）

善待老公

「上週電話聯繫情況如何？」我問。團體正要開始，室內氣氛十分輕鬆。

「我先生不喜歡我講電話，才講幾分鐘他就碎碎唸。我故意告訴他，團體課的同學來電提醒我有兩項家庭作業，一是打電話給同學，一是要對老公好一點。他居然回我，那你第二項功課沒做！」小鈴以不可置信的口吻說，眾姊妹笑。

「他還會要你對他好哦！表示他在意你啊，不錯呀！」淑蘭笑說。

「我說有啊！沒想到他得寸進尺，竟要我舉例說明！我就故意挑一件講說，幾天前你說要加班，結果你沒去公司，偷跑去找朋友喝酒聊天。你騙我，我沒跟你計較，也沒掀你底牌，都原諒你了！講完他就求饒，叫我不要講了！不要講了！」小鈴樂不可支，大夥笑彎了腰。

「然後，換我逼問他有沒有對我好！他支支吾吾說不出話來，看他受窘的樣子，我就覺得更有趣，故意湊過去親他，他臉就整個漲紅了起來，像關公一樣！昨晚睡前我還逼問他，這禮拜我對你好不好？！」小鈴笑得合不攏嘴，團體充滿甜蜜的感覺。

「上週還有誰說要對老公好的？」我順勢問，成員不約而同把目光轉向玉蓮。

「什麼！什麼！我本來就對他很好啊。」玉蓮辯解著。

「啊，不是啦！只是不錯啦！」玉蓮隨後改口，又是一陣笑。

「以前老公教孩子功課，最後都會變成大小聲！孩子被他嚇得哦……本來會寫的也變不會了。昨天孩子寫功課還算順利，他老爸破天荒說出鼓勵孩子的話，這是我生平第一次聽到，我很感動，就說你愈來愈會教孩子了！這樣算有對他好吧！」玉蓮笑說。

「願意採取行動的人，會有最多的收穫。小鈴和玉蓮的行動是很好的示範！」我肯定成員的行動，同時重申團體規則，並預備啟動新話題。

「芳芳上週也說要對老公好一點！」小鈴冷不防地提起。

「對啊！有耶！」笑鬧聲中眾人想起確有其事，附和聲此起彼落，頓時人聲鼎沸。

「喂！各位，對他生活起居，我攏有照起工在做哦（台語）！我只是不想花時間跟他講話而已，大家不要誤會啊！」芳芳急忙高聲澄清。

「這禮拜在他上班時，我特地打了兩通查勤電話！讓他在同事面前很有面子，回家時他就嘴笑目笑（台語）。他就喜歡我黏著他，可是我一直覺得這種事很浪費時間……」芳芳語氣很不耐煩。

「你怎麼這樣想呢？」春梅不解。

「因為我覺得他很安全，我不需要像追男朋友這樣一直黏著他啊！而且為了孩子我已經夠累夠煩了，沒事打電話查勤不是很浪費精神嗎？」芳芳理直氣壯的說。

「夫妻關係還是要經營才會有好品質啊！」小鈴勸。

「請問，你現在有沒有讓他十點鐘前回來？」春梅鍥而不捨又問。

「這幾年景氣不好，為了衝業績他長期加班，回家也都過了九點。那正是我指導孩子做功課的黃金時段，萬一他回來，我還得分神招呼，孩子就甭教了！所以我乾脆叫他別太早回來，免得被我罵！」芳芳自有一番道理。

「現在還是這樣嗎？」婷婷關切。

「現在功課教得少，所以解嚴了，他隨時都可以回來。」芳芳笑答，隨後又補充：「這裡就算我對先生最兇，還好他沒有跑掉，算我好運啦！」

「大家對芳芳夫妻互動很感興趣哦！上禮拜生命曲線的活動，大家談到自己的成長史、夫妻關係、婆媳和親子關係。每個人的經驗雖然不同，卻也有些共通處。今天還有四位要繼續分享生命曲線，哪位先開始？」我摘述上週經驗並轉換話題。

3.2 父母心理：孩子擺中間，配偶放一邊

　　父母的婚姻關係是家庭最重要的基礎，良好的婚姻關係不僅讓夫妻雙方有心理上的親密感，面對人生難題時也能相互支持攜手共度難關。婚姻關係需要悉心經營才能繼續維持最佳狀態，當特殊兒童的主要照顧者為應付繁多生活需要疲於奔命，或為了處理孩子的療育問題感到心力交瘁時，可能無心經營夫妻關係，引發更大的壓力（Balkwell & Halverson, 1980），夫妻關係便受到嚴峻的考驗。教養特殊兒童的壓力下，可能擴大夫妻原有的嫌隙，使衝突加劇。在失望挫敗、身心俱疲的情況時，夫妻可能無心力經營關係，原本食之無味的婚姻可能變成難以忍受，有些夫妻因此分居離異，照顧孩子的品質也因而受損。然而壓力不都只帶來不好的結局，特殊兒童的教養也可能變成強有力的黏著劑，促使夫妻分工合作成為親密戰友（利翠珊，2005），如此孩子將能得到最佳照顧。由於孩子成長於家庭的環境中，夫妻關係是家庭的基礎，強化夫妻關係便能間接提升家庭對特殊兒童照顧的品質。研究發現特殊兒童家長認為最大的支持力量是來自配偶（黃璉華，1994），因此檢視婚姻關係，促使成員有更佳的調適，是支持團體的重要議題。

3.3 團體技巧：鼓勵行動、催化改變

　　「善待老公」這結合成員目標的個人化家庭作業，衍生自玉蓮與芳芳前次聚會的分享內容，促使成員把改變的想法化為行動，幫助成員更有效地達成其個人參與團體的目標。小鈴的分享讓團體士氣大增，她的分享不僅重溫改變的喜悅，也再次確認並肯定自己的努力與進步。芳芳的分享有著完全不同的迴響，因為大家都看得出來，芳芳查勤行動只是表層的改變，她心中的觀點絲毫未鬆動。大夥對芳芳待夫之道表現出極高興趣，這關切的熱情有助於凝聚團體。有趣的是，積極詢問的行動正代表著大家無法理解也不能苟同的立場。

儘管所有人都認為芳芳的行徑有違常理應改善，但真心的改變需要時間醞釀，勉強成員改變可能會引發不必要的焦慮、防衛或抗拒（Gazda, Ginter, & Horne, 2001）。急於改變成員的帶領者，容易強化帶領者的權威角色，培養成員不適當的依賴。帶領者應「催化」而非「催促」成員改變，所以不以專家角色指導或要求芳芳。同時為避免成員以盤問、忠告、勸說或遊說的方式施壓，帶領者結束這話題並轉移談話焦點。雖大家都認為芳芳應有所改變，然而為了要達成這項目標，此刻最重要的工作便是「等待」，容許當事人繼續處於想改變卻未改變的矛盾狀態中。

玉蓮的生命曲線

「我來介紹！我的曲線圖很簡單。國中以前我的生活很平順，高中時爸爸過世，所有的困難從此開始。媽媽除了工作外，還要帶四個孩子。身為長女的我，就要幫忙煮飯料理家事。和同學的生活相比，我覺得自己過得很辛苦，萬萬沒想到真正的挑戰是婚後才開始。」玉蓮說話時有點緊張，她拉拉衣袖。

「因為先生跟我的成長環境很不同，婚後衝突很多。夫家很省，晚餐後冰箱一定要清空，否則婆婆會說話。可是娘家剛好相反，冰箱裡隨時都是滿的。像小鈴一樣，我們夫妻成長經驗有如天壤之別。」玉蓮說話時會稍稍晃動身體，偶爾會皺著眉頭面露難色。

「我生命曲線的最高點就是老大出生。因為大嫂連生兩個女兒，每次孩子出生婆婆就哭個沒完，我壓力很大。好幾次產檢超音波掃描，醫生都說是女孩，沒想到從產房推出嬰兒時竟是男孩，全家人高興死了！」玉蓮語調高昂。

「老大哥哥一出生全家都歡喜，可是弟弟出生卻諸多不順，而且不受歡迎。頭一個月又是黃疸又是過敏……毛病很多，別人兩歲學說話，他到三歲才講出兩個字。跟他說話時，他常常就呆呆看著你，好像根本聽不懂！幼稚園老師建議我帶去檢查，光是掛號就拖了半年，檢查搞了好幾個月才說是發展遲緩。診斷以後要怎麼補救，也沒下文。」玉蓮指著低谷，無奈地聳聳肩。

「弟弟進小學一年級時，我就去跟老師說我孩子發展遲緩，需要他多幫忙。結果老師竟然對他不理不睬徹底放棄！老師教什麼，孩子回家一問三不知，聯絡簿永遠都是空白的！情況很慘！三年級加入資源班，老師很願意溝通，孩子才開始有進步。我還到處打聽什麼治療有效，常帶著孩子搭公車一、兩個小時去做治療！和芳芳差不多，上山下海幾乎跑遍全台！還有之前我也認為孩子會有問題都是先生的錯，把罪過通通怪到我先生身上去。因為心裡就有一股氣，所以先生說話時，我常有一搭沒一搭，凡事以孩子的教學為優先。結果等我教完孩子後，先生也不想跟我講話了……」玉蓮苦笑著。

「玉蓮，老二出生是你曲線的谷底，後來曲線又往上爬了些，有什麼不同嗎？」我問。

「以前為了成績，孩子一天到晚被我打，身上隨時都可以看得到傷痕。」玉蓮尷尬地笑。

「後來弟弟變得很膽小，什麼都不願意嘗試，讓我好心疼。他國小二年級後，我就辭職全心照顧他。後來不經意看到報紙有特殊教育的消息，才聯絡上學習障礙者家長協會，參加相關的研習課程，漸漸認識孩子的障礙。當我學著用孩子可以接受的方法教，小孩慢慢的變得比較有自信心，曲線才慢慢往上爬！」玉蓮拭去眼角的淚水。

「現在我全部生活內容就是孩子，心情也會跟著他的情況起伏。我知道前面還有很多大大小小的關卡，不論情況如何我一定會陪在孩子身邊。」玉蓮指著曲線末段許多小小的波動說。

「玉蓮的曲線中有好幾個傷感的回憶，現在是大家的回饋時間了。」我邀請道。

3.4 父母心理：否認

否認是一種心理防衛的方法，讓當事人可以暫時不必接受事實，以及事實所帶來的強大焦慮感。否認有很多種形式，包括遍訪名醫，只是為了要得到一個讓人安心的診斷，或者不斷地尋找專家來確認孩子沒有問題

（Gargiulo, 1985）。另有些父母會堅持認為孩子沒有問題、認為孩子的問題沒診斷的那麼嚴重，或者認為孩子的問題會因為長大而漸漸消失。持有否認態度的父母，可能不願意和他人討論孩子的情況，或者聽不進去專業人員的看法、診斷與療育的建議。否認孩子有障礙的事實，或不願面對孩子障礙的程度嚴重時，父母可能會對孩子過度保護，或者為孩子設定過高且無法達成的目標（Shea & Bauer, 1985）。因為成績未達預定的水準而處罰孩子的作法，很可能出自於玉蓮否認的心理，無視於孩子能力有限的事實。

　　否認的心態多半出現在父母心理調適的初期，也就是家長獲知孩子的診斷之後不久。然而也有些家長繼續保有否認的心態，甚至延誤療育的最佳時機，帶來無法彌補的遺憾（Ho & Keiley, 2003）。

愛恨交織的親子關係

　　「上週聚會後那幾天，我對兒子的態度就有改善。但這禮拜我又開始打他，因為我訂正他的作業時，他竟死不認錯而且態度很差的反駁我。我很生氣，就啪！賞了他一巴掌！」春梅揮手做出摑掌的動作。

　　「我很糟糕，情緒起伏還是很大！」春梅很懊惱地搖搖頭。

　　「我也是啊！脾氣一來就會打下去！」敏珊也舉起右手作勢，「要不然就是破口大罵！只是現在用詞不那麼……那麼尖酸刻薄了。」

　　「我家弟弟以前也是被我打得半死，對我恨之入骨。生氣的時候他會大叫要我走開，還說長大以後不要跟我住。」玉蓮苦笑著說。

　　「我們跟小孩關係很矛盾，他很恨你，卻又很需要你！」敏珊說。

　　「對！就是這樣子。教他功課時，他會變得很容易生氣，對我大吼，叫我不要管！甚至還叫我去死！哦！真是……」玉蓮皺著眉，熱烈地回應。

　　「好像我們孩子都有相同的情況。」春梅說。

　　「我覺得玉蓮是個很認真的媽媽，帶孩子去治療不怕麻煩，坐公車一、兩

個鐘頭這樣跑真的很辛苦。」金花說。

「對呀！為了孩子玉蓮好像什麼事都可以犧牲，就是這樣把自己害苦了。我覺得玉蓮在我們團體中感覺比較悶，可能是因為孩子課業壓力很大。我想告訴你的是，孩子功課學不來，不是你的錯，也不是孩子的錯，可能是他資質有限，這是勉強不來的。」芳芳把手放在玉蓮肩上說。

「所以我現在也要放手，不然怎麼辦？」玉蓮面無表情聳聳肩。

「你光嘴巴這樣子講是沒用的，心裡頭要確實這樣想日子才會自在快活。孩子進國中後功課會愈來愈跟不上，你就會更鬱卒。所以不要只是嘴巴說要放手，像我以前自己騙自己！」芳芳的話讓大家笑出聲來。

「講得真好！」小鈴和淑蘭在旁附和。

「玉蓮，關於放手的事你似乎還有點考慮……」我回應玉蓮。

「還沒有真正做出來！」芳芳說。

「那個掙扎的很厲害，你知道嗎！？」玉蓮接著說。

「我覺得你要常常出來聊天，看你被孩子折磨得笑不出來，實在很不忍心。」芳芳說完，大家又笑。

練習放手

「芳芳剛才勸玉蓮要放手，芳芳你從想放手到真放手，花了多少時間調整？」我轉而邀請芳芳分享。

「至少兩年！因為我嘴巴說要放手，孩子觀察了我半年才敢跟我講，媽媽每次都說要改要改，可是都沒改！其實我是真有改啦！」芳芳笑著解釋。

「以前是每天打小孩，後來每個禮拜打一次，最後兩個月打一次。雖然改了很多，可是還是有打啦！只要一打，孩子就會認為媽媽沒改。」

「一切就完了！」玉蓮心有戚戚說。

「孩子不再為成績被打被罵持續了一整年，他才確定我真的改變了。後來他膽子變大，就敢跟我翻舊帳，抱怨我對他怎麼嚴苛。局勢逆轉，他終於平反

了！那時我想，我有錯在先，孩子很委屈，就隨他罵。又過半年我覺得好像快把他寵壞了，才不讓他繼續罵。唉……這算是我欠他的。還好，現在很少聽孩子抱怨以前的事了……」芳芳補充。

「孩子觀察你時，他是幾歲啊？」春梅好奇地問。

「大概小五、小六吧！」

「喔！」春梅若有所思。

「芳芳練習放手，也曾經歷過言行不一的階段。在放手的事上，哪位認為自己需要多學習的？請舉手。」多數成員應聲舉手，大夥左右環顧。

「我有問題！剛才好幾位都認為親子衝突唯一解套的方法就是放手，把功課放掉不管。如果孩子是學習障礙，那不就很可惜嗎？放掉就全部沒了耶！」春梅忍不住提問。

「春梅認為有努力就有希望，一旦放手就什麼都沒了！針對這點請大家談談自己的想法。」聚焦後我邀請所有成員加入對話。

3.5 團體技巧：將勸說轉為經驗分享

芳芳對玉蓮多次回應，表現出理解和關心，然而勸說忠告的對話型態，並非理想的互動方式。帶領者轉換焦點，邀請芳芳談論她個人改變的過程。忠告、建議、勸說等對話方式常會出現在團體互動中，這雖是成員善意的表現，卻可能有下述影響：

1. 造成成員間心理地位不平等：給予建議者通常會有較高的心理地位，不斷給予建議的行為，將使成員間心理地位不平等，接受建議者會有「你好，我不好」的感受。

2. 知其然而不知其所以然：芳芳忠告的內容來自她個人長時間摸索、嘗試，是經驗累積而成的教養原則。當這些原則以說道理、規勸的方式呈現時，聆聽者知其然而不知其所以然。當成員無法窺得芳芳學習歷程中的挫折與轉折，也較難體會這原則的可貴之處。

3. 不利於團體規則形成：當忠告多次出現於團體的對話中，帶領者未予

處理時，其他成員也可能耳濡目染如法炮製，將引發更多忠告的行為。

4. 忠告可能不適用：忠告可能造成的最大問題便是不合用，不合用的理由包括聆聽者心理尚未準備好接受，孩子的特殊需要互異，家長的困擾原因不同等。此外，儘管聆聽者理性上早已認同忠告內容，卻可能在行動及情感上無法配合。這知行不一的情況，代表著成員內心有更多未表達未解決的衝突。這些內在衝突未處理，知行不一的情況就會繼續存在。

引導成員有效地互動是帶領者的責任，當團體出現忠告的行為時，帶領者可邀請忠告者分享其個人經驗，以化解忠告可能的不良影響。當芳芳描述她習得「放手」教養原則的歷程時，將有以下助益：

1. 減少強者的形象：芳芳分享她育兒一路蹣跚的經驗，呈現許多挫敗、努力以及最終達成調適的過程。呈現經驗的全貌後，成員將視芳芳是「軟弱的」，同時也是「堅強的」。

2. 增進他人理解：芳芳說明她學習放手的來龍去脈，成員就更能了解芳芳實踐放手的緣由，並了解調適成功並非一蹴可幾。芳芳學習的旅途，讓大家知道教養特殊孩子需要不斷學習，成員也可避免以特質歸因的方式看待芳芳的建言。

3. 增進他人認同：芳芳分享時說出更多她調適經驗的細節，傳遞出比忠告更有價值的資訊。成員們可以在芳芳的故事中，找到相近的經驗，進而形成認同。不僅拉近成員彼此的關係，也可能使成員更接納自己言行不一的處境，並且認為自己有機會可以達成調適，正如芳芳一般。

放手卻不放棄

「我覺得孩子的自信心和學習意願是最重要的，絕不能放棄。即使孩子做

得不夠好，還是要肯定他，讓他覺得盡力就好。分數不重要，重要的是要努力、要有好的學習態度！」婷婷強調地說。

「這樣是對啦，可是很難耶！」春梅蹙眉。

「會不會因為芳芳孩子年級較高，到國中階段情緒反應會比較強烈？」春梅看著芳芳問。

「我孩子和小鈴的孩子很像，曾因成績差在學校被排斥、被罵白痴、笨蛋，所以孩子很在意分數。現在問題不是我不放！我想孩子有動力，就要鼓勵她不要放棄。」金花激動地說著。

「孩子有動機學習，要因勢利導，這是一種情況。母親認為孩子潛力沒發揮，應該要加強，這是另一種情況。在放手和放棄的主題上，其他人還有什麼想法？」我繼續邀請。

「隨孩子年齡成長，課業會愈多愈難。國小學得來，不保證國中跟得上，要求各科都要趕上進度，對能力不足的孩子而言是很殘忍的。他們會變得像機器人，一科接著一科連續不斷，毫無生活品質可言。孩子漸漸長大會有自己的想法，一定會強烈反彈！我決定要放手，就是要避免孩子產生情緒困擾。我所謂的放手，不是都不管，而是要改變策略。先在一旁觀察，選擇孩子有能力學習的科目，讓他學起來有信心。」淑蘭語重心長，幾位成員點頭。

「剛才淑蘭分享時，我看到幾位點頭。關於放手，還有哪位想回應？」我摘述團體話題進行的脈絡，維持談話主題。

「針對孩子能力不足之處我們要放手，但千萬不要忘記強化他優勢能力。我的孩子曾經在考前很認真練習寫十幾遍，沒想到隔天考試還是錯光光！她哭得唏里嘩啦，說在家裡我都會，為什麼考試還是錯！老師罵我不用心沒複習！其實這就是醫生說的文字輸入輸出困難，就算他練習一千次還是會錯。孩子還說，為什麼哥哥隨便讀就考九十幾分，我好笨！努力準備卻只有六十分！媽媽你會不會覺得我很沒用？」金花悠悠道來，孩子的話讓人不勝唏噓。

「我就問她，你身上有胃也有心臟，你說胃比較厲害還是心臟比較厲害？每個人都是獨特的，胃不會做心臟的事，心臟不會做胃的事。有些事你不會做，並不代表沒有用。」金花智慧的回答贏得滿場喝采聲。

「放手不是不管，而是她學不來的事上我不強求，但她優勢部分要加強。尤其是生活教育、家事技能方面一定要多加強。我的孩子小學四年級就會煎魚、煮飯、炒菜。她以此自豪，甚至覺得比我還行！」金花笑著說。

「對，孩子生活教育很重要，我也是這樣做。我們別跟障礙過不去，孩子學不來的我們一定要放手！也一定要找出他能學習的主題和方法，鼓勵他成長。」淑蘭回應說。

「好幾位都認為放手不同於放棄，放手是對孩子做不來的事不再強求。然而要加強孩子優勢能力與生活教育，尋覓合適的教法幫助孩子學習。放手的話題就暫停在這裡，接下來要回到生命曲線的分享。」我說。

敏珊的生命曲線

「簡短的說吧！我高中以前成績很差，但生活很快樂。」第一句話說畢，敏珊便放下曲線圖若有所思。

「有時候我想……兒子注意力不集中，好像是得自我的遺傳。我小時候常因為做事不專心而被大人罵。直到高中以後，我才比較能控制自己，成績也才有進步……」敏珊推了推眼鏡若有所思地說。

「進職場工作時我意氣風發，算是我人生最輝煌、最有成就感的時光！然後也有……很多男朋友。」男友一事引來夥伴們驚呼。

「結婚生子後，曲線開始下滑。因為公司規定員工生育就要離職，離職後我住在婆家，就像被關禁閉。後來發生一連串婆媳問題，衝突愈演愈烈，是我始料未及的。因為先生在外地工作，整個月難得回來一次。好不容易他回來，我才有機會訴苦。沒想到他不但不聽，還無情的責備我！唉！」敏珊嘆氣。

「過了好幾年，先生工作調動，我們搬離婆家，婆媳戰爭才告結束。隨後我返回職場希望能重拾往日雄風，可是白天上班，下班後家事又都要我一手包辦，每天都很疲累，難免火氣就變大，夫妻就常起衝突……接著又發現孩子有問題，先生對孩子的事一概不管，完全逃避！每天下班回家教孩子功課，我就

會大吼大叫，變得很歇斯底里。孩子進小學後導師給我有關過動兒的資訊，我才慢慢試著接受孩子。」話畢敏珊搖搖頭不再多說。

「敏珊的生命曲線像是爬山，過了山頂就一路下滑。談論這段往事你現在有什麼感受？」我試著邀請她再多談一些。

「老實說，我真不願意回想。因為當初我媽反對我們的婚事，所以我是啞巴吃黃蓮，再苦都不能回娘家抱怨。現在我只想讓這個不愉快的回憶永遠沉澱。」敏珊語氣很平淡，沒有再多說的意思。

「哪位可以體會敏珊剛才所說的苦？」我轉移話題，請大家回應。

「唉呀！這種苦別人很難感受，朋友都認為我沒離婚很奇怪……」敏珊緊接著我的話說，並沒有留下空檔給其他人發言，接著她說得更多。

「婚後好長一段時間婆家有難，先生薪水全數繳回婆家，一毛錢也沒給我，我全靠自己賺來的錢養活自己和孩子。我最氣先生的就是在我最忙時，不但沒伸出援手幫忙教孩子，還諷刺說你很會賺錢哦！我壓力很大。其實我已經計畫好要置產準備離婚，是為了孩子我才留下來的……」

失去熱情的婚姻

「婆媳問題自古以來就很難解！我婆婆是寡母，結婚頭幾年我壓力超大。幸好先生採取中立，婆婆的怨言他會聽，我的困難他也能理解，不然我早就瘋掉了！」春梅回應道。

「敏珊，在你需要保護時，先生卻沒有保護你。」芳芳的回應充滿洞察與了解。

「一點保護也沒有，他在外地工作根本什麼都看不到。」敏珊憤憤不平。

「那你是要原諒他呢？還是要跟他算這筆帳呢？」芳芳問。

「我不想原諒他，也不會跟他算這一筆帳。就讓它過去，我也不願意再想起。」

「可是，我覺得你對先生的感情好像很淡……」

「對！你說的很對！」敏珊眼底閃過一絲亮光，似乎被說中了。

「對他，我已經沒什麼感情，這點我也覺得怪……」敏珊音量變大，像才回過神似的。

「像我……雖然會罵先生！可是對先生我還有些熱情，你好像比我更慘……」芳芳的話惹得大家笑。

「對！我沒有一絲的熱情，這點我蠻慚愧的……」敏珊簡單地說。

「我的婚姻也有關係冷漠的一段。如果你受了傷害，先生卻不能了解，或不願了解，而且還不斷繼續傷害你，最後對他就會心灰意冷徹底絕望。」小鈴說道。

「對，好像是這樣唉！」敏珊邊想邊說。

「講到孩子我會哭，講到先生我可是一滴眼淚也沒有，因為只剩下憤怒和不屑……」小鈴悻然。

「對呀！現在我的生活都是以孩子為中心。我管教小孩，他從沒挺我，還嫌我太大聲吵他看電視。所以來團體上課我也不跟他講，他根本不曉得我在做什麼。同一個屋簷下我卻過著自己的生活，只是每個月跟他拿錢來花……」說完敏珊笑了起來。

「我覺得敏珊獨撐大局很有能力，辛苦卻有影響力！相對的，先生在家庭好像不是重心。」婷婷回應道。

「對，他只要記得把錢拿回來就可以了！」敏珊冷冷地說。

「你先生也是部賺錢的機器！」春梅舊事重提一掃凝重悲情，房間裡的空氣立時變成活潑且充滿精神！

「對！我一直有這種想法，不過沒有告訴別人！」儘管笑聲震耳欲聾，敏珊仍面不改色。

3.6 團體技巧：尊重，讓成員有不分享的自由

參與團體要有收穫，成員就要有揭露個人經驗與人分享的心理準備，帶領者一方面要鼓勵引導成員分享，同時也要了解，並非人人對於分享都

感到自在。尤其是那些不堪回首的話題，更可能會讓人難以啟口。教養特殊兒童的經驗與眾不同，許多家長都早已學會沉默是金，敏珊自認為所經歷的婆媳衝突太過強烈，錐心刺骨之痛他人無法了解，所以沒有意願多說。然而不揭露個人經驗的決定，也加深了敏珊與人的隔閡，結果痛苦與孤單如影隨形。當敏珊自認為痛苦不可能為外人了解時，若有人輕率地表示了解，反而會貶低那份痛苦的深度、獨特及唯一，最後招來不悅。

　　成員愈是投入團體樂於分享，愈可能在團體中有收穫。帶領者要鼓勵成員在心理舒適的範圍內勇於分享，也要讓成員知道不要過於勉強自己，說出自己會感到後悔的話來。因為過深的話題或心理準備不足時，分享也可能演變為心理傷害。為了尊重敏珊不分享的決定，帶領者需約束自己及成員們的好奇心，轉移團體談話的焦點。有趣的是當敏珊感受被理解及尊重，知道自己不被強迫有不分享的自由時，反而願意吐露得更多些。敏珊道出更多夫妻衝突的細節，使成員們有機會發展一段充滿真誠了解與支持的回應。儘管敏珊對於「被了解」原本並不抱希望，成員分享相近的經驗及感受時，敏珊仍能感到「被關心」。

　　支持團體在創造一個安全的互動環境，讓成員們能自由地分享生活經驗。揭露多少生活經驗，由成員全權決定。帶領者要尊重、認可成員說與不說的決定。成員不分享的決定獲帶領者的接納時，所有的成員便能感受到安全與自在，不但能減少過度揭露而造成的心理傷害，也可能增加分享的意願。

🐚 自責難消

　　「其實我忍受這麼多痛苦卻沒離婚，是因為在我心裡還有個想法……就是……我認為孩子會有問題，應該算是我的責任！」敏珊再度發言，所有人都睜大了眼睛。

　　「因為懷胎時正值我工作生涯的最高峰，同事都叫我拚命三娘。那段時間

我三餐隨便吃，造成早產。出生時孩子營養不良體重不足，後來又發現他有注意力不集中和過動的問題，我想……我該負蠻大的責任！」敏珊斬釘截鐵的說，全場為之騷動。

「不要這樣子想！」春梅急切勸阻。

「是真的！那時我全力拚工作，沒好好照顧自己，才會造成孩子這樣！」敏珊又說。

「可是，我自己就是早產兒，我也沒有過動的問題啊！」芳芳挑戰敏珊的信念。

「早產出生體重過輕，後來還是可以把他養胖啊！」春梅跟進。

「問題是我怎麼弄好吃的給他，也沒把他養胖啊！」敏珊堅持。

「跟那個沒關係啦！我女兒出生時有四千二百公克重，可是她現在是個瘦子。孩子的問題跟你懷孕吃什麼沒有關係……」淑蘭解釋道。

「這不是母親的問題！我出生時體重過輕，現在我不是很大一個！」芳芳搞笑說。

「他是早產！」敏珊再次強調，好像沒聽到芳芳的話一般。

「我不但早產，我媽懷我時很苦，坐月子時也只吃過一條魚而已。可是現在我還不是該有肉的地方都有肉。」芳芳捏捏自己的手臂，逗得大家笑。

「那不是你的責任！」大家爭先恐後提供例證，要減少敏珊的自責。

「就算不是我懷孕時操勞過度造成的，障礙畢竟是事實啊！是我把他生成這樣的啊！」敏珊繼續堅持著。

「像我兒子出生後不久就去開刀，手術後他根本沒有辦法吃，我用吸管邊餵邊哭，三歲前寶寶健檢，他的發展都最後一名。可是他現在三年級已經四十公斤了，而且還都沒吃零食喔！」春梅提高音調說。

「剛才大家的回應很熱烈，都希望敏珊別再自責。因為孩子的障礙媽媽會感到自責。各位有過這種心情嗎？大家是如何面對的呢？」我重新聚焦。

🐚 究責無益，來者可追

「千辛萬苦治好兒子唇顎裂後，又爆出一拖拉庫（台語）的問題。頭幾年我覺得很對不起先生，給他們家帶來很多麻煩。還好先生說這是我們的孩子，有問題我們一起處理。如果說孩子有障礙都是我的責任，那我可能會沒有辦法走下去！」春梅首先開口說。

「孩子有障礙到底是誰的錯？這種問題我以前很在意！因為我自認為家世清白且無不良紀錄！而且我也不願意婆家在我背後說長論短，所以有段時期我很積極地想要檢測基因，看到底是誰家的遺傳！」芳芳毫不遲疑地說，全員大笑不已。

「可是醫生勸我打消念頭，他說現代醫學只能掌握部分原因，花一大筆錢也不見得會有結果。而且醫療的重點在事前預防，事後追究責任恐怕只會破壞家庭關係，對誰都沒好處！想想也對，我才作罷了！」芳芳攤開雙手聳肩說。

「憑良心說，我不認為孩子的問題是因為我。因為我先生的手足有好幾個行為特徵很相似。我覺得婚前不僅要做健康檢查，而且要身家調查，通盤考慮後再結婚才不會後悔！」聽了婷婷的話，好幾位笑了。

「不過話說回來，就算是老公的遺傳，他也不是故意的啊！我是不會因為這樣就選擇離婚，因為孩子還是我的啊！」婷婷的聲明簡單明瞭。

「好幾次我懷疑孩子可能是因為我才有障礙。那時我就會想，平平按呢生（台語）他哥哥很好啊，怎麼會妹妹一個有問題？懷她的時候，我還特別吃得好呢！」金花微笑著說。

「我也曾覺得應該為孩子的問題負責，可是先生說，孩子有自己的命啦！我想也是。不管我們怎麼想，日子都要過下去。如果要為孩子的障礙負責，那我會變得很沮喪，這樣對我和孩子都不好！」淑蘭說。

「在最痛苦的那幾年我常問自己，孩子的障礙是不是我引起的。有時候覺得應該不是，有時候又覺得可能是。可是就算想破頭，也不會有答案的！這種問題很折磨人！後來我決定不要再想了。人生有很多事情是沒有答案的，面對

現實才是最重要的！」淑蘭話畢，眾人點頭同意。

「孩子的障礙究竟誰要負責，這問題很難回答。就算費盡力氣找到答案，也可能無濟於事。把責任扛在自己的肩上，或把責任統統推到先生身上，不見得會有幫助，還可能造成更多問題。有幾位認為坦然面對現在的處境，比起追究責任更重要。」我環視全場說。

3.7 父母心理：自責

「自責」、「愧疚」或稱為「罪惡感」是許多特殊需求兒童父母經驗中常見的情緒之一（Stewart, 1986），也是最難以克服的情緒（Gargiulo, 1985）。敏珊的自責引來成員們積極勸說的反應，正顯示成員對此議題的看重，自責的經驗這是團體不能忽略的主題。父母的自責與沮喪有關，可能以不同的方式呈現，破壞親子關係，並對父母的生理、情緒、行為、社會及靈性層面都可能造成負面影響（Johnson, 1996）。父母的自責分為三種類型（Nixon, 1993）：

1. 父母認為自己造成孩子的障礙因而引發的愧疚感：這類父母認為自己應該為孩子的障礙負責，他們的想法是：「我把孩子生成障礙兒，讓孩子承受人生許多痛苦，我真對不起孩子！」

2. 扮演親職角色不利而有的愧疚感：這類家長因孩子問題重重難以改善，對孩子懷有強烈而負面的情緒，覺得自己的愛心枯竭無法繼續再付出，因而認為自己不是好父母，對孩子懷有愧疚感。他們的想法是：「孩子怎麼都教不好，我是很糟糕的父母。」

3. 道德上的罪惡感：當家長相信惡有惡報善有善報，今世的苦難來自前世的業障時，很容易將孩子的不幸歸罪於自己道德上的瑕疵，為此而感到愧對特殊需求的孩子。他們的想法是：「孩子會有障礙是我前輩子作孽，是我欠他的。」

敏珊描述的經驗屬於第一類型自責愧疚情緒，認定早產是造成障礙的原因，怪罪自己懷孕期間工作過度未妥善照顧自己。就算是毫無證據

支持，家長仍認為自責有理，並篤信不移。有些父母受到親友的怪罪，認為孩子的問題是父母明顯或暗地拒絕孩子的結果。這些污名化的說詞可說是火上加油，讓父母承受額外的痛苦（Schilling, Gilchrist, & Schinke, 1984）。自責是心理的沉重包袱，將影響夫妻與親子關係（Fortier & Wanlass, 1984），帶來更多的委屈與衝突。自責是最需要澄清的情緒，父母不僅需要有機會表達那些強烈又被曲解的情緒，並且修通（work through）才能有好的適應（Rose, 1987）。自責是成員們共有的情緒經驗，然而成員們處理的方式各有不同。能擺脫自責情緒糾纏者，並不是因為他們已確認了問題的原因，而是發展出面對問題的積極態度。此外當父親能積極面對，願意共同承擔問題時，母親的自責也會減少。這段對話或許不足以減少敏珊的自責，然而對話中提供成員自我檢視及彼此觀摩的學習機會。

🐚 有骨氣又有實力的母親

「剛才我們聽了敏珊一路走來的故事，現在請各位談談，敏珊的故事中讓你欣賞或感動的是什麼？」我引導回饋的方向。

「我說！敏珊，先生的幫助少，你靠著自己走過了婆媳衝突，現在還坐在這裡學習成長，我很佩服你的堅強。」婷婷搶著第一個發言。

「其實我是逃避婆家，才會過得那麼辛苦！」敏珊無奈地說。

「不管當初你的決定是基於什麼理由，這麼辛苦都能走過來，是需要勇氣的。」婷婷強調。

「敏珊當初選擇了老公，好壞就要自己承擔，而你也真的擔得起。就算先生沒有金援，你還是有能力賺錢維生。雖然你可以離開婚姻，卻選擇留下來照顧孩子！我覺得你有骨氣也有實力。」芳芳向敏珊豎起大姆指。

「唉！這是沒法度的啦！（台語）」敏珊客氣地說。

「我也曾對婚姻徹底失望過，那真的很痛苦。憑你工作的能力，我覺得你

可以讓自己過的更燦爛！雖然夫妻關係要調整很難，但孩子將來會嫁娶，只有另一半才會陪我們走更長遠的路。」小鈴說。

「其實我現在已經很少跟他起衝突了，只是關係很冷淡而已。」敏珊淡淡地說。

「關係冷淡！不太像夫妻喔！比較像老闆每月發薪水給夥計，叫你把孩子照顧好！」芳芳像老友般調侃，眾人笑。

「喂！我不只顧孩子哦！我還天天幫他洗衣服啊！燙衣服啊！可沒閒著！」敏珊連忙澄清，臉上並無慍色。她嘆口氣繼續說：「我覺得現在很糟糕的是……我整個心都已經冷淡了，沒有那一份……」

「熱情！」芳芳接腔，說出敏珊的心境。

「對！沒有熱情！我已經走到這種田地了。」敏珊無奈地表示同意。

「可能因為他沒認同你對孩子的付出，你才會覺得心寒……」春梅臆測。

「這個嘛，我也不知道……」敏珊不置可否。

「看得出來大家都希望敏珊可以過得更好，剛才大家的分享都能將心比心，談了許多相近經驗，這樣就是很好的陪伴。」我放慢說話的速度來幫助成員們提高注意力，除了摘要前段談論的內容外，我也針對團體的過程進行回饋，肯定成員建設性的互動。

「請下一位來介紹了！」我說完話，敏珊則向坐在旁邊的淑蘭使眼色。

3.8 團體技巧：促進成員間支持行為

帶領者有責任引導成員，以支持的方式互動，避免成員有支持意圖卻無支持效能的對話。無支持效能的對話有多種形式，譬如直接否認對方問題的嚴重性：「問題沒你想的這樣糟啦！」「我的問題比你更慘！」提供沒有根據的保證：「沒事的啦！」「明天會更好！」否認對方的想法或情緒：「你想太多了。」「別這樣想。」「不需要擔心啦！」「你這樣擔心也沒用！」帶領者引導成員們對敏珊說出敬佩與欣賞之處，引發一段充滿鼓勵的支持性對話。團體互動中成員獲得支持的途徑有以下數種（Chen

& Rybak, 2004）：

1. 專注聆聽的態度：帶領者及成員專注聆聽，對分享者的經驗表現出好奇、興趣、關懷的態度，會讓分享者覺得被重視，這種有品質的互動可能正是成員生活中所欠缺的。

2. 同理心的回應：帶領者說出當事人的情緒，這般同理回應的行為對團體具有示範效果。帶領者也可引導成員以同理方式回應，藉由成員指認當事人的情緒經驗，傳遞了解。

3. 分享相似經驗：成員分享相似的經驗時，當事人會感覺自己並非唯一的受苦者，可以獲得認同而減少孤獨感。

4. 支持性的言語：帶領者或成員直接表達了解、肯定、鼓勵、欣賞，當事人便能直接獲得支持。

　　母親教養時所獲得的支持力量愈大，母親對孩子愈能有正向的態度，母親最大的支持來自配偶，其次是朋友及社區鄰居（Crnic, Greenberg, Ragozin, Robinson, & Basham, 1983）。當這些非正式的支持不足時，心理團體這種正式的支持形式就益顯重要。

淑蘭的生命曲線

　　「聽了大家的故事，我心裡有很多感觸。我先要謝謝大家的分享，現在換我講話，覺得有點緊張……」淑蘭清清喉嚨說。

　　「從小我父母常吵架，為了離開爭鬧不休的家，我決定愈早結婚愈好。沒想到婚後不久我就意外被公司裁員，只好住到婆家去變成家庭主婦，和公婆妯娌朝夕相處。因為生活習慣很不同，他們對我諸多批評。先生夾在中間左右為難，就漸漸晚歸避不見面，晚上十二點前不會踏入家門。我小女子一個，要面對婆家所有人事，壓力大得不得了。懷孕後我整天挺著肚子忙進忙出，沒人疼沒人惜（台語），婚後不到一年就成了深宮怨婦……」淑蘭無奈地笑了。

　　「大兒子出生後不久，四肢偶爾會沒來由地抽動。我覺得怪異，一直想帶

到醫院徹底檢查。可是婆家所有的人都認為我小題大作，懷疑我想藉機偷懶不做家事。我只好偷偷帶孩子就診，意外發現孩子患有先天性心臟病，接下來就是一連串的住院檢查和開刀。婆家非但不關心，還認為是我帶來的霉運。所以所有的醫療問題，大大小小的決定，全由我一個人處理，沒人商量。折騰了三年孩子開完刀，命是救回來了，可是我們一貧如洗，幾乎到了沒錢買米的地步……」淑蘭眼眶漸漸泛紅，然而故事並未說完，曲線還要往下彎曲。

「他國小後老師發覺異狀，建議我們去醫院檢查，結果發現他有學習障礙、注意力不集中。醫生推論，可能是體質特殊，鈣質吸收有問題而影響腦部發展。由於那些無法吸收的鈣無法排出體外，可能會殘留在體內任何軟組織裡，像是腎臟、心臟甚至是腦袋裡，日後潛藏的問題很多。聽完檢查報告後我們帶著孩子到公園，孩子在旁邊玩得很高興，我們夫妻則是茫然地呆坐著，難過到不知道要說什麼才好。」

「幾年前公婆相繼過世後我重獲自由，我就瘋狂地到處聽演講寫筆記，回家還根據筆記自我反省、消化應用筆記的內容，孩子行為問題就這樣漸漸地減少了，真的很奇妙！只要我不看成績，只注意他的行為，日子變得平順許多……」淑蘭微微的笑了，苦澀味稍減了些。

「因為先生已習慣晚歸，為了讓先生能感覺到家庭溫暖，我刻意創造機會讓孩子親近爸爸；比如要小孩陪先生一起打電動啦！要孩子早點寫完功課，全家都去陪爸爸去找停車位，一起在車上聽音樂，聊一聊。這樣努力兩三年後，先生果然漸漸提早回來了。」淑蘭看了芳芳一眼。

「上禮拜好幾位說要對先生好一點，其實我的情況是剛好相反，因為平常我對他已經夠好了。他老爺一個，茶來伸手飯來張口，什麼都傳便便（台語）。孩子的功課都是我管，他很少協助。不過上週五正好有一次例外。我幫孩子訂正考試卷，好心提醒他字寫錯了，他就死不承認很不耐煩態度很差。因為來上團體課，我就希望自己有好表現，不再隨便發脾氣哦……」淑蘭挑了挑眉說，大家笑。

「可是孩子一直跟我唱反調，最後老公看不下去，就嚴厲的教訓孩子一番。因為老公為我撐腰的次數很少，所以我立刻趁機跑去泡個舒服的澡，洗完

澡孩子也乖乖訂正完畢。這次給先生表現的機會，我覺得自己做對了。我把自己照顧好，全家也都受惠！我的家庭作業應該是對先生少付出一點！」眾人又笑。

苦盡甘來

「在我心目中，淑蘭表達清楚、穿著大方得體，是我學習的對象。前不久和淑蘭一起出席親子活動，第一次看到她的寶貝兒子。發現她口中一身是病的孩子，居然是高高壯壯笑臉迎人很有禮貌的少年家（台語）。淑蘭把孩子照顧得非常好！希望我有天也能像淑蘭過得一樣好！」芳芳笑著說。

「等等，我要補充一下！想到要照顧好自己，不過是這兩年才開始的。以前我很不會照顧自己，就是用吃來紓解壓力，結果腫得像顆球似的！」淑蘭的說明讓大家笑彎了腰。

「我覺得淑蘭是很好的聽眾，能給人排憂解悶，和她聊聊煩惱就會變不見，跟她講電話我都會忍不住講很久！我們講電話經常狂笑，真的很過癮！淑蘭很溫柔，和她談話後，我就對自己強勢的行徑有覺察，我要向她學習身段放軟。」婷婷開懷地笑著。

「在大家庭生活很不簡單耶！現在總算苦盡甘來了。」金花回應。

「帶孩子看醫生還要躲躲藏藏的，我知道這種日子很難受。」春梅說。

「剛才淑蘭說新婚後大家庭的生活有很多衝突，我先生就有五個兄弟姊妹過去全都住一起，妯娌間傳話引發的糾紛很難處理。家務多沒有人願意分擔，很不公平。現在我們少來往，關係反而好一點。」玉蓮回應著說。

「喔！對於公婆，我想再說一下。」淑蘭補充說：「原本我過著小媳婦的日子，對公婆很不能諒解。前幾年公婆相繼生病，離世前好幾次急診、住院都沒雇用看護，全程由我親手照顧，換尿片床單完全不假他人之手，伺候老人家約有半年之久。畢竟他們是無助的老人家，以前的是是非非，我就不想計較了。因為我無怨無悔付出照顧公婆，先生開始對我另眼相待，我想這是我們關

係改善的重要關鍵哦！」

「淑蘭的故事中談到婆媳、夫妻和親子關係，一路上風風雨雨。我覺得淑蘭很堅忍，也很有活力。皇天不負苦心人，不斷的付出最後終於贏得先生的感謝。」我小結道：「最後由婷婷分享。」

婷婷的生命曲線

「嗯！大家好！」婷婷講起話來總是字正腔圓。

「小時候父親工作很忙，但假日一定會帶全家出去玩。雖然當時物資很缺乏，我們卻都很快樂。另一個高峰就我和死黨花十五天騎單車環島，風雨無阻完成壯舉，留下難忘的回憶！」婷婷指著像高原平坦的曲線，眼中閃動著自豪。

「婚前我在衛生所工作，經常上山下海在社區辦衛教活動。我一直認為只要肯付出，天下無難事只怕有心人！別人認為是很辛苦，我卻覺得很有成就感。」婷婷撥動頭髮笑說著。

「當孩子二歲時，有次感冒上吐下瀉，我正換衣服準備帶他上醫院，他在床上哭，哭著哭著忽然就斷了氣，小小臉蛋整個變黑，我當場真的愣住了，立刻以人工呼吸急救，這孩子的命真是我救回來的！」隨著婷婷的描述，眾人心情跟著上下起伏。

「孩子四歲進幼稚園，學校老師覺得他有些特殊，建議我帶去檢查，才發現孩子自閉兼過動、感覺統合差、手眼協調不好、小肌肉無力、連語言發展也遲緩。接下來的生活行程就是排滿療育活動。我人生黑暗時期就是他國小二年級時，因為我個性很倔強不服輸，我想不懂，為什麼我教不好他呢？怎麼會有這麼頑劣教不會的小孩，我想他應該是不用心、不認真，所以我幾乎是天天打。每次打完我就會很難過，日子很痛苦，可是我又找不到其他方法教孩子。他三年級以後，我就不打了……」指曲線最深的凹陷處，婷婷懊悔地說。

「因為我漸漸能了解他不是不想做，而是做不來，他全部的能力就是這樣。就算我把他打死，也是沒有用！」婷婷放下手上的紙，深深吸氣。

「可是了解來得太慢了！前面打他這麼多年，他的自信心都已經給我打掉了！現在他什麼事都要依賴我，看他這樣我很心痛。這次月考成績國語只有三十分，可是我覺得他比以前有進步，所以我一點都不生氣。以前造句他從來不願意想，也不會去寫。這次他寫得蠻多的，只是不太通順。雖然老師一分也不給，我反倒鼓勵他說，這一次你很認真努力有進步！不只他有進步，我也在進步！我盡量看到他好的地方，我決定不要再去看他能力比較差或做不來的部分。過好多年，現在做得好一點了。」婷婷臉上展露出一點點笑容。

震攝人心的婚姻暴力

「那我的婚姻呢，嗯……」一秒鐘的停頓間，婷婷臉色變得暗沉，有幾分猶豫。

「我常覺得我的婚姻是一種……嗯……是一種錯誤。婚禮才結束，我們就大吵。後來先生工作不順，再加上孩子問題多，我們愈吵愈兇，每次爭吵他都會變得很情緒化而且失去理智。我曾被他推撞到桌角，全身是傷，那次我狠下心來就到醫院拿驗傷報告，準備將來不時之需。」婷婷深深吸一口氣，強忍住滿腔的憤怒、羞愧及悲痛。

「按慣例端午節我都會帶孩子回娘家，但那年我沒回去，因為我先生那天打我，我不要媽媽看到我臉上的傷口。」婷婷的聲音顫動不已，此刻房間中一片死寂。

「雖然婚姻不快樂，可是我還是要好好的過。先生工作都很晚才回家，我們很少交談。孩子從小就身體不好，經常感染肺炎，每年幾乎都要在醫院住上幾週。就醫的大小事，全都由我自己打理，一手拎著背包，一手牽著小朋友辦手續，騎著摩托車來來去去。他是大男人絕對不會做任何家事，孩子在醫院住幾天，我回家後就會有幾天的碗筷堆在水槽裡等著我洗。我覺得生活中有沒有老公其實沒啥差別，可是既然我是他的太太，分內的工作我都會做。以前我會抱怨，現在我什麼都不說了，對他我沒有任何期待。」婷婷面無表情，語氣平

靜異常。

「我調適的方法就是當孩子上學不在家的時候，一定出去走走，放假時我一定帶著孩子出去玩。不管我的婚姻有多痛苦，我也不要自憐，而且一定要找到快樂！上禮拜帶蛋塔來，看你們吃得這麼開心，我很有成就感。我改變不了先生，可是我能改變自己。這就是我的故事。」婷婷說完話眼光轉向我。

「你會不會覺得你在壓抑你自己。」芳芳急切問道。

「我不會認為自己是壓抑，我可以做的，就是改變自己。」

「你覺得這樣改變有效嗎？」敏珊緊接著問。

「其實對我的婚姻關係並沒有多大改善，可是我的心情會好一點。」

「我這樣問你，是因為我朋友遇到跟你一樣的情況，有時候她被先生打到全身是傷，我聽到都很捨不得。我覺得一直讓步，可能沒辦法阻止他的暴力。」敏珊不捨地說。

「我想最好就是不要去接近他。」婷婷應道。

「可是有時候很難躲掉！」玉蓮睜大眼睛急切的說。

「我知道這是避免不了，他發狂時就當著小孩子面前打我，你知道嗎？！」婷婷的憤怒與悲傷潰堤而來，再也不能保持平靜而掩面啜泣。

「那你有沒有想過用什麼方式去改變？」不顧婷婷的哭泣，芳芳問。

「我要打斷各位，請大家先不要忙著追問！婷婷現在很難過，我感覺到大家都很關切也想幫忙。我要提醒大家，我們沒有辦法用短短的幾分鐘解決婷婷婚姻多年來的難題。此刻我要大家對婷婷說些話，讓她聽到你的了解。讓我們用了解來陪伴婷婷。」我緩和地說明後，成員不再追問，團體安靜了下來，有一段時間都沒人發言。

「我可以感受大家現在的心都滿滿的，聽見婷婷受傷害，大家心情都覺得沉重不好受。如果有些話你想對婷婷說，這是一個機會，我們可以再等一下大家。」我試著再次鼓勵大家，並且讓成員知道等待時的靜默是可以接受的。

「我很想說些什麼，可是又覺得不知道要說什麼才好……」又過一會兒敏珊開口。

「上禮拜婷婷來我們家玩，勸我說先生不疼，日子還是要好好過。當時我

知道婷婷的好意，但我心裡並沒有特別的感受。可是今天聽她這樣講，我強烈覺得自己很幸運，因為我先生不會對我動粗。我可以感覺到婷婷真的很用心要過好自己的生活，上週她還親手做點心和大家分享！我現在覺得我的生活困難並不大，和婷婷相比之下，我的生活應該算是蠻幸福的，但是婷婷卻過的比我快樂！這一點我應該要反省。」敏珊緩緩的說。

「婷婷你俐落、幹練、自信、活潑、明朗，我萬萬沒想到你會有這樣辛苦的日子，我非常訝異你居然能忍受這樣不完美的婚姻。雖然先生和小孩都有狀況，你還能忍辱負重，還跟我們分享你的手藝，你真的很棒！」芳芳帶著溫暖的笑容說。

「跟你比起來啊！我真的太貪心了！我對孩子和先生有這麼多不合理的要求！可是我覺得我的個性跟你很像，很倔強、不認輸、也不讓別人看到我有這麼多困擾，所以我很不容易找到那個友誼，心裡很空虛。我想你可能也會覺得很孤單……」說著說著，芳芳也哭了起來。

「孤單是一定會有的。老天雖然給我很多困難，祂也給我很多朋友。而我的朋友們都願意主動來聯絡陪伴我。甚至他們也願意把痛苦告訴我，孩子在學校有問題也會來問我。」婷婷拭著淚漸漸地平靜下來。

「我是沒有經驗過婷婷的痛苦，我覺得很難說些什麼來安慰你。但在我心中，你這麼願意分享烘焙才藝，又能關心朋友，我覺得你有顆純淨美麗又很堅強的心！」金花說。婷婷分享的經驗及情緒沉重，從支持的程度來看，三位成員的回應略嫌不足。金花話畢後團體有段停頓的空白，讓我覺得大家似乎沒有準備好再多說些什麼，於是我開口說。

「婷婷曾遭暴力相向，讓大家都很捨不得。我想大家可能跟我一樣，願意分擔婷婷的心情。對婷婷努力把生活過好的態度，好幾位都感到欽佩。要提起這件事需要很大的勇氣，感謝婷婷對我們的信任，把這麼重要的事告訴我們。我想就是這番的勇氣讓婷婷可以博得許多真摯的友誼，也能在困境中做自己。」

「這兩次聚會中各位都介紹了自己的故事，不論婚前過得好壞，婚後生活都增加了許多壓力，有些人的難題是在婆媳妯娌關係上，有些人的困擾則是在

夫妻關係上，孩子出生則又是另一個轉折。好幾位因為孩子而成為醫院的常客，甚至多次與死神對抗。也有人談到先生在教養上沒幫上忙，倒像是部賺錢的機器。在教養孩子方面，多數人都曾嚴厲地體罰過孩子，有幾位已經可以接納孩子的能力限制，親子關係變得較和諧，有幾位親子衝突還經常發生。」我摘述生命曲線活動中成員的經驗，預備結束這項活動。

3.9 團體技巧：阻止不當的關切，協助成員表達關懷

　　婚姻暴力的受害經驗通常被視為個人的隱私，除非有十足的安全感，當事人多半不願談論。婷婷願意在團體中分享婚姻中受害的經驗，顯示她對團體有足夠的信任，敢於冒險分享。婚姻暴力的行為對親密關係有強烈殺傷力，受害者生理、心理與靈性都會受到傷害與衝擊。難怪會引發成員高度關切，甚至出現咄咄逼人的詢問。帶領者有責任阻止這類帶有強烈壓迫感的關心詢問，引導成員由詢問轉為回應，原因如下：

1. 處理家庭暴力的話題並非本團體的目標，團體時間不足以深入處理個別成員夫妻負面互動的細節。

2. 婚姻暴力的經驗並非團體多數成員的共有經驗。由於婚姻暴力的議題過於特殊，深入探究時可能會讓婷婷覺得自己像是個有問題的「病人」，損及成員的自我形象。這與支持團體要提升成員自尊自信的目標恰好相反。

　　成員們聽見婷婷家暴經驗後，面對他人重大困境時，多數人第一個反應便是詢問更多的細節以示關心，或者是努力替對方想出對策來解決問題。然而問題冰凍三尺非一日之寒，團體時間有限，短時間的探究很可能無功而返，最終讓大家都感到挫折。因此帶領者阻斷追問，把焦點轉向團體，期待成員以回饋及情感的支持來陪伴悲傷的婷婷。有時成員所揭露的問題過於嚴重，無法在團體時段妥善處理，帶領者就要考慮是否在團體外給當事人額外的協助，或者為當事人轉介個別諮商服務，如此才能兼顧團體發展及個人的特殊需要。

為故事命名

「結束這個活動前，我想請各位運用你的創意和想像力，為自己的生命故事命名。假想你的生命故事要寫成一本書、拍成一部連續劇或電影，你會如何命名？」我的說明讓成員們笑了起來。

「我的片名叫做不願面對的真相。我覺得面對真相很痛苦，所以我不願面對自己的人生。就是因為不願面對真相，才會把問題搞到無法收拾……」敏珊輕皺著眉說，大夥笑。

「其實我也很不願意面對真相，可是孩子已經交給我了，媽媽又不能辭職。我故事的名字叫我要活下去。」小鈴才說，大夥又笑。

「因為先生行跡詭異，我絕對不能輸。縱使我改變不了他，我一定要活下去，而且還要過好一點。」小鈴的話引來一陣狂笑。

「我的故事叫美麗新世界，因為我的人生原本很炫麗，是我自己把它搞砸的。我相信只要我打從心底願意改變，以後的日子會更好。幾次聚會下來，我的心境已經有了改變，要過就好好過。」芳芳肯定地說。

「我的故事名叫火戰車。因為我人生有許多挑戰，每次我都全力以赴。我想這些挑戰是要訓練我，目的就是要把我的潛能發揮到淋漓盡致，我想這就是上帝給我的人生功課吧！」金花說。

「金花你的故事可以叫做台灣阿信啦！阿信過得很苦，但生活很有智慧，就跟你一樣哦！而且阿信晚年生活過得愈來愈好！」芳芳應聲說，眾人點頭。

「聽了各位的經驗，我很欽佩。我的故事名為希望與勇氣，我面對孩子教養覺得困難重重，最需要的就是希望和勇氣。」春梅說。

「我的故事命名為心靈捕手。聽大家講了之後，我覺得跟孩子要真心來溝通，不要用打罵的方式。我希望能做孩子的心靈捕手。」玉蓮說。

「我想給自己的故事取的名字是美麗人生。」婷婷靜靜地說。

「雖然現實生活困難不斷，但我希望自己能永遠保有孩子般的單純和快樂。」婷婷方才激動的情緒已趨平緩。

「婷婷的故事可以叫做一枝草一點露，因為天無絕人之路。」敏珊緩緩地說。

「各位為自己的故事命名時，我聽到了你們的目標、自我勉勵和期許。我也祝福大家，活的更豐富多采，成為人生劇場最佳女主角。接下來我們要回顧這次聚會的收穫。」

為母則強

「接下來要請大家說說今天聚會你學到什麼？預備好的人先開始。」我邀請。

「今天我大開眼界，發現每個人的個性和處理事情的方法都不同，情緒發洩方式也不一樣。」玉蓮第一個開口說。

「以前我有個怪癖，如果對方家庭沒有特殊的孩子，他們跟我講什麼教養的事，我完全聽不進去。因為他們的條件都比我好，根本不可能了解我的處境。他們的安慰對我來講，都是空口說白話，我完全不能接受。可是在這個團體裡，大家都有特殊孩子，就像在同一條船上的朋友。所以我的心門完全敞開，真心聆聽，而且聽到心坎裡去……」芳芳看著大家說。

「前二次聚會時，已經有些想法在我心中萌芽。今天聽到大家的故事後，我是真的徹底覺悟了！比起各位面對的困難，我真是人在福中不知福！庸人自擾！現在我有種強烈的預感，不久的將來我們家人關係會愈來愈好！因為現在我的心態已經不一樣了，我是真心誠意的改變！」芳芳的話有著洞察與決心，改變呼之欲出。

「每次來聽大家的經驗，我就會學到很多……今天婷婷的分享讓我感受特別深刻。雖然我先生不會打我，可是他會故意打小孩給我看，氣得我快發瘋。後來我就很小心不激怒他，免得動輒得咎。這種夫妻關係很緊張、很痛苦。可是婷婷情緒處理得很好，家庭仍正常運作，很值得我學習。」小鈴肯定道。

「今天的聚會對我是當頭棒喝！」敏珊推了推眼鏡說：「我平常不太願意

跟別人談家裡的事情，所以別人看不到我的快樂，也看不到我的憂傷。我總覺得自己的痛苦，外人無法理解。可是聽到婷婷曾遭先生暴力相向後，我覺得這個問題比我所有的困難還要大。我先生只是不太理睬我，但也從來不會限制我，我的生活還有很大的自由空間，我應該感到滿意才對。」

「有時我覺得很矛盾，因為我的心很柔軟，在這團體裡每一個人都很值得我去憐惜。今天知道大家沉重的過去，對我是種心理負擔。因為如果我沒辦法幫忙的話，會覺得很不舒坦。」淑蘭眼眶通紅，哽咽地說。

「淑蘭你的情感真摯而豐富，而且願意將心比心關懷別人。就因為這樣，剛剛聽到大家困難，你覺得有心理負擔，因為你很捨不得大家。」同理後我停了下來，讓淑蘭能把這負面的經驗說得清楚。

「對！我不曉得該怎麼表達才好，如果像外國人抱抱也不太自在，可是我真的替大家感到疼惜。」淑蘭流露真情，說話時身體一直保持前傾的姿態。

「事實上我跟老公的關係並不好，我受了很多委屈，他很少為我著想，一直到現在都是。他真的很不夠意思！可是我又改變不了他，我只好改變我的觀點，盡量往好處想。」淑蘭無奈地說，婷婷的開放讓淑蘭的表白更直接。

「淑蘭一向委屈求全，很知道委屈的滋味，也特別憐惜受委屈的人。你能傾聽、了解，把你的體會和經驗說出來，這就是很好的支持。」聽完我的回應，淑蘭點點頭，身體漸漸靠到椅背上放鬆了些。

「以前人說，女人，你的名字叫弱者。聽了大家的故事後，我認為在座各位都表現得很勇敢，也很有智慧。」春梅笑容可掬地繼續說：「各位有很多讓我學習的地方，所以我覺得那句話應該修正，我覺得女人！你們是堅強的！」說話間春梅激動了起來，微笑瞬間消失，忽然失聲啜泣，她用手絹掩著臉。

「婷婷有沒有什麼想說的？」我問。

「我之所以會這麼勇敢，大概就是所謂的為母則強。為了保護孩子，我必須變得更堅強。」婷婷邊想邊說，神情則有些疲累。

「十幾年來，為了婚姻我幾乎沒流過眼淚，因為我已經準備好要繼續走下去……這幾次聚會後，我發現人生路途比我還坎坷的大有人在。如果別人走得下去，我一定也可以！」婷婷緩緩的說，沒有激情只有決心。

　　「今天由於各位的開放，真誠呈現自己生活遭遇，彼此的陪伴和傾聽，團體變得豐富。剛才聽到好幾位對自己有新的覺察，有新的學習目標。」我慢慢地說著，摘述這次團體過程與結果，同時與每位成員目光接觸。

　　「下次團體是第四次聚會，本週家庭作業是要請大家回去找照片，希望下週聚會時各位帶來婚前、婚後、生養孩子和最近的照片。最好四階段各有一張照片，讓我們看看你的模樣有什麼變化。此外還請大家照舊進行電話彼此聯絡，每位至少打一通電話給你之前沒有聯絡過的夥伴。」

　　「不好了⋯⋯」敏珊大叫著：「我沒有最近的相片。因為覺得自己面目可憎，所以都不照相。」

　　「大家盡量找吧！下週聚會很值得期待！」我鼓勵。

3.10 團體設計：為故事命名，賦予人生新意義

　　說故事是幫助成員回顧人生的好方法，「生命曲線」的活動讓成員可以說出自己的人生故事。故事中成員不再只是孩子的媽，話題不再只是繞著孩子打轉，而能涉及更寬廣的層面，例如原生家庭、夫妻關係、婆媳關係、親師關係等。故事能更完整呈現成員獨特的人生經驗，在團體中不再受制於生活中的特定角色，而能成為一個有過去、有現在完整的人。

　　為自己的故事命名不僅是為了要結束生命曲線活動，更是提供機會讓成員為自己生命故事作全盤性鳥瞰。長期處於壓力下的成員，面對生活中重重的困境，可能造成疲憊、無力的感受，甚至對未來失去希望。當成員以一種隱喻的方式為自己的人生命名時，往往能引導成員對自己生命經驗的重新詮釋，為自己現階段的處境找到定位，對過去的處境賦予新的意義，激發出對未來的期許。團體雖無法改變成員們的過去經驗與現今處境，卻有可能促使成員改換心境。命名活動有催化的效能，引導成員對自己的處境發展新的觀點。

　　事實上無需參與心理團體，在意識或潛意識層面，人們都會對自己的人生經驗進行評價，而評價的結果將影響人們面對生活的態度。評價人生

為失敗者，將感到灰心沮喪。評價中發掘自己的優點、長處及進步者，將增加個人的信心。命名的活動將這項評價的心理過程，由個人隱密的心理運作，提升至公開的層面。在團體正向的氛圍中，成員們彼此激勵，較能提出正向評價。有趣的是有些成員自發性地為他人故事命名，提供當事人不同的觀點及有意義的回饋，此舉也有傳達關心與鼓勵的效能。

3.11 團體效能：比上不足，比下有餘

婷婷受到家暴的經驗無疑是對團體擲下一顆震撼彈，引發的影響由聚會結束前的回顧便可看到。成員紛紛發現，與家暴受害的經驗相比，自己的困境不過是小巫見大巫，繼而引發新的觀點及領悟，如「人在福中不知福」、「庸人自擾」、「當頭棒喝」、「別再怨天尤人」等。顯然成員都認為家暴的痛苦程度遠超個人經驗過的困難，進而認為自己應該要能忍受、接受原本不滿意的處境，甚至應該要珍惜目前的一切。這些心態的改變可以社會比較理論來解釋。

社會比較理論認為，當個人對自己的意見、能力、處境或經驗感到不確定時，會找到相近的人進行比較來為自己找到定位（Festinger, 1954）。與一般孩子的家長相比，特殊兒童家長顯得有更多問題與挑戰得要面對，這是無庸置疑的。然而究竟教養特殊兒童的父母其人生有多麼痛苦呢？團體中成員自然會有種相互比較的心理歷程，要看看究竟是誰比較苦。

婷婷受到家暴傷害的痛苦看似「最慘」，好幾位成員因為自己生活雖有困難，但是「沒那麼慘」，因而開啟一種新的自我評價。被評為「最慘的」婷婷會不會因此受傷，變得更悲觀？婷婷的一段話給了這問題解答，叫人放心不少。綜觀數次團體中成員分享的經驗後，婷婷說：「人生路途比我還坎坷的大有人在。」也就是婷婷並不認為自己是「最慘」的那一位。原來社會比較所依據的項目，人人有不同的選擇。在他人的故事中找到自己定位的過程，成員各自選用不同評定的項目。在婚姻的項目下，有

個暴力的老公或許是條件最為不堪的，然而婷婷卻未經歷公婆問題，她的孩子也未曾經歷致命的危機。社會比較之後，婷婷獲得更多的勇氣來面對生活中無情的挑戰：「如果別人走得下去，我一定也可以！」

3.12 團體過程：支持愈多、分享愈深

　　婷婷揭露婚姻受暴經驗抓住了所有成員的注意力與情感，家暴經驗雖駭人聽聞，卻為團體帶來許多正面的影響。其一，家暴經驗與自身經驗兩相對照下，敏珊、芳芳驚覺自己人在福中不知福，因而改變了對自己婚姻的觀點及感受，強化了改變的動機。其次，當團體承接得住成員深度揭露及伴隨的情緒強度時，將引發更多成員的深度揭露。一則是有樣學樣的模仿，一則是唯有深度接近的分享或回饋能讓成員的互動達成平衡。儘管在婷婷分享後，成員一時不知如何回應，卻也一直沒忘記。聚會結束前的回顧時段，成員紛紛繼續回應，補足了深度揭露後所需的心理支持。

　　第三次聚會中成員更熟悉建設性的回饋方式，能主動自發給予其他成員正向且具意義的回饋。成員彼此認識加深，互動的頻率較高，揭露程度更甚於前。如此「分享」與「回饋」相互交乘，成員間的信任感與凝聚力便能繼續提升，將團體推進工作階段。

第四次團體聚會
不能說的秘密

4.1 團體設計：目標與流程

　　對為期八次聚會的團體而言，第四次聚會已進入團體中期，亦即團體的工作階段。本次聚會的目的在幫助成員探索個人調適歷程，催化成員嘗試更多社會性冒險的行動，更深的揭露自我。帶領者除了要幫助成員持續保有高度參與團體的興趣，也要強化成員彼此間的支持行為。悲傷輔導的第一項任務便是接受失落的事實，本次聚會活動是讓成員介紹人生不同階段的生活照片，藉由具體可見的照片，引導成員以多元的角度回顧生活，發現各樣失落，期能催化成員接納不同的失落事實。本次聚會流程如下：

1. 照片分享：每人展示照片並進行解說，再由成員彼此回饋，敏珊、春梅、婷婷、金花與淑蘭每人約20分鐘。（共約90分鐘）
2. 中場休息。（15分鐘）
3. 照片分享：小鈴與芳芳分享，每人約25分鐘。（共約50分鐘）
4. 回顧本次聚會。（20分鐘）
5. 家庭作業說明。（5分鐘）

　　窗外天空布滿灰色的薄雲，攝氏25度的氣溫十分怡人。團體室裡洋溢著融洽的笑聲，成員三三兩兩湊著看照片品頭論足。

「你那時好瘦、好白哦！你現在看起來比較健康，氣色比較好耶……」

「這張畫質很美，是用專業相機拍的嗎？」團體才要開始，敏珊的照片已被傳開。

「今天要用照片來介紹自己，各位有機會目睹夥伴家人的廬山真實面目了。」我開口說。

「喂喂！我的照片都被你們看完了，上課我就沒話可說了！」敏珊急忙地嚷著，大夥都笑了。

「大家要關手機喔！」芳芳主動提醒，成員紛紛確認手機已調整至關機狀態。一如往常聚會先分享電話聯絡經驗，春梅全家出遊三天身心無比舒暢，玉蓮接著談起她和婷婷的聯繫。

「我們講了很多，她說對孩子要有同理心。我可能就是沒有同理心，才會每天和孩子硬碰硬吧！」玉蓮順勢豎起三根手指強調著。

「玉蓮覺得有收穫。」玉蓮向來表達都較簡短，我摘要企圖鼓勵玉蓮多說些。

「你不是跟我講同理心嘛？那次談話對我很有幫助，謝謝你。」玉蓮轉頭看著婷婷說，但未如我預期多說些。

「接下來我們要來介紹各位帶來的照片，剛才大家都在看敏珊的照片，要從敏珊先開始嗎？」

「我的相片是被芳芳拿出來看的。」敏珊冤枉又無奈地說，惹來一陣笑。

「芳芳，我先介紹沒關係，我的照片不多，一下子就說完，等一下就會輪到你了。」敏珊轉向芳芳說，大家又笑，玩樂氣氛讓人覺得既輕鬆又期待。

「我們把椅子挪靠近一點，可以看清楚照片。」大夥紛紛往圓心挪動椅子。

🐚 人生變化多，要珍惜每一天

「這禮拜我回娘家，沒像春梅那麼好命去度假，旅途勞頓回家我就患重感冒……」敏珊打開相本說。

「這是我找到最年輕的一張相片，當時我還是學生，有比較多人追，所以比較漂亮啦！」眾人隨之起鬨。

「這張是婚前照的，那時工作和感情都很好，生活很快樂。」敏珊滿足地笑著。

「戴隱形眼鏡會更美！」婷婷在旁湊合著說。

「對啊！後來我真的把那支眼鏡丟了！」敏珊迅速回應道，大夥笑著。對話一來一往節奏緊湊。

「這張是我心情最糟的時候，幼稚園老師天天打電話來告狀，我都快瘋了。你們看，照片裡我一副笑不出來的樣子。現在為了孩子，我的生活是在混亂中求生存，根本不會想到照相……」敏珊放下照片。

「敏珊能不能談談，找照片時你有什麼感觸？」我問。

「找照片時我是很鬱卒啦（台語）……」敏珊表情淡然。

「可以再多談談那個鬱卒的感受嗎？」我繼續問。

「就是我心裡想，為什麼我以前這麼明亮光采，現在卻變成渾渾噩噩。我強烈感覺我的人生真的失去太多了！」敏珊這段話說得慢，大家靜靜聽著。

「挑照片讓你感慨自己人生變化大，覺得失去太多！」

「真的！以前無憂無慮，現在快樂的事卻難得有一件……」

「你覺得現在日子沒以前好……，哪張照片讓你最懷念珍惜？」

「最懷念啊……好像都沒有耶。要珍惜的話……我想從現在起的每一天都是我要珍惜的。」敏珊想了想才說。

「這番體會是怎麼來的呢？」

拆下婚紗照，以行動改善婚姻關係

「其實上禮拜我就開始有種感覺，我不能老是這樣苦哈哈地過日子，一定要為自己的生活找到快樂。」敏珊習慣性地推推眼鏡。

「你有些新的想法。」我回應，鼓勵敏珊說得更多。

「向來我都不喜歡回想過去，其實以前我超愛拍照的，還是攝影社幹部，自己沖洗照片、指導別人拍照、參賽還得獎，累積很多相本不但塞滿了書櫃，甚至連衣櫥也淪陷了。先生好幾次抱怨我相本堆佔太多空間，說那些相片都是我的垃圾！」敏珊加大音量說。

「當下聽了很不舒服，但事後我偶爾會想，為什麼我要保存那麼多照片？這些相片將來要給誰？孩子結婚後應該不會想要！如果以後不會有人要，那麼這些珍藏真的就變垃圾了！有這想法後，我就很少照相了。這種感覺很奇怪！曾經全心熱愛的事物，日後不過只是沒人要的垃圾！」敏珊帶大家走入她的沉思。

「後來看到床頭上掛的婚紗照裡，夫妻一副恩愛甜蜜的樣子，可是真實生活卻形同陌路，婚紗那麼大張又有什麼用呢？花那麼多錢拍婚紗照，浪漫唯美卻一點也不實際！夫妻兩人要能和言悅色彼此對待，別再冷戰熱戰才重要。生活還是實際點才有用，後來我就把婚紗照給拆了！」敏珊才說完，團體逕自騷動了起來。像是煮沸的水蒸氣四竄，剎時眾人發言進入毫無次序的混亂狀態。

「這事有沒有讓你先生知道……我的意思是有沒有先討論過？」芳芳趕忙問。

「他沒有看到吧？他有沒有看到啊？」幾乎同一時間，婷婷睜大眼睛也問。

「他沒有看到我拆的過程。」大夥急著問，敏珊回答無法超過一句話。

「可是他事後會看到啊！？」緊接著玉蓮也加入關心追問的行列。

「那他沒有發現？」小鈴問。

「沒有啦，他沒有發現。」

「原來掛在客廳嗎？」婷婷問。

「是掛在主臥室啦！然後我愈看愈礙目（台語），就把它拆了。」

「就是把它銷毀的意思嗎？」芳芳搔著頭問。

「沒有啦，也沒有銷毀啦！」

「應該只是收起來而已吧。」淑蘭接著替敏珊補充。

「對，我把它捲起來啦。」

「那是怕沾灰塵嗎？」小鈴問。

「其實不是怕灰塵，我是想直接拿去丟掉啦！只怕日後先生問起，不好交代。所以我就把它塞到儲物間去……」敏珊窮於應付。

「敏珊拆下婚紗照的行動引發大家強烈好奇！」我回應。

「我也會捨不得，拆不拆想了好久。那天我對自己說，要嘛……我就對他好一點，別再跟他計較，留住那張婚紗照對誰都沒好處！這樣想了後，我就動手把它拆了。」敏珊道出決定的過程。

「經過一番思考，敏珊拆下婚紗照，決心要改善夫妻關係。」我回應。

「對啊！改善關係比較實際……」敏珊點著頭說。

「什麼時候拆的啊？」我問。

「就在團體開始前一個禮拜吧！」

「那拆了婚紗照到現在四個禮拜，先生和你的關係有沒有改善？」我問完，大家齊聲笑。

「應該有吧！」敏珊語調平平地說。

「以前我們一直都吵吵鬧鬧的，後來為了減少衝突我就迴避閃躲，到最後變成視若無睹，明明他就在客廳坐著，但我就把他當成一件傢俱，這樣我就不會對他有期待，也不會挑剔他。有時我很欽佩自己的工夫怎麼這麼強……」敏珊嘴角出現一絲得意的笑。

「上禮拜聽到婷婷的經驗後，我感觸很深，覺得我該為自己的婚姻做點什麼，不可以再擺爛了。碰巧老公要出國洽公，行前我就關心地問他說，那裡會不會冷啊？要不要多帶幾件衣服啊？光是這樣問問，他就好感動……」大家又笑。

「這樣就很感動了哦！」芳芳不可思議道。

「對呀！就像你打通查勤電話，你老公就愛的要命一樣啊！」敏珊向芳芳說。

「他才下飛機就立刻打電話回來，說不怎麼冷啊，有的沒的。哦對了！回來他還帶這個回來給我……」敏珊順帶一提，舉起左手亮出無名指上一只嶄新珍珠戒指，眾人瞪大雙眼驚羨。

「其實我一點都不想要，但我假裝很喜歡的樣子謝謝他，他就好高興。這好像小孩在玩扮家家酒一樣……」敏珊輕輕笑著。

「真的有改變哦！」我肯定地說。

「對呀！」

「我為你感到高興！雖然你說不想要，說話的神情是蠻高興的！」我指出敏珊的不一致。

「就覺得很好玩啊，怎麼會這樣子咧……」敏珊這次笑開了。

「先生很好哄，像孩子一樣，讓敏珊覺得好玩，也有點不屑。收到禮物的感覺有點意外，卻又覺得這不是你要的，覺得先生並沒有真正地了解你，沒用你喜歡的方式對待你。哪位想給敏珊回饋？」我邀眾人加入。

「我一定要說！」芳芳立刻舉手發言：「你我的先生都算是乖乖牌，他們工作獨立，對太太的要求不多。如果太太對他們好一點，就會高興好幾天。只是說我們這做太太的會不會……」

「拿捏！」敏珊接腔。

「對！他們日子好壞全操在我們手上啦！」芳芳說，大家一陣笑。

「只要投其所好，打電話到辦公室關心一下，他就會很高興，也真的很簡單！」芳芳補充。

「就因為很簡單，我才覺得好幼稚喔！」敏珊摀著嘴笑。

「這是小投資大豐收！」婷婷說替敏珊計算著。

「先生反應這麼好，不做白不做！」淑蘭跟進。

「我也有段時間跟先生鬥法，後來也是變得視若無睹、冷漠麻木，我想這都是太多傷害和失望後的結果吧。原本我很想改正老公的惡習，費盡心力卻完全不奏效，最後我決定改變自己。自己改變後雖然先生還沒有改，但是情況就會有所轉圜了。」小鈴說。

「我很為敏珊感到高興！單方面要改變夫妻互動的模式並不容易，敏珊這次小小的關懷換得大大的收穫，夫妻關係改善後，家庭氣氛變好，敏珊也換了好心情！芳芳和小鈴都能體會敏珊的心境，夫妻相處大家都要練工夫哦！」我說完大家笑。

4.2 團體設計：回顧照片增進自覺

　　生活照片中能具體呈現生活場景、人物、體態、表情，一紙照片可傳遞豐富的訊息，能喚起具體生活事件的回憶，使談話有明確焦點並引發聽者濃厚興趣。從挑選到介紹，照片分享的活動促使成員自然地比較個人的過去與現在，發現自己多年來的改變，藉此催化當事人對自己有所洞察。有些成員回顧與洞察，將激發他們對此時此刻的生活萌生積極態度。

　　介紹照片時，除了讓每位成員展示照片並加以說明外，也要引導成員談談挑選照片的過程引發了哪些心情或想法。「談談照片挑選過程的心情」如此引導讓成員有機會道出對自己的大小覺察。敏珊挑選照片時的「鬱卒」感受，正是她有所覺察的線索。帶領者以詢問及同理的回應方式聚焦於敏珊個人經驗，發展一段對話，引導她說明鬱卒的原因，讓她將挑選照片的體驗表達得更清楚。

4.3 團體效能：團體內外經驗交織引發改變

　　敏珊對先生的關懷問候，看似平凡簡單，然而在僵化冷漠的婚姻關係中卻顯得難能可貴。這項改變來自一連串的覺察，包括團體前與團體中的經驗。敏珊的婚姻經歷「吵吵鬧鬧」、「迴避閃躲」、「視若無睹」等三階段，當她決心拆下婚紗照時，改變呼之欲出。上週聽聞婷婷受家暴傷害的經歷後，敏珊認為婷婷生活處境難度高，卻仍努力地過好自己的生活。相較之下敏珊處境難度低，卻過得不好，實在不應該。與婷婷的處境和心境相比，敏珊認為自己沒理由繼續哀怨自憐，要為自己生活品質的好壞負起責任，因此採取改善的行動。敏珊的改變從覺察層次推向行動層次，婷婷的故事可謂臨門一腳功不可沒。

　　照片分享活動中並不是每位成員都有同等豐富的覺察，每位成員分享所需的時間並不一樣，如果成員有意願深入探究，話題又能維持眾人的興趣，花十至二十分鐘聚焦於個別成員身上，對該成員的幫助很大。這段聚

焦敏珊的對話，敏珊把自己改變的來龍去脈說得清楚明白，引人入勝。可賀的是敏珊的改變立即獲得先生正面的回應，初步有個圓滿的結局。這段分享不僅對敏珊個人有意義，也能鼓勵其他成員，為團體注入新的活力與希望感。

放不了手的媽媽，笑不出來的孩子

「我來說。」春梅拿起照片說：「我找到最早的照片就是去度蜜月的照片，第二張是十年前我懷老四時照的，這兩張是我帶著兒子去墾丁。我的臉變圓了，可是我的個性稜角還沒被磨掉。你們看看，他連出去玩他還都一張苦瓜臉，好可憐！」春梅將兩張相片併陳展示給大家看。

「朋友看到照片都說你兒子臉怎麼結歸球（台語）？我知道我給他太多壓力了，可是我就改不過來。這次出遊雖然很快樂，可是回家那晚盯他功課，我所有的頭髮幾乎都要豎起來了！唉！這方面我還是要加油啦……」春梅嘆口氣。

「最後一張是前年拍的全家福，兒子終於露出一點笑容，只是笑得很假……」接著大家傳閱春梅的照片。

「春梅要不要說說找照片的心情？」

「這次翻照片，我覺得時間過得蠻快的，一轉眼就十年了。孩子今天會變成畏畏縮縮，我是該負很大的責任。像昨天他又說肚子痛不要上學，開學還沒滿一個月，這已經是第六次了！那天我還特別對他說，你一定要上學，不論如何都不可以打電話要我去接你，放學後才帶你去看醫生。結果下午一點，保健室來電說我兒子早上就去了保健室報到好幾次了。我只好去學校……」春梅咬牙切齒，有一百個不願意。

「結果我看他情況很好啊！到底他是真痛假痛，我實在分不清楚。還有！昨天搞到十一點多，連一份作業都沒做完！」春梅懊惱的說。

「你應該叫他去睡覺，然後你先寫一寫明天叫他起來抄！」敏珊好心地建

議。

「可是早上他常爬不起來，會來不及準備上學！」

「沒寫完一定要求他五點半就要起床！」敏珊說。

「這樣太可憐了吧！」小鈴應。

「功課不能太多啦，別的小孩覺得很簡單，我們小孩沒辦法啦！」芳芳加入。

「可以跟老師商量看看，讓他分期付款，不然做功課會變成酷刑，孩子會討厭學習的！」淑蘭懇切地說。

「導師是會答應啦，可是我不想讓他享受特權，我不希望養成他這種習慣。」

「可是你這樣對小孩，他壓力很大耶……」芳芳接著說。

「五年級以後功課就會非常多……」金花以過來人的經驗說道。

「對呀！所以我覺得老師不對，他應該把創作這種花時間的功課放在週末啊！」春梅的結論令人咋舌。

捨建議，表了解

「春梅當孩子想睡覺不寫功課，你會很生氣。讓他先睡再早起，你會捨不得。要求老師功課減量，你怕他有特權。你左右為難急得團團轉，孩子卻和你不同調，一副事不關己的樣子，這叫做皇帝不急哦……」我故意愈講愈慢。

「急死太監！」春梅順勢接話，大家笑。

「剛才大家替春梅想的方法，春梅都覺得用不上。接下來請大家試著不給建議，說說你對春梅的處境有何了解。」我邀請。

「我感覺春梅堅持要孩子寫完功課的理由，就是媽媽寧可勤管嚴教，也不願意有任何寵溺縱容孩子的嫌疑。可能你還摸不清楚孩子的能力，所以很害怕鬆手後，孩子會得寸進尺，養成懶惰的習性喪失學習機會。」聽到芳芳回應，春梅頻頻點頭。

「針對這點我曾經很仔細觀察孩子學習過程和效果，後來我很確認孩子能力有限，所以我不做不合理的要求，以免他成績沒拿到，自尊自信也都給丟掉。現在他的學習範圍與進度是由我全權決定。」芳芳繼續說。

「其實我們學習障礙的孩子很難搞，因為孩子學習的表現忽好忽壞，她的能力和程度到底在哪裡難以捉摸。如果她一向都很努力成績卻都很差，那我們父母就會死心，問題是她有時候會表現得不錯啊！這就讓人懷疑，孩子究竟是能力不好還是不用心！我是認清孩子是有學習障礙，但是老師認為孩子有能力。」金花搖搖頭道出她教養的痛苦經驗。

「因為快月考了，昨天吃飽飯洗完澡已經八點半了。他坐在書桌前沒三分鐘說要喝水、要尿尿、要吃水果。拖了兩個小時沒寫幾個字，我就很生氣敲他頭……」春梅彎曲手指做出敲頭的動作。

「整個晚上我不斷地敲他的頭，真的很不人道！」春梅皺眉又聳肩一籌莫展。

「我是已經看破了啦，你還沒有看破啦……」芳芳又說。

「春梅度假回來，壓力重新出現。你好像卡在進退兩難的情形中動彈不得，一方面你知道自己給孩子壓力很大，一方面卻又不敢鬆手。由於你時時處於備戰狀態，你全身肌肉和情緒都很緊繃，很容易覺得很疲倦。方才夥伴的回應中分享了很多管教秘笈，但這些都不能為你解套。你的親子衝突好像都和孩子的學習有關，為了讓孩子能表現得好一點，你肩上扛的責任很重，一時也放不下來，身心壓力也很大。」我料想春梅的掙扎無法因一次的討論而立即改變，便邀請下一位分享照片。

打在兒身，痛在娘心

「我要先講，免得等太久！」婷婷亮出相片來，笑著說。

「我帶來五張照片，第一張是我和高中同學玉山攻頂成功的團體照，超有成就感的！第二張是我懷孕離職前和同事的合照，我們有著強烈的革命情

感！」

「等一下，哪個是你？」春梅認不出來。

「是後排中間那個啦！」大夥盯著相片仔細看認真猜。

「第三張獨照是大學畢業那一年拍的。」

「哇！好像電影明星哦！」幾位驚呼，婷婷陸續展示幾張相片。

「這是前年全家出遊……」

「這張照片你比較沒笑喔！」

「對，人家說我變得像個老闆娘。那時孩子問題多，先生幫得少，我真笑不出來。我過得不快樂，根本不想拍照！」婷婷簡略的說。

「就這樣子啦！」芳芳失望地問。

「對！我講的很簡單，因為我就是要避開以前打小孩的那段過程。」婷婷坦誠以告，全體大笑。話題愈敏感，笑聲愈狂放。

「那些都過去了，我不願意再想起。因為每次回想我就會有很強烈的自責，愈想愈難過，所以我就盡量避開。過去的我沒辦法改變，現在與未來是我可以把握的。」婷婷補充。

「生產後到現在，你就都是一個樣子耶！」順著婷婷的意思，春梅轉移話題沒追問。

「可是工作前後臉型差別好大！」淑蘭仔細的觀察照片後回應。

「對啊！不曉得為什麼臉就變尖了，看起來比較苦命。」婷婷笑著說。

「而且愈來愈尖！」敏珊火上加油。

「要把它吃胖回來哦！」淑蘭笑的說。

「如果我認定以前打小孩是我的錯，我會痛苦一輩子的。我一定要找出理由來說服自己，這不是我個人的錯。」芳芳又把大家拉回敏感的話題。

「孩子是我生的，我就要對他負責！當初生下他，又這樣子虐待他，我覺得自己很不應該……」婷婷道出更多自責的想法。

「我不能承認我虐待孩子，因為我打孩子的出發點是為了他好啊！」芳芳為自己辯護。

「不過或許當時我要求得太多了……」芳芳補充，這回說話的音量小了不

少。

「事實上我孩子就是能力不足，不如一般孩子，母親就要認清這點，應該要接受孩子。」婷婷坦然。

「像這次孩子畢業旅行到劍湖山，全班小朋友都去了，只有他沒去。」

「讓他多跟同學在一起很好啊！」春梅不解。

「他不會想跟同學一起去玩，因為學校裡他沒有朋友。」婷婷看著春梅解釋。

「這事我就能體諒他的心情，讓他自己決定。他可能不敢玩那些遊樂設施，也可能沒有好朋友會很孤單。為了不讓他再次受傷害，不去也好。畢旅那兩天我就帶孩子去逛誠品、去自來水博物館玩水、到科學教育館走走，生活安排得很充實，讓他很快樂。」

「聽起來比畢業旅行還要好玩，你好用心！」芳芳肯定道。

大小虐待都來自錯誤期待

「我要提出一點來討論，到底打小孩有沒有到虐待的程度，只是說……」春梅再把大家再帶回敏感話題，大家都笑了。

「這要澄清的！」笑聲中春梅提高音量再次聲明。

「以前掙扎很厲害的時候會很氣，打的比較用力啦。事後我們母子就會抱在一起哭。現在孩子大了，教不會時，我就這樣子而已……」春梅彎曲手指做出敲頭的動作。

「這應該不算很嚴重吧！？如果真要算是虐待，那也不是大虐待，只能算是小虐待吧！」春梅像在申訴，要說服大家事態並不嚴重。

「我當初抱著兒子痛哭，跟他說對不起，其實在我心裡很難受。」淑蘭說。

「當初我打孩子是因為不知道他是不能，也不知道怎麼教他。就算逼死他，他還是學不會。想起當時的管教方式，我就會很愧疚！」

「我曾參加障礙體驗營，體會到孩子的處境後，我才了解他的無力感，也才知道我錯怪他了，之後我就更會去體諒孩子。」芳芳道出相近的經驗。

「除了課業以外，我打孩子有時是因為他故意講話來激怒我！」春梅憤慨道。

「我兒子還會跟我頂嘴呢！」玉蓮湊著說。

「我兒子五年級，會跟我講說他有人身自由權！」淑蘭說。

「孩子態度不好故意來挑戰我的時候，我的情緒就比較難控制！」金花說。

「看來大家都有打孩子的經驗。回想過去不當的管教，好幾位都有種難以消除的自責。」我整合大家的經驗。

4.4 父母心理：正確的了解才能有適切的期待

當父母能了解孩子障礙特徵、能力限制時，才能知道對孩子要期待什麼，以及不能期待什麼。孩子的障礙明顯或嚴重，憑著肉眼或經驗足以識別時，父母或許會早一點「死心」，不再有「非分之想」。障礙辨識的困難度，將影響父母判斷、理解及接納。小兒麻痺症患者肢體障礙症狀明顯易於辨識，重度智能不足比輕度智能不足更易於辨識。孩子的障礙愈清楚易辨識，父母愈難否認，失落歷程也會及早啟動。

孩子患有隱性障礙，障礙特徵無法靠肉眼或經驗辨識時，父母可能渾然不覺，或只是覺得有點怪，卻難以確定問題，因而失落歷程未有明確起點，走向接納的過程便有更多的困難。隱性障礙諸如人際能力不足的自閉症、記憶組織能力差的學習障礙、衝動控制力不足的注意力缺陷過動症等。這些障礙有時單獨存在，也有兩種以上障礙同時併存的情形。好消息是這些障礙不代表孩子智力有問題，壞消息是孩子受障礙影響，智力無法充分表現於學習的成績上。當孩子的學習表現忽高忽低，家長倍感困惑，究竟是孩子不用心、貪玩不努力，或是孩子能力未逮？當家長強烈期望孩子能恢復正常，不願意接受孩子能力有限的事實時，可能出現嚴管勤教的

行為。

　　要確認並接納孩子能力有限，家長可能需要經過長時間的掙扎與反覆思量。除了親子互動經驗外，醫師評估診斷，教師的觀察回饋都有助於父母進行確認。未能確認孩子的能力範圍，父母難以調整對孩子的要求與期待。然而確認孩子能力有限時，將引發失落的感受。春梅道盡心底各種矛盾，當她多種擔憂被聽見，獲認可與了解，團體便傳達了支持。明顯地，春梅尚未確認孩子的能力限制。帶領者必須理解，父母態度的改變無法一蹴可幾，切勿冀望透過討論遊說春梅立時接受孩子能力的限制。

4.5 父母心理：管教中的憤怒與自責

　　打小孩是許多父母共有的經驗，如果孩子天生氣質難以管教，引發父母憤怒的次數就更多。研究發現孩子的行為問題愈多，父母的壓力愈大（林裕芳、鍾信心，2002）。為控制孩子的行為，讓孩子可以專注學習，有時嚴格的管教行為看似虐待（Balkwell & Halverson, 1980）。導致父母處罰過度的原因可能包括：孩子的障礙造成父母執行管教困難重重且增加許多生活壓力，孩子的障礙造成父母夢想落空，或是父母不了解孩子障礙的特質而對孩子有不合實際的期望等。

　　父母在盛怒下處罰孩子，事後又感到處置不當，並且覺得對不起孩子。自責、愧疚的情緒是一警訊，提醒父母情況不對勁，應當有所改變。父母反躬自省發現管教方法不當，卻又無他方可選時，可能會累積更強烈的自責。當父母身陷憤怒與自責的惡性循環卻又無力跳脫時，便會對自己產生不好的評價，認為自己不是稱職的好父母（Balkwell & Halverson, 1980）。孩子不良行為可能會招來旁人批評，指責父母管教無能。不論指責來自公婆、教師或路人，這類評論有如雪上加霜令人難以忍受（Schilling, Gilchrist, & Schinke, 1984）。

純樸的心，始終如一

「婷婷，找照片的過程有什麼感想浮現？」

「我整理照片時，孩子通通湊過來問東問西很好玩。我很愛帶孩子出門，好幾次我們在寒冷的風雨中，蹲在溫泉旁煮蛋。結果有次國語測驗有道是非題，問下雨天可以出去玩嗎？我孩子認為可以，於是打圈，結果被扣分。孩子回來問我為什麼他被扣分……」婷婷笑著說起一段回憶，話題漸漸走遠。

「看著不同時間的照片，你覺得自己變與不變的是什麼？」我再次請婷婷聚焦。

「雖然有這麼多的事，我覺得自己仍保有以前的純樸，我很喜歡自己這部分。還有，過去我的個性很尖銳，現在已經磨得較圓潤些了。現在我只想解決問題，我學著不要去計較得失，這樣就不會那麼痛苦了！」婷婷描述自己的調適時，讓人感到些許無奈。

「有沒有哪位有話想要告訴婷婷？」

「我先講，婷婷的照片和本人一樣美麗，好羨慕！」淑蘭搶著第一個說。

「對啊！你的面容十年來沒什麼變，很會保養哦！」春梅添一句。

「我從來不買化妝品的喇！」婷婷強調。

「我很佩服你能調適得很好，真不容易！」玉蓮說。

「我覺得婷婷的EQ很高，情緒控制很好，能調整自己心情，過得很快活，能夠走到這一步，不簡單！」小鈴說。接著金花示意準備分享。

媽媽要多照顧自己一點

「這是我第一個孩子出生，這是全家福……」金花陸續展示照片。

「這張孩子四歲，假日去戶外玩，好快樂。她小時候好可愛、好貼心，誰都看不出來她有問題，沒人相信她發展慢，所有人都叫我不用緊張。這是這暑

假的照片，因為不用教功課，日子過得很愉快。這張我女兒四年級，也是她最慘的一年，也是我們親子關係最糟的時候。你看這兩張前後不過差一年，可是我好像老了十歲。路人會問說，這個是你的孫子喔！」眾姊妹笑了。

「金花找照片的過程有什麼體會。」我請金花再多說些。

「孩子四年級時眼睛空洞無神沒自信，那張照片看到就會心痛。」金花說。

「至於最後一張相片，我看起來好像老了十歲。讓我開始有個想法，不要把生活的重心全都放在孩子身上，我自己要學一點東西，要有自己的生活。」

「金花發現需要多照顧自己一點。各位有沒有什麼話要對金花說？」

「真的，金花前面幾張照片心情低潮，看來很憔悴！」婷婷仔細端詳著相片說。

「不過現在金花氣色好很多。」婷婷端詳兩張相片後說。

「這張連我自己看，都覺得好像是我媽。」金花笑著說。

「孩子真的會讓我們永遠忙不完，可是金花一定要把自己照顧好啊！如果媽媽累倒了，孩子就慘了！」淑蘭說。

「我也很想好好照顧自己一下啊，可是所有的事忙完我就累癱了。想要敷個臉，三個禮拜都過了還挪不出時間來！」金花悠悠地說。

「我也是啊！以前我每天就都忙孩子，接啊送啊沒停過。晚上回家又要忙做飯，家事一大堆。孩子上床後，我已經精疲力竭了，買了本書要看，過了半年只看到封面……」聽玉蓮說著大家笑了。

「不過，如果你不想要像我一樣老十歲的話，你就需要多照顧一下自己，因為沒有人會來照顧你的！」金花回應，大家笑。

「其實照顧自己也不一定會花很多時間，像泡個熱水澡啦都很好，反正就是去做一些你很想做的事，就會覺得不一樣了。我是等孩子睡了後看看自己的書，就會覺得很滿足。如果金花能做些自己喜歡的活動，真的會很好。」婷婷鼓勵著。

「我能夠了解金花那種守在小朋友旁邊，想關心孩子寫功課又怕產生摩擦。」淑蘭說回應著。

「過去陪讀時，好像是我拿著放大鏡在孩子身旁監督，孩子動輒得咎。現在我陪著孩子時會邊做自己的事，從監督轉換成真的陪伴。我在家裡剪報然後作分類，這個習慣已經兩年了，現在已經走火入魔，舉凡食譜、自學方案、學力測驗，反正可能會用到的我都剪，蒐集了好幾大本。這方法讓我不再過分干涉、過分保護、過分教導兒子，只有單純陪伴。這樣他放鬆我也輕鬆，所以我覺得金花想要多照顧自己是很好的轉變。」淑蘭笑著說。

「我以前也是坐在他旁邊盯他寫字。可是我愈盯他寫得愈慢，最後他故意不寫，還要把我趕出去。現在我改變作法，要他趕快寫，寫完會帶他去買東西。」玉蓮接著說。

「你用的方法不錯啊！」芳芳鼓勵說。

「對啊！跟金花學的！不盯他反而表示我信任他。」玉蓮說。

「我的小孩注意力非常不集中，我不在旁邊他很快就分神了。人是乖乖坐在那邊也不會玩什麼，就是發呆這樣子。所以我才會不放心，要坐在他旁邊看一下。」春梅抱怨著。

「對啊！孩子光坐在那邊玩筆就可以玩一兩個小時耶！唉！」玉蓮說。

「我會坐在孩子旁邊，當他不專心時就問他，你有沒有在做你應該做的事啊？！」淑蘭開口。

「我兒子會說，沒有！」玉蓮立即說。

「我有在做我應該做的事，你有在做你應該做的事嗎？」淑蘭說完，大家都笑了。

「我覺得媽媽做的事要和孩子做的事情相近，才能引發孩子模仿和投入。比如媽媽在孩子旁邊剪報和讀書，就比做飯或做蛋糕來得好。還有媽媽在孩子身邊陪伴時要保持一點距離，不要太靠近。然後媽媽專心做自己的事，才能夠引起孩子的共鳴，讓孩子也專心做他自己的事。」聽了婷婷的意見，好幾位成員都點頭。

「剛才各位討論很多陪伴孩子學習的技巧很實用，時間不多了，還有三位還沒談，請大家把握時間喔！」我提醒大家。

「那我來說，我帶了幾張相片來，其中有兩張是黑白的。」淑蘭開口說。

感謝曾經走過

「這是最古早的一張黑白相片，是我小學四年級時和鄰居孩子們的合照。我們老家在鄉下，有一大群孩子一起玩，真的很棒！這是大學畢業後跟我先生談戀愛，一起去武陵農場看星星……」淑蘭展示著相片。

「是躺在草皮上啊！」婷婷帶著羨慕語調指認著。

「對！躺在草皮上看滿天繁星，星空很美，心情很好。十幾年前的我還蠻可愛的。」淑蘭幽默地說。

「這張是六年前全家去石門水庫玩的照片，我先生以前很帥！我翻照片時女兒從旁走過問說，唉唷！那個帥哥是誰？我說這是你爸爸啊……」大家笑翻了！

「這張是我三年前的樣子，很胖！因為我紓解壓力的方式就是猛吃東西，壓力愈大吃愈多。那時我很自閉，整天都窩在家裡。參加家長協會認識其他家長後，才慢慢調適得比較好。不過最近這一年來又變胖了！但原因不同於從前，現在是家庭經營得法心寬體胖！」說完淑蘭自個兒大笑，隨後又秀出幾張照片。

「淑蘭看著這些照片有什麼感觸嗎？」我問。

「其實我覺得今天能夠成就這樣的自己，前面每個階段都是必經的。過去最痛苦的一段時間，我曾因為心理壓力太大無法處理，自己氣到用頭撞牆！」淑蘭想了想後回答。

「回想起來那段時期是我太不懂事，我為自己感到心疼。可是我不後悔以前做過的傻事。因為不斷受挫，才會不斷的激發出新的想法。現在我很努力過活，也覺得很充實。我認為每個階段都很珍貴，不管悲歡甘苦，我都蠻高興自己曾經走過。」淑蘭帶著笑容滿足地說，接著我邀請眾人回應。

「我覺得淑蘭你實在是入土就生根的那個菅芒花（台語），你的韌性非常的強。因為這種特質喔，你自己不但沒崩潰，還能把家庭維持的很好。」芳芳說。

「我希望是這樣。哦！之前我漏了講，我一直給先生洗腦說，全家就只有你一個人賺錢，你出去工作真的很辛苦喔！我們妻小在家裡就好像是在水裡面生活的魚，都要靠你出去外面帶空氣回來，沒有你我們就不能活下去……」誇大的說法，眾姊妹笑成一團。

「我要讓先生能體認他對這個家庭的重要性，然後把我自己隱形掉。可是我心底真正的想法是，我才是家裡的樑柱！哈哈哈！官方說法都是說爸爸才是樑柱，其實私底下，我一直很擔心哪天我如果扭到腳不能動了，我們家可能就會垮了……」淑蘭說，笑聲不絕於耳。

「淑蘭你很不容易，這麼用心的經營家庭，做得真好！」婷婷說。

「你真有智慧，讓先生覺得自己很重要，不像我在家裡耀武揚威，你很會成全家人！」芳芳向淑蘭豎起姆指說，再次掀起熱烈的氣氛。

「聽完淑蘭的分享，還有小鈴和芳芳二位。」我說。

「你先講啦！」芳芳的手比向小鈴，強力推薦。

4.6 團體效能：回饋的價值

團體的支持效能主要來自成員的關係與互動，其中成員間有品質的回饋扮演著關鍵性的角色。成員有著不同的生活經驗與立場，可以提供多元觀點的回饋，並讓彼此受益。回饋的行動有搭橋的效果，讓回饋的給予者與接受者雙方建立起有意義的關係。接受回饋者會覺得自己分享的經驗或議題受到他人關切，也會感覺自己受到重視和關心。此外回饋的內容並不都是認真嚴肅的話題，有時也會有社交層面的互動，或摻著些許的幽默。回饋的價值可由兩個向度來了解：

1. 以經驗為焦點的回饋：成員分享相近經驗以表達對該經驗的了解，有時成員會回應稱許肯定對方的經驗。此外成員也可能針對相近的經驗提供不同立場與觀點，引發成員彼此觀摩與學習。

2. 以人為焦點的回饋：以人為焦點的回饋則是說出自己對對方的觀感了解，正如芳芳反映出淑蘭面對人生困境時的堅忍態度，或者對淑蘭的

欣賞、喜愛等感受。有時回饋時能超越單一事件的描述及了解，對人有種總結性的看法。如芳芳運用比喻，十分傳神地描述出淑蘭於適應過程中所展現出來的柔韌特質，耐壓且不輕言放棄的精神，肯定淑蘭有成全家人的智慧等。這類回饋能使接受者獲得滿滿的溫暖與支持的力量。

相由心生

「恭敬不如從命！」小鈴拿起照片來介紹說：「這是我畢業剛開始工作，日子平順幸福。認識我先生後，開始進入人生黑暗期！訂婚後我愈來愈不快樂，愈來愈瘦。」小鈴的調侃惹得大家笑。

「對耶，真的變瘦了！」大家仔細端詳後紛紛說。

「這張是結婚前拍的，也是瘦。這張是我生完老二，朋友來看我。這朋友的先生外遇後竟惱羞成怒，曾連續打我朋友十幾個耳光後甩門離家。她臉腫得不成人形，好幾天不能出門上班。後來她上教會，靠信仰努力改善夫妻關係。現在先生回來了，而且還對她非常非常好！就是她幫助我走出婚姻陰霾。你們看，我比婚前胖一點。」

「胖一點比較美耶！」春梅說。

「這是去年先生退休，我們出國旅遊！婚姻從此慢慢走上坡。」小鈴笑得明朗。

「要不要說說你找照片的心情？」小鈴眼睛一亮又笑了起來。

「感觸蠻多的，我最低潮的那段時間沒什麼相片，孩子住院的那段也全都是空白。沒孩子以前我都是穿裙裝的，後來為了孩子隨時要抱要蹲，我就再也沒穿過裙子了。」

「我覺得小鈴現在比年輕時還漂亮。」芳芳說著，大家都笑著點頭。

「那是因為我有做牙齒矯正！」小鈴解釋道。

「我覺得不是耶！你臉上露出很滿足的神色。」芳芳肯定地說。

「對啊！整個面相變得柔和有光澤！變漂亮了！」淑蘭接著強調說。

「原本我和先生嘔氣會吃不下睡不著，朋友開導後我漸漸能夠照吃照睡。現在即使跟先生生氣罵兩句後，我就做自己的事，心情絲毫不受影響。最近來團體，我開始回想先生的成長背景，我發現原生家庭對人影響很大，因為他們一家脾氣都很剛烈很難相處！」

「是不是很容易生氣發飆？我先生家人也是耶！他們兄弟姊妹常吵，現在已經不相往來，斷的一乾二淨！」婷婷像找到知己笑著說。

「蠻像的！」小鈴回道。

「我想是家庭教育的影響吧，我希望孩子不要像他爸爸那樣！所以我很重視家庭教育，這對孩子人格發展影響很大。」婷婷認真地說。

「對！因為長期鬥法，幾年下來我研究他的脾氣也有了心得！」研究二字讓大家發笑。

「真的！研究了好幾年！」小鈴再次強調：「想起來他也蠻可憐的，他爸爸早逝，媽媽一手要撐起一個家，孩子又多，所以就沒怎麼照顧。想到他的成長背景，我就比較能夠去包容他。我想沒有被愛的人，也不知道怎麼去愛吧！」小鈴感嘆。

「最後一位是芳芳嗎？」

「好酒沉甕底哦！」成員們期待地說。

飛吧！青春小鳥

「這張是我護專畢業時照的！」芳芳展示一張獨照，洋溢著活潑的青春氣息。

「我們四個死黨迷上了舞會，因為我們很亮眼，男孩都會向我們行注目禮，感覺真的很好。可是我先生很保守，婚後不知不覺我就變乖了，不僅沒跳舞，連衣著也都變得很保守。當初我想婚後，就該要收腳洗手（台語）做個賢妻良母。所以我應該是有壓抑啦！」芳芳笑說，隨後又介紹幾張照片。

「過去我全部心力都在孩子身上，很少注意我先生。但這次挑照片時，我反而沒花什麼心思想孩子，我一直都想著先生。桌上一疊照片看著看著，我突然發現，原來我先生二十年來始終如一！幾年來不僅他的外貌沒改變，他對我的心也沒改變耶！這真的很難得！我是應該好好珍惜他才是！」芳芳語調高昂說得很起勁。

「倒是我自己沒有什麼長進，我雖然已經四十二歲了，外表不再亮麗迷人，可是我的心還爭強好勝，心底一直對先生有種不滿，就是認為，當初嫁你時我這麼漂亮美好，你當然要保證我婚後能衣食無缺成天玩樂，就像當初在舞會中備受矚目風風光光傲視人群。結果呢？事與願違，我跟你生了障礙兒，長年過著沒天沒日的生活！」芳芳的內心話與團體的笑聲交織著。

「這種苦日子你要賠我啦！你要賠！我不管啦！潛意識裡我就是要他為我全部人生的不幸福負責任。可是他沒辦法賠啊，所以我就折磨他！」芳芳任性地說著，大家一頭霧水。

「折磨他！？」春梅問。

「對！折磨他，讓他付出代價，當作他對我的賠償啦！」芳芳毫不猶豫解釋。

「先生也默默讓我折磨，生活雖不滿意但可接受，十幾年來我們都習慣了。可是來團體這幾週，我發現自己好像不一樣了！我驚覺自己真的已經四十二歲了，可是我的心還肖想（台語）想過二十四歲的生活，可以成天玩樂不必擔負生活責任。可是四十二歲的人了，怎麼可能會過那種生活？」芳芳停了一下，調整坐姿。

「這種享樂的欲望，讓我一直不願意吃苦，不斷逃避現實生活的壓力跟責任。好像說，孩子有問題跟我都沒關係，所有的問題都是我先生。就是全都是被他害的就對了。反正我嫁給你時，我人生好好的啊！人生中不好的事都是先生的錯。」芳芳一口氣說。

「還好先生用了十八年等我回頭。這幾週來，我的心就是像要轉大人（台語），從二十四歲轉換成四十二歲。現在的我有四十二歲的年齡，也要有四十二歲的頭腦。我的心也願意吃苦了，這是我的感覺！」芳芳描述著內心想

法轉換，眾人摒氣凝神笑聲不復出現。

「最近這些事一直縈繞腦海，左思右想我得到一個結論，問題出在我的個性就是太自以為是，往往用我的標準要求別人。以前我那群姊妹淘裡有人結交男友，沒時間陪我。我很氣她見色忘友，就不再和她聯絡了。至今我仍耿耿於懷，一方面我還沒原諒她，另一面也覺得自己心胸狹窄，我不能容忍自己做錯，也很不能原諒自己。因為我家很美滿不缺親情只缺朋友，可是我死黨家庭沒溫暖，需要男朋友日夜陪伴。當時我為什麼沒有因為她漂亮有人追而為她高興，反倒怨恨她，甚至還賭氣斷交來處罰她。我發現關鍵是我的要求太多，不能體諒她的苦悶。因我的倔強，就把友誼給切斷，現在她移民出國永遠失聯了，想補償也沒辦法。今天我講起這段故事，就是希望自己不要再任性，別把我跟先生這麼好的婚姻給斷送了。現在只要我改變就天下太平了。」芳芳道出令人驚嘆的自覺，大夥似乎一時也沒辦法回過神來。約三秒鐘團體中的寧靜才忽然被掌聲給打破，一種歡喜激動的情感在靜謐中蹦裂開來，感嘆聲四起，緊接的是慶賀式的混亂喧嚷，全體歡聲雷動。

「我們要給你拍拍手，給你放煙火！」淑蘭大聲祝賀著說。

「太了不起了！」「真是不可思議！」

「芳芳這番體會觸動了大家！哪位有話要跟芳芳說？」在喧騰聲中我邀請。

「我覺得芳芳這幾次聚會，都很能夠深切地把心裡面的感受講出來，我覺得很感動。」淑蘭熱切地說。

「對啊！你現在已經有四十二歲的智慧了。」敏珊向芳芳說。

「此刻我好希望自己是塊海綿，可以把大家的經驗都吸收起來，幫我做好心理調適。雖然我們所面對的困難會比較多一點，但我們腦袋會比較靈活，芳芳的思考真的很有深度，能這樣想就絕不會老年痴呆的……」玉蓮回應道。

「前次團體中芳芳提到因為孩子而不再做青春美少女，不再能打扮得漂漂亮亮，也不再成為眾人焦點，過著令人稱羨的生活，為此感到遺憾。」我加入回饋的行列說。

「可是就在方才那段話中，你好像做出了決定要放手讓青春小鳥飛走，讓

少女無憂無慮的夢幻生活離開你了……」聽完我的回應，芳芳一句話也沒說，時間再次被凍結。芳芳的眼眶漸漸地轉紅，肢體變得僵硬，臉上肌肉扭曲，忽然間芳芳號啕大哭了起來。

「我是很好強的人，要我接受這種失敗，真的是困難！」哭泣尚未平息，芳芳流著淚哽咽說。

「四十二歲的生活真的很苦啊……」芳芳的淚水無法抑制不斷湧出。

「不過不改變也不行啊！再這樣下去，整個家可能會毀掉。我一定要很認真改變自己！」

「生活的苦讓你很不願承受，但是為了這個家，現在你願意接受現實。然而這個接受，好難！」我回應。

「對！就像經濟部長說的，大家準備過苦日子吧！」芳芳流著淚卻不忘幽默，大夥沉浸在悲喜交加的氣氛中。

4.7 父母心理：多重失落

當孩子出生時性別不如預期，父母會感到失望。當孩子健康不佳難以照料，身心具有障礙，能力、反應不如預期時，父母的願望、期待與夢想皆告破滅（Taub, 2006）。所有的失落都不是單一事件，而是多重的失落（張英熙，2002），而且失落的感傷也將在父母一生不同的階段中無預警地再出現。自從確認孩子具有障礙事實的那天起，父母便開始經驗一連串相關的失落，包括孩子能力發展不及常人、無法在普通班級上課、不適用一般的教養方式等。孩子年齡稍長即將面對服役、就業、交友、婚姻的挑戰，孩子每次生涯轉銜的困境都會再次引發父母的失落。此外父母在教養路上遭遇的挫折，個人生活及生涯轉變也是失落的一環。

4.8 團體技巧：停格，體驗失落的情緒

像是篇精采的演講，芳芳由過去友誼中斷事件，反省自己處事的態

度，發現十多年來夫妻關係問題的癥結。這段自我探索領著大家進入芳芳深沉的心靈世界。多年來芳芳的願望與現實重重對立，過去與現在牽扯不清，情緒龐雜糾結難解。芳芳這段獨白蘊含著深刻的自省覺醒，表述時條理分明引人入勝，其間心路轉折令人嘆為觀止。芳芳分享告一段落之後，成員的反應即時、熱烈且充滿歡慶氣氛，然而卻不夠具體明確。為了加深回饋的深度，帶領者除了引導成員回饋具體化外，也加入回饋的行列，讓芳芳能有足夠的時間醞釀情緒，體驗話題之下未浮出檯面的感受。

　　芳芳以慣有的堅定語氣平穩地說出她深刻的洞察，她的自省不但能整合人生不同階段的經驗，對自己婚姻關係與處境也有新的突破和看法。帶領者以同理回應，使得該經驗可以獲得「停格」的處理，不要再發展出其他焦點與枝節，芳芳與所有成員能鎖定這可貴的洞察時刻，讓芳芳有時間細細品味並醞釀自己的感受。帶領者的回應連結芳芳於多次聚會中揭露的經驗，用青春小鳥作為比喻，描述少女閃亮日子不再的遺憾。芳芳對先生的憤怒，來自她養育特殊兒童而有的多重的失落。表面上的不滿情緒，乃根源自心底隱藏的遺憾。帶領者統整性的同理反映，由於時機恰當而發揮強烈的催化效果，失落的事實不再只是說說而已，芳芳隨即體驗到因失落而有的傷痛且號啕大哭了起來。

4.9 團體效能：情緒宣洩

　　青春小鳥的談話段落中，芳芳回顧並反省多年來夫妻、友誼關係，更深刻且誠實地面對自己。芳芳發現多年來生活中的苦是來源自於她強留青春，緊抓著美夢不放手的態度，首先在認知層面承認失落的事實。當帶領者同理芳芳放飛青春小鳥的決心時，壓抑多年的悲傷意外地湧現，芳芳強烈體驗失落淚水奪眶而出。悲傷情緒宣洩的同時，接納失落事實的心態也隨即應運而生。接著芳芳表明出一種願意吃苦的決心，這決心有著認知的基礎，同時揉合了情感，帶來一種平實篤定的全新心情。

　　成員長期壓抑的情緒在團體中獲得辨明與指稱時，將帶來一種舒坦的

感受。團體若能回饋以理解與接納的反應，那麼當事者就會有被安慰的感受。心理治療的過程富含情緒性的元素，情緒宣洩是心理團體的療效因子之一。強烈的情緒宣洩常被視為治療效果的指標，認為成員宣洩情緒便代表團體具有療效。然而單有情緒宣洩卻不足以帶來長足的改變，Gladding（2003）指出負面的情緒若經宣洩卻未在認知上有所改變，這種宣洩的過程可能只是強化了原來的負面情緒，而無任何助益。體驗強烈的情緒可視為改變的起點，宣洩後當事者必須了解自己情緒的意義，不僅在團體中重整個人的經驗，還要將重整後的新觀點帶入真實生活中（Yalom & Molyn, 2005）。

來吧！苦日子

「假如你接受的話，就會真的過苦日子嗎！？」春梅的提問出人意表。

「我想這是一個決定，當我願意吃苦時，那吃苦就會變成不苦，我的心態是積極的！現在我有一顆上進的心，就是不認輸。」芳芳回答。

「你的意思是說，以前很不甘願吃苦，心裡就覺得更苦！接納生活中的不圓滿，現在反倒變快樂了！」我回應。

「對對對！」芳芳猛點頭：「反省友誼中斷問題後，我知道錯在我，想通了後我就沒牽掛了。我跟先生的結也打開了，如今我就可以心安理得生活，不再有遺憾也沒有委屈。現在我是心甘情願的服侍家人，因為我認定了我最重要任務就是要經營我的家。」複雜的心境被理解後總有一番釋然暢快的感受，芳芳懇切地說。

「剛才的眼淚好像是芳芳心疼自己，這次真的要把青春小鳥放飛了！」我回應。

「對對對，要開始吃苦……」芳芳說，大家笑，團體氣氛輕鬆。

「有人有話要對芳芳說嗎？」我邀請。

「我相信芳芳改變後，反而會覺得很甜蜜幸福，不會吃苦的。」敏珊安慰

道。

「在接受的這一刻感覺是苦澀的，融入後慢慢的就會自得其樂！這需要一點時間，慢慢來。」淑蘭表達了解。

「講得真的很好！」婷婷說。

「要把你當偶像了！」淑蘭誇張地說著，大家又笑。

「重點在自己要放得開啦！」芳芳說。

「對，以前有陣子我常告訴自己說，我好累！我好可憐！我什麼都沒有！那種日子很難過。我現在要告訴自己日子要好好過！」敏珊說出相仿的決心。

「那就可以調適過來了嗎？」春梅蹙著眉問。

「也不是馬上啦，但我相信會朝那個方向去走！」敏珊答道。

「可是我很懷疑光是這樣想就會變好嗎？來團體後，我就告訴自己要忍耐。第一個禮拜效果最好，可是像昨晚十點多孩子功課沒做完，我就又開始發飆。我覺得很痛苦，為什麼我還要過這種日子……」春梅皺著眉頭煩惱的說。

「我覺得你該放慢腳步，我們都經歷過一段摸索的時間。」敏珊對春梅說。

 ## 說出口，就能改變

「過去的經驗造就了現在的我們，談論過去是為了讓我們看清現在。接下來要聽聽各位今天聚會的學習。」

「我先來講！我學到家庭對一個人性格有很大的影響，我先生的性格就是他的家庭造成的。我改變不了先生，但是我可以影響孩子，我要好好教育他，希望他不要繼承我們的缺點。」玉蓮說。

「看過大家的照片後，我發覺真的是相由心生，人在高峰快樂、心中滿足時照出來的相片特別漂亮，心情低落時的照片就顯得沒精打采。希望大家今後都能夠保持愉快，留下非常美麗亮眼的照片！」春梅接著說。

「以後團體前要先拍合照……」淑蘭接著開玩笑。

「那就可以看看使用前使用後有沒有改變了！」芳芳機靈地說，眾人笑。

「我要向芳芳致敬！你今天能有這番大徹大悟，很不容易！」淑蘭向著芳芳說。

「因為我不喜歡把底洩光，所以我心裡的改變都不會跟先生講。上禮拜我決定把參加團體的感想告訴先生，他聽了有點嚇一跳。然後就說這團體很不錯，鼓勵我繼續參加。如果只是我一個人自己在家裡想想的話，這些決定可能隨時都會改變。謝謝你們肯靜靜聽我說，在大家面前開口說了的事，我一定會做到。」芳芳提出保證，大家笑。

「我學到芳芳的想法，人年紀變大也要變得智慧，思考方向要調整，情緒也要學著改變。另外，我要學習婷婷忘記過去的痛苦，心境變得比較開朗，就能有頭腦想些未來的計畫或處理事情的方法。」敏珊說完大家笑了起來。

「我覺得家庭可以讓人燦爛，也可以讓人消沉。我父母是對怨偶從早吵到晚，結婚後我就克制、壓抑自己，不要跟先生吵，可是好像都無法奏效。有段時期我常夢見自己開著車載著孩子摔到山崖下去，有時社會新聞報導母親抱著孩子自殺啊！我就很佩服他們的勇氣，我是很想做，只是沒勇氣。還好在我最苦的時候有人帶我去教會。聖經說壓傷的蘆葦，祂必不折斷，將殘的燈火，祂不吹滅。當時我看不懂，可是今天我走過來了，我覺得信仰給了我很大的力量。」金花有感而發。

「今天看到各位的照片，我覺得印象很深刻。有些人沒什麼變，有些人差別很多，我是屬於後者。」說到自己的情況，婷婷笑了。

「我常覺得被愛是很幸福，我也想作個被愛的女人。你們幾位都有個好先生，是可以享有幸福的，我很羨慕你們。雖然先生不懂得愛我，但我要愛我自己，要找尋自己的快樂。從前我也是像芳芳那樣那種很單純率真、自信開朗，可是經過這麼多年的婚姻，我不再是條直線了。各位的婚姻經驗，讓我感觸很深。」婷婷悠悠道。

「今天我想到一個偏激的問題，像這樣先生比較刺激老婆的喔，為什麼都要做太太的忍耐！人說山不轉路轉，路不轉人轉。我不滿的是，為什麼都是我在轉，他不轉，他為什麼不讓一條路讓我走呢！」敏珊天外飛來一筆地說。

「你覺得不公平！」我應道。

「對呀！」敏珊有力地說。

「敏珊覺得婚姻中自己有委屈，可以談談你在今天聚會中的收穫嗎？」我問。

「結婚生子後發生許多沒料想到的事，我的人生有很多改變。看到大家都努力克服困難，我覺得要向大家學習，別再怨天尤人了。」

「敏珊已決定要面對困難，想要拋棄過去抱怨的習慣，珍惜現在的每一天。同時你仍有些怨氣和不滿，覺得先生做太少，你承受得太多，覺得很不公平。」我回應。

「對啦！」敏珊笑開了。

「今天大家都很投入，分享的內容很豐富，討論欲罷不能，本週家庭作業仍是電話彼此聯繫。」

4.10 團體技巧：回顧活動過程

團體至此運用了生命曲線及照片介紹的活動，幫助成員開放個人經驗、催化成員思考、對談與互動。團體中要成功地運用活動，有三個步驟：1.選用符合團體階段目標所需的活動。2.幫助成員投入活動。3.安排討論，讓成員有機會分享活動所引發的想法、感覺或意念。成員有機會回顧活動過程時，如此能深化活動中的體驗，發揮活動的效益（Jacobs, Harvill, & Masson, 2002）。

活動進行後，帶領者引導成員討論活動時可以有數個焦點，包括：「這活動讓你有什麼感受？」「這活動讓你有何發現、領悟或覺察？」「你在這活動中的領悟可以如何應用於生活中？」由於活動後的討論需要花費時間，故此不宜安排過多活動，以免發生趕進度，造成每個活動都草草了事，流於膚淺而無效能。帶領者交換著談話的焦點，使團體持續保持在高度的動力狀態。

4.11 團體技巧：決定話題長短

　　帶領者會鼓勵成員在團體中發言，實際上每位成員們所引出的話題所佔用的時間卻有不同。一項話題應該花多少時間才算合適呢？一般團體中進行的話題以不超過二十分鐘為佳（Jacobs, Harvill, & Masson, 2002），主要的考量在於該話題對成員的吸引力，帶領者可由以下項目判斷該話題具有吸引力的程度：

1. 該項話題是否與團體目標有關？
2. 該項話題是否為多數成員關切？
3. 該項話題實際有多少成員參與？
4. 成員是否反應出多元的觀點或立場？
5. 成員是否揭露出較深度個人心理經驗？
6. 成員是否能透過對話而有所學習？

　　「要珍惜每一天」及「青春小鳥」兩段談話主題鮮明饒富意義，帶領者運用聚焦的技巧保持話題得以充分發展，深化了談話內容。雖然不是每位成員的經驗都須花費等量的時間，成員們所提出的困惑或關切的主題也不盡然都會成為焦點話題，但因為焦點話題中對話內容引人入勝，所有成員仍能有所收穫。

4.12 團體過程：強化信任感

　　增加成員失落的現實感，是悲傷輔導的首要任務。達成這項任務的最佳途徑，便是讓當事人說自己的故事。透過自我介紹、生命曲線及照片回顧的活動，成員有機會以不同的方式述說個人的生活經驗。成員藉由說出自己的經驗，回顧個人生活。藉由聆聽他人經驗，成員獲得經驗對照、反省或學習。經歷前三次聚會，成員彼此已漸熟稔，同時團體互動的規則已建立成熟，成員能以支持性的方式彼此聆聽與回饋。綜觀之，四次聚會成員分享的內容逐次加深，展現出成員的信任感逐次加深，此外第四次聚會

中成員對自己生活態度及行為動機有更深且誠懇的洞察與反省，展現出團
體工作期的特徵。

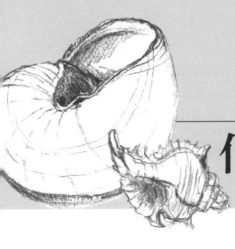

第五次團體聚會
化作春泥更護花

5.1 團體設計：目標與流程

　　前次聚會中成員已有深度的自我揭露，成員互動時展現出厚實的信任感與凝聚力，整體而言團體已呈現出工作期的特徵，足以支持成員較深層之心理經驗的揭露，也能承擔成員於分享時觸發的強烈負面情緒。第五次聚會的目標除了透過團體中期評估以了解成員對前四次聚會的觀感之外，還要進一步地引導成員談論養育特殊需求兒童的各種失落經驗，協助成員覺察並體驗失落的相關情緒，將潛藏或遺忘的情緒表達出來，此即悲傷輔導的第二項任務。本次聚會流程如下：

1. 回顧家庭作業之電話聯繫。（約3分鐘）
2. 團體中期評估。（7分鐘）
3. 拼貼理想生活。（15分鐘）
4. 失落經驗分享：芳芳、春梅、敏珊、淑蘭、小鈴與婷婷每人約15分鐘。（共約90分鐘）
5. 中場休息。（15分鐘）
6. 失落經驗分享：金花分享。（15分鐘）
7. 焦點話題：消失吧！孩子。（15分鐘）
8. 回顧本次聚會。（17分鐘）
9. 家庭作業說明：下次聚會成員要先完成母親的畫像兩種畫作。（3分鐘）

 電話聯繫經驗談

「老師！玉蓮孩子發燒請假在家，今天不能來……」團體才要開始，芳芳報告。

「上週完成電話聯絡的人請舉手……」我問。

「有啊！有啊！」眾人左顧右盼，好幾位成員笑著舉手。

「我自首！我打電話給春梅，沒說幾句垃圾車就來了……所以我舉手只舉了一半高！」敏珊幽默道，全體大笑。

「我和小鈴約好昨晚通電話，我好期待！孩子接到電話就叫，請問陳小姐在嗎？我聽了好開心，好幾年沒人稱呼我陳小姐！都叫我是誰的媽！」婷婷說，眾人會心而笑。

「我先生上週休假整天都在家，他一向不喜歡我講電話，所以我拖到昨晚才聯絡……」小鈴說。

「這個我要講一下！這兩週我一直想打電話給你。可是拿起話筒就會猶豫，就是怕你被老公罵！」淑蘭迫不及待對小鈴說，全體大笑。

「這要用點技巧！上次和小鈴講電話，她語調變得不太自然，好像不太方便。接著就變成我在講，她只要回答嗯！嘿！喔！這樣就不會被罵啦！」芳芳寶氣十足，眾人笑得彎下腰來。

「就是要有通關密語啦！」敏珊加油添醋，眾人笑得前俯後仰。成員默契十足笑點不斷，氣氛即刻熱絡了起來。這次電話聯絡經驗分享的時間明顯地比往常縮短了許多，充滿活力的歡笑聲，揮去愁苦的陰影，反映日漸加深的友誼。

「團體共有八次聚會，今天是第五次。首先請大家談談，經過四次聚會你有什麼感想或收穫，對團體有什麼建議，好使我了解大家對團體的觀感和期待。」我環顧全場並說明。

🐚 在夥伴身上看見自己的堅強

「我覺得蠻好的！」金花首先發言：「一開始老師就說過，支持團體主要是經驗交流，不是用來解決教養問題的，然而我發現這樣聊也能學到很多！」

「當初我是抱著無所求的態度來參加的，沒想到我改變了很多！」芳芳才說完大夥都笑了，她戲劇化的轉變浮現眾人心中，「以後的安排我沒有意見，這樣就很好了。」

「我也很滿意！聽到夥伴很用心經營家人關係時，我發現自己還有進步的空間。來團體不只學到好方法，也激勵我要再接再厲！」小鈴接著說。

「在這裡能聽到大家的經驗，又能說出自己的想法，真的很好！」春梅笑著說。

「老實說，先前來聚會時我很惶恐。因為孩子太特殊，我害怕說出內心話時沒人能了解。幾次聚會下來，我發現大家的經驗都差不多，大家都能懂，來聚會就沒壓力了！」婷婷瞇著眼笑

「我的收穫就是……知道每個人難題不同，辛苦卻是相同。所以我就不再覺得老天不公平，也不再覺得自己很可憐，反正在這裡大家都一樣。每次聚會後回家的路上，我就會很想笑！」婷婷身體稍稍往後靠，用手順了順頭髮，笑了起來。

「什麼讓你想笑？」我追問。

「哦，要說嗎？」婷婷有些遲疑，我微笑以對。

「聽了這麼多故事後，我發現大家雖身處極度痛苦，頭腦卻都很清楚。這條路如何顛簸坎坷，說得一清二楚毫不含糊。最重要的是，大家都勇敢走過來了！我覺得大家都很堅強！因為我和大家走的路是一樣的，我才發現原來我也並列在這堅強的隊伍中！這想法讓我快樂起來，忍不住就會笑出來。」婷婷神色振奮而愉快。

「來聚會談話我覺得很自由、輕鬆，就像到市場買菜，自己可以決定要買什麼！買多少！」淑蘭的比喻叫人捧腹。

「當初加入團體，我並沒特定的期望。沒想到收穫比我預期的還多，我們親子關係變得更好了，我蠻喜歡的。」敏珊說。

「我有個補充的建議。」淑蘭舉手說：「我覺得團體進行可以再隨興點，不需要硬梆梆的規定非談什麼不可。因為有些話題冒出後，可能就會……」

「給它爆開來！」婷婷接腔。

「對！不過要麻煩老師在我們偏離主題時，再把話題拉回來就是了！」淑蘭搗著嘴笑說。

「團體進行至此，好幾位覺得有收穫，對目前進行方式也算滿意。淑蘭的建議很好，我會試著讓大家談話更有自由和彈性些。接下來要進行今天的活動，拼貼理想生活。」

5.2 團體設計：團體中期評估

團體中期又可稱為工作期，是指成員經過摸索學習熟知團體運作的方式，能運用團體情境來達成其探索自我的目標或滿足個人需求。團體中期評估的安排，則提供成員直接表達的機會，讓成員公開陳述個人主觀的觀點與經驗。團體中期評估活動讓成員有機會一吐為快，表達他們對團體的滿意度、看法、期待和建議，帶領者也可藉成員的觀點修正團體方案，提高團體的工作效能，對團體工作具重要價值（Jacobs, Harvill, & Masson, 2002）。評估的項目至少可包括以下項目：

1. 成員於團體受益的程度：成員受益是團體聚會的主要目標，通常成員認為團體有幫助、有價值時便會積極投入。

2. 成員對團體的興趣與承諾程度：成員出缺席及聚會遲到的現象，以及團體互動活絡的程度都是成員對團體興趣與承諾的良好指標。

3. 每位成員參與團體的情況：帶領者須了解每位成員發言的情況，由於每位成員需求不同，帶領者須評估成員們是否以他們最適合的方式參與團體。

4. 成員對團體的信任程度及團體凝聚力：尊重、了解、支持、關懷等正

向互動環境最適合培養信任感。而攻擊、批評、質疑或嘲笑則會破壞
信任感。

5. 團體焦點的內容或過程：團體處於工作期時，帶領者要注意團體是聚
焦於成員們討論的內容或討論的過程上。帶領者常犯的錯誤是過度注
意成員們討論的內容，而忽略成員互動的過程。

　　成員於評估中表達了對團體的滿意程度，也對團體進行的方式表達
想法。帶領者還可以用其他的問題協助成員評估成員的團體經驗，例如：
「一分代表非常不滿意，十分代表非常滿意，從一到十分評價參與團體的
滿意程度有多少？」成員評分後帶領者可以讓成員談談滿意及不滿意的原
因，以及提升滿意度的建言。

5.3 團體發展：成員自主性增加

　　評估結果發現成員對團體經驗大致感到滿意，成員也說出參與團體的
不同收穫。針對團體進行的方式，淑蘭提出建議，認為話題的發展可以有
更多彈性。當成員彼此熟識，對團體進行的規則有所體驗後，成員們對團
體結構的依賴程度將略為下降，成員更多自發的互動將隨之出現。淑蘭的
建議正反應出成員對團體有相當的投入，展現出更高的自主需求。Clark
（2003）指出團體中期成員參與的自主性已有提升，帶領者對成員互動的
控制程度應逐漸降低，團體結構程度宜由高結構轉向低結構。當成員有足
夠的預備時，團體結構程度下降，可催化自發性的互動，鼓勵成員更自由
開放地探索自身關切的主題，激發更強的團體動力。淑蘭的建議恰反應成
員需要更多自主自發的空間，團體中期結構程度可降低的看法也獲印證。
帶領者應注意成員因團體經驗增加而有所改變的事實，並順應之，使團體
發展可以過渡到新階段。

拼貼理想生活，探索失落的面貌

「每位都會拿到一本舊雜誌，請大家翻閱雜誌，挑選你喜歡的圖片，拼湊出你的理想生活。現實生活中，夢想只能在夾縫中生存。這次活動中，大家可跳脫現實的限制，以象徵或寫實的方式，選用你喜歡的圖片。圖片大小不拘，最少十張，沒有上限。」成員們興高采烈動手翻閱雜誌。

「如果不習慣撕紙，可以用剪刀。但直接撕開比較簡單，就像這樣……嘶……」示範後，隨即撕紙聲此起彼落，約有五分鐘。

「現在請大家算算手中的圖片共有幾張？」成員陸續回報從十張至三十五張不等，圖片主題琳琅滿目，有鮮豔欲滴的美食，也有景致宜人的自然風光，隨即成員依指示將圖片浮貼在一張空白的A3紙上準備分享。

「我的圖片太多了，放不進去怎麼辦？」芳芳搔著頭問。

「我已經擠爆了！變成魚鱗片了啊……」春梅說，眾人笑。接著我邀請成員逐一簡介所挑選的圖片，大夥聽得津津有味。

「請再次仔細看看你選的圖片，如果只能保留五張，你會留下哪些圖片？多出來的圖片可以揉掉，丟到團體中間的地板上。」成員們邊丟邊發出惋惜的感嘆聲。

「現在是不是只剩五張了呢？」眾人點頭。

「接下來請大家再丟掉四張，只留下一張圖片。」說明後團體哀鴻遍野。

「剛才請大家挑選理想生活的圖片，隨後要大家一張張丟掉。接下來請幾位談談你最後留下了什麼？在挑選和捨棄的過程中，各位體驗到什麼？」我邀請。

「我覺得很意外！費心挑出來的圖片，竟然要一一丟掉。更沒想到丟掉圖片時，我會有捨不得的感覺。充其量這不過是舊雜誌上的圖片，平常當廢紙回收，也不覺得可惜啊！」小鈴說著，多位成員點頭。

「這活動讓我覺得，想要的很多，需要的很少。最後我留下一片蔚藍晴空，希望凡事盡力而為，能過著不愧於天的生活。」金花說。

「每次老師說要丟，我心頭就一緊。天人交戰後，我丟掉了黃金、鑽戒、海灘休閒生活，剩下一家人圍爐的圖片，就是覺得家人相聚和樂融融更是重要。」淑蘭說著，大夥相視而笑。

「我圖片太多怎麼擺都嫌擠，這是不是代表我太貪心，對現在生活很不滿足？」春梅自嘲後搗著嘴笑。

「我最先選的就是這張上班女郎，最後保留的也是這張。重點就是沒先生，也沒小孩⋯⋯」敏珊冷冷地說，眾人大笑頻點頭。

「雖然只是一些舊雜誌的圖片，經過幾分鐘的選擇後，就代表著你的心願，和你有了連結。撕掉圖片並不難，但要放掉心願就不簡單。放棄前會有掙扎，放棄後會有失落。這張A3紙張不太大容不下所有的圖片，就像我們的人生也有年限，有生之年我們無法擁有全部美好事物，有時為了更重要的選擇，我們必須捨棄次要的。雖然各位可能已經保留了最重要的，捨棄次要的想望時仍會有遺憾的感覺。各位告別年少青春，進入婚姻生兒育女，為人妻為人母肩負起許多的責任。有人心境改變了，有人身材改變了⋯⋯」大夥笑。

「養兒育女必然使你的人生不同於以往，因孩子的特殊需求，各位得做出重大的決定，有些改變是深思熟慮後的決定，有些改變則悄悄地隨之而來，不論大小改變都會帶來失落。接下來要請大家在記憶中尋找這一路來大大小小的改變，以及那些因失落而有的感受。我要播放一段音樂，在樂聲中請大家以想像方式，回顧養兒育女所經歷的各種轉變，看清楚那些你捨去或失落的點點滴滴。」

「現在請大家調整坐姿，用最舒適的方式坐著。將身體放鬆，閉上眼睛來聆聽音樂。隨著樂曲的旋律，慢慢沉澱自己的心情⋯⋯」我按下播放鍵，隨即樂聲響起。這首慢板小調的長笛獨奏曲，曲調悠揚，平靜中帶些淡淡的感傷。

「在音樂聲中我要帶大家運用想像力走進時光隧道，在回憶的旅程中尋找失落的經驗。」為了讓成員有足夠的時間回想與感受，我說話的速度比平時慢許多。

「現在請將注意力放在呼吸的動作上⋯⋯慢慢地吸進空氣⋯⋯慢慢地呼出去⋯⋯你的鼻腔和呼吸道可以感覺到空氣進出的流動⋯⋯現在你全身都覺得

很輕鬆……很輕鬆……現在你覺得自己就像空氣一樣的輕……乘著想像的翅膀，你穿過時光隧道，回到學生時代。你可以看到自己正穿著學生服和同學在一起……當時你的心情如何……（停頓數秒鐘）。學生時代你最懷念的是什麼……你對人生有什麼願望……（停頓數秒鐘）接下你來到了婚前……你看見自己正在準備婚事……當時的心願是什麼……（停頓數秒）當你進入婚姻，生活有了改變……什麼讓你感到快樂……什麼讓你覺得遺憾……（停頓數秒）接著孩子來了……這是你期待中的孩子嗎……他來得是時候嗎……養育孩子讓你有什麼改變……有什麼改變是你沒想到的（停頓數秒鐘）。為了照顧特殊的孩子，你捨棄了什麼……在音樂聲中，你安靜地讓這些事情浮現在腦海中……（停頓數分鐘）哪些人生的願望隨著時光而消逝……（停頓數秒鐘）最後，乘著想像的翅膀，穿越時光隧道，慢慢地你要回到現在，進到我們所在的房間裡（停頓數秒鐘）。當我數到十，你就可以慢慢睜開眼睛，回到團體室來。……三、二、一。當你準備好時，就可以慢慢地睜開眼睛。」

「在樂聲中各位是不是想起了一些失落經驗，現在我在桌上擺著不同顏色的色紙，請往前來挑選色紙，每一個失落經驗選一張色紙來代表。」成員陸續挑選色紙，接著便開始分享。

細數失落

「剛才聽音樂時，我想起了兩個遺憾。」芳芳手裡拿了兩張色紙中氣十足地說。

「第一就是我立定心志要做個賢妻良母，所以一切生活大小事我都盡力配合先生。他喜歡桌球，我就去學桌球，他不喜歡跳舞逛街，我就不去。但這完全是我一廂情願，他並沒有要求我要過這樣的生活。後來他受到長官賞識，事業發展順利，他的世界愈來愈寬廣。而我投入孩子的生活，斷了一切興趣和朋友，我的世界愈來愈狹窄。加上孩子學習一直沒起色，我就等於一事無成。我和先生之間的差異愈來愈大。這幾次聚會後我才知道，原來我跟先生許多的衝

突有著潛意識的原因，就是我對他忌妒在心口難開！因為我覺得他很優秀，我很差勁！他很好，我不好！我就很怨嘆（台語），為何我的日子這樣不快樂？關鍵就在我只知道我不想要現在這樣的生活，卻沒想清楚自己要過什麼樣的生活。」芳芳停下來，深深地吸一口氣。

「我人生第二個重大打擊就是生了障礙兒。頭兩三年，我花了大把金錢和時間求神拜佛，卻一點也沒有改善。我用盡所有的方法，孩子就是學不會。我好像很無知，媽媽也做不好！太太也做不好！什麼都做不好！我就很看不起自己！最後我心灰意懶意志消沉，生活失去目標，也無心經營家庭。反正先生和孩子都不會跑掉，心情不好我就找他們出氣。我用這種沒大腦的方式來經營家庭生活，是我人生中最大的黑影！」芳芳的霸氣作風讓大夥笑了。

「兩年前加入家長協會，我漸漸覺得自己有些不對勁，不該對家人頤指氣使。我也想改變，但生活習慣要改變談何容易。尤其又有少女美夢卡在心裡，真是知易行難。」芳芳嚥了口水繼續說。

「去年景氣不好，先生工作岌岌可危，家裡經濟發生前所未有的危機，我只好外出兼差，工作不僅辛苦，還要看人家臉色。在那之後我就想改變，只是還沒行動。來團體這幾週，我的心態忽然翻轉了過來，好像獲得起死回生的能力般。現在我是誠心誠意想要改過自新，要彌補過去鑄成的大錯。此刻我覺得人生充滿光明和希望。」芳芳結束談話，微笑著向大家點頭致意。

「芳芳過去認為自己既非賢妻也非良母，這種感受暗暗地影響你和家人互動的品質。現在你面對自己的失落，對自己過去的無名火有所洞察，也做好了改變的準備。接下來讓大家自由回應。」我將焦點轉向團體。

賢妻良母難為

「我和芳芳很像！」春梅清清喉嚨說。

「孩子唇顎裂的問題解決後，他各項發展還是慢，尤其說話口齒不清。後來聽說有家私人語言矯正班，收費高，老師兇，可是效果好，我就去試試。孩

子上課時我隔著屏風在外面等，雖看不到卻聽得很清楚。老師一來就要孩子講『椅子』，孩子構音不好，講成了『起子』。連續反覆四五次孩子愈說愈慢，愈說愈小聲。老師很兇的說，怎麼教你都不會！不會就不會，幹嘛吞吞吐吐！然後啪一聲，一巴掌就打下去。」驚嘆聲四起。

「半個小時一千元，錢砸下去沒進步不打緊，孩子還挨打受氣！我氣老師狠心，更氣自己窩囊！為了孩子要進步，我不敢抗議，回家才抱著孩子哭……」故事令人咋舌，一陣辛酸湧上心頭。

「更糟糕的是我們還去了好幾次！結果孩子變得更不願意嘗試，學什麼都很容易放棄！原本想幫孩子，卻傷了他！我這個當母親的很不好，沒即時挺身保護他，眼睜睜看著傷害不斷加在他身上……」春梅眼眶泛紅懊悔不已。

「孩子進小學一年級後，我每天盯功課，絞盡腦汁就是希望他能再進步點。我腦子轉個不停，晚上都睡不好，長期失眠後身體變差，還去看精神科。醫師叫我別要求孩子那麼多，說得不痛不癢的……」春梅看著大夥。

「這不必他講，我也知道啊！可是天下媽媽都是一樣的，孩子身體好了之後，希望孩子成績可以更好一點啊。」音量驟增說。

「春梅很希望孩子能進步，甚至忍受老師不當對待，你很生氣、委屈。孩子變得退縮，你很心疼孩子。你已經過於勞累，甚至危及健康，卻為了換得孩子進步的機會，你放不了手！怎麼樣才能扮演好母親角色，你感到矛盾無所適從。」我回應。

「其實，我也知道我在逼他。這樣做媽媽真的很疲倦，沒啥成就感！」春梅補充說。

「以前天天上班都要打扮，我穿著就很講究很時髦。辭職在家後一切從簡，前不久我妹竟然說我穿著邋遢！」敏珊沒精打采，嘆一口氣後說：「婚前我熱衷攝影，孩子出生後，興趣完全停擺。日復一日守著孩子守著房子，生活內容貧乏一成不變，今昔相比有如天壤之別！還有懷孕時我充滿期待，到處打聽別人的教養經驗，盤算著要怎麼帶孩子。結果小孩發展緩慢又過動，我蠻失望的！幼稚園老師一逮到機會就跟我告狀，說孩子不乖，不寫功課還吵別人。還說別的幼稚園才不收這樣的孩子……這些話就像是針扎在我心上。每次接孩

子放學，我就膽顫心驚怕會遇見老師。後來他變本加厲，說孩子的智商是媽媽遺傳的！這讓我打從心底不高興。可是想想老師也很辛苦，而且孩子天天都在他手上，最後我還是強忍了下來。那段日子孩子每天起床就大哭大鬧，吵著不去上學，因為老師輕視他。幾年後，聽說那老師被其他家長聯合辭退。」敏珊嘴角出現了一絲笑意，但很快地消失了。

「我才知道，原來我不是唯一的受害者。於是我就更氣自己，為什麼別人可以堂而皇之去抗議，我卻要像個小媳婦忍氣吞聲！」敏珊悻然。

「敏珊當了母親後放棄了許多興趣，變得不重打扮。而孩子發展慢，你對孩子的許多期待都落空了。和春梅相似，當初你沒有即時保護孩子，這讓你感到自責。更糟的是你也連帶遭受羞辱……」我連結成員間相似的經驗。

「對呀！送錢送人去挨罵，我幹嘛那麼蠢！而且當時老師已經擺明藐視我，我還替他找理由！真窩囊！」敏珊忿忿不平，說話音量頓時加大不少。

「未據理力爭，你覺得很委屈，也很氣自己！」

「對啊！還有！還有！太太角色我也扮演得不好，我不會做菜、沒去賺錢、對先生態度又不好……」敏珊精神一振不停數落自己，多項罪狀脫口而出。

「不過我最近有改啦……因為前陣子我對他很冷漠，很不想跟他講話。他竟然就生氣罵我是垃圾（台語）我聽了很生氣！心裡想，我沒罵你，你還敢罵我！所以，我一句話也沒說甩門就出去……」幾位成員笑起來，另外幾位瞪目結舌。

「可是走到中庭後我想想，每次負氣出走沒多久就又回家了，這樣太沒志氣了！不行！我立刻回頭找他理論。一進門劈頭就跟他說，如果你覺得我是垃圾的話，乾脆現在做個了結。我的條件非常簡單，我什麼都不要，小孩你帶走就好！」敏珊字字犀利咄咄逼人，全場譁然。數不盡的委屈和無力感傾刻化為憤怒，慵懶的小貓咪搖身變成威猛的大獅子。

「你夠毒，他才不敢咧！」芳芳判斷敏珊必勝無疑。

「對，他就是不敢！」敏珊胸有成竹說。

「他嚇一跳臉色大變，結結巴巴說什麼寧可給我錢、房子、孩子……。我

說，我一毛錢也不要，只要你把小孩帶走就好。他就很緊張說，小孩對他印象不好啦！他不能帶小孩啦！藉口一大堆……」敏珊臉上露出少見得意神色，成員們大笑不止。

「那晚孩子上床後，我靜靜地想。」笑聲平息後，敏珊緩緩的說：「我跟先生真的很少溝通，對先生的諸多不滿，我就發牢騷唸給孩子聽，所以他的形象不好也是真的。之前聽到淑蘭很用心努力營造家庭氣氛，我也想學著做看看。最近我會叫孩子打電話問爸爸要不要回來吃飯啊？當小孩對爸爸不禮貌時，我也會責備孩子。」敏珊感激地看了淑蘭一眼。

「聽起來你的心態轉變很大哦！」我回應。

「對啊！我現在要盡量改善他們父子之間的關係，免得下一次小孩丟給他，他又不要了！」敏珊的幽默叫大夥又笑成一團。

5.4 父母心理：家庭主婦的失落

因著女性就業人口增加，傳統家庭男主外女主內的分工模式已漸式微。研究指出國內特殊兒童的主要照顧者仍以母親居多，佔所有照顧者的75.5%（張秀玉等，2008）然而許多母親為了要全力照顧特殊需求兒童，而選擇放棄工作留在家中。這非主流的生涯決定，除了收入減少之外，尚有許多不為人知的影響。有些選擇在家育兒的母親失去成就感，因而對自己感到不滿（Luterman, 1979）。母親的不滿可能涉及多種失落，包括母親放棄個人興趣、生涯發展及社交生活，因為沒有收入而失去金錢使用的自由。再加上特殊兒童如果表現不如預期，母親會認為自己一事無成。芳芳的先生事業有成，同學生活如意，相較之下芳芳更覺自己毫無可取之處。多重的失望與不滿，衍生出一股怨氣，將引發無以名之的敵意與衝突。

5.5 團體效能：覺察與承擔責任是改變的開始

當人們發現自己生活中的不幸，不都是遭到他人迫害結果，在某種程

度上不快樂的情緒是自己造成的，不過是自食其果，他便是發現了自己的「責任」。人們對自己的不幸、不快樂負有責任的觀點，使人有更高的意願為改變負起責任，也使得改變有明確的著力點，這會為當事人帶來一種希望感。反之，當事人若耽溺於受害者的心情，認為人生中的痛苦都是別人造成的，別人應該為他人生的不幸負起完全的責任時，將使人停留在怨天尤人的心境中。如此心態當事人不會採取任何行動，也無法成就任何改善。原地踏步的情況可能造就數十年如一日的自憐與愁苦。

當芳芳能描述婚後育兒的諸多改變，面對生活中改變所帶來的失落事實，體驗因失落而引發的各種感受時，便漸漸能理解自己心中那股「無名火」的由來。在失落經驗的脈絡下，芳芳對先生的怒氣可獲得更完整的理解。這番覺察幫助芳芳可以不再陷於情緒糾結泥淖，過去堆積如山的不滿和怨氣，不再能「暗中作祟」左右芳芳的情緒。「覺察」使芳芳重獲情緒自主的權力，使她有機會做出新的選擇，邁向改變。

敏珊表達憤怒後，對自己和先生的關係與處境有番客觀的反省。對照著淑蘭拉攏父子關係的用心與努力，敏珊發現自己恰好反其道而行。過去敏珊把心中的不平轉為抱怨，在孩子面前盡說先生的不是，父子關係充滿敵對與不信任，很明顯的就是因為敏珊從中作梗。敏珊對自己長期充滿破壞性的作為有所覺察，願意承認並為此承擔起責任時，治療性的改變便呼之欲出。

自卑斷社交、友誼不可拋

「剛剛音樂聲響起，我眼淚就不斷流下來。」淑蘭才開口就停下來，她兩眼通紅，成員們很快靜下來。

「因為我想起幾件平常不願意面對的事，第一就是我高中三年都很要好的朋友，我們畢業後還常聯絡。」淚珠不停滑過淑蘭的臉頰，她伸手抽取面紙擦拭眼角的淚水。

「我婚姻最困難的那段日子，她一直鼓勵支持我。當時我年輕不懂事，婆媳衝突多，先生常晚歸，孩子又過動，內憂外患下我走進人生的最低潮，情緒很不穩定，覺得自己什麼都很差，什麼都不好，很沒用，很自卑！」淑蘭手上面紙已溼透。

「兒子年紀愈大過動問題愈明顯，我很難接受。我心理壓力也愈來愈大，所以就刻意疏遠她。可是就算我這樣無情，她還連續好幾年都寄聖誕卡給我。我拋棄了最要好的朋友，全都是我自卑心作祟。最近我常想到……我傷害了她！不曉得該怎麼辦才好。」淑蘭搖搖頭破涕為笑，似乎笑這決定太傻，她又抽張面紙拭著淚。

「第二，其實婚前我工作經驗超好，只要老闆開口，沒有一件事我做不到的！有機會我也很想重返職場……」說起光輝的歷史，淑蘭含著淚卻笑得開心。

「相對的，我嫁進大家庭後日子過得很混亂，像是一球糾纏不清的毛線。我常覺得自己一無是處，是個能力不足的媳婦，不會教養孩子的媽。十年過後我才覺得度過危機，生活漸漸變得比較有條理。最近每週和大家聊，不斷地聆聽回顧，才發覺我已經學會調適了！」淑蘭邊拭淚邊說。

「另外我爸一向身體不好，過去因為我自顧不暇，一直沒有心力關心他。我知道他很寂寞，也希望能多陪他。最後對我兒子比較愧疚的就是，一開始我就知道他有狀況。但健康控制住後，又忍不住要他多學一點，心底還是認為他應該能夠學會。這些想法雖是我的好意，卻受制於孩子能力有限。我天真的以為只要我全心付出，他就可以學會。事實上，他就是不會！我就在期待和失落間不停循環，心情上下不斷擺盪。以前我也打過小孩，甚至拿棍子從家門追到公園去。過去對他無理無情的要求太多，是我心底的痛……」

「淑蘭曾在職場上表現傑出，婚後卻在媳婦和母親的角色上覺得自己一無是處，因為自卑而遠離朋友。作為女兒，你覺得對父親照顧不夠；對孩子過高的期望、過嚴的管教，讓你感到愧疚。幾位分享的失落經驗，有很多共通處。哪位想要回應？」我將發言權轉給團體成員。

「淑蘭在大家庭中受打擊，我也有類似經驗。婚後住進婆家，婆婆和二個

小姑動作都很俐落，她們常會指導我。那時我覺得自己好可憐，壓力好大。別人只有一個婆婆，我卻有三個婆婆。」春梅說畢大家笑。

「朋友都羨慕我有老公養可以在家帶小孩，可是如果有選擇，我寧可去工作，因為小媳婦的日子一點也不輕鬆！當年我少不經事，一點都不覺得她們有好意。其實她們也沒惡意，但我就覺得她們很棒，我不棒啊！事事受制於人，覺得自己很無能！」春梅更精準地說。

「我個性內向，本來就不會主動和別人建立關係，有了這樣的孩子，我更是不知道要跟別人談什麼才好。其他家長不是談功課，就是談補習、學才藝。話題很不一樣，很難聊得起來……」金花話畢聳聳雙肩嘆了聲氣。

「我孩子反應慢、愛哭、有怪癖、書讀不好、運動也很差。我不想讓人知道我孩子的情況，總覺得別人會用異樣的眼光看待我和孩子，所以也就很少帶孩子和別人來往了。」敏珊說。

「以前我更嚴重呢！」芳芳接著說：「只要見到別人孩子表現好，我就會暗自覺得不如別人。那幾天，我就會禁不住要求孩子多學一點。但他就是學得慢忘得快，往往我就會變得沒耐心，容易發脾氣。因為我很自卑，所以主動拒絕了很多關係。不過現在我想通了，其實這是我和孩子的損失，因為我們都需要朋友……」

「孩子表現不如期待，母親在很多方面都感到自卑，甚至結束友誼造成遺憾。芳芳現在認為友誼需要用心經營，別輕言放棄。」

「我和大家一樣，人生最大的困難就從結婚開始……」小鈴的話惹得大夥發笑，也將話題轉移開。

「婚後夫妻關係不若原先想像的恩愛，婆媳生活習慣落差很大。孩子抽筋住院延誤轉診，雖然我們盡所能努力照顧，卻無法阻止不幸發生。孩子住院半年是我最痛苦的日子，還好那時我弟就把我老大接去住。我苦悶時就會找朋友聊聊，倒掉一些情緒垃圾。婚前我的人生只要按表操課過得都平順，孩子出生後陣腳全亂。我想盡各種辦法要讓他變好，但升上了高年級後不管我們怎麼努力，成績都遠遠落後，最後還出現強迫行為，我真的很痛苦。近幾年我才覺得是該放手了，要認清事實，他就是這個樣子。」成員專心聽著小鈴所說。

「小鈴回頭看你所經歷過的這些困難和失落，你有什麼感受？」我問。

「我覺得很棒耶！」小鈴愉悅地說著。

「我有幾個好朋友，什麼話都可以談，她們會陪我聽我說，甚至比親姊妹好！回首從前，我發覺自己成長很多。可是我先生是完全不反省的那種人，這一路走來我覺得調整自己幫助比較大。」小鈴冷不防地提起先生，令人不覺莞爾。

 ## 肯定自己，擺脫懷疑

「剛才幾位所說的，我都能體會。」婷婷認真的說。

「婚後我諸事不順，夫妻關係冷淡，孩子成績差行為頻頻出狀況。為什麼我盡心盡力了，所有重要關係卻都出現問題？難道我是個有問題的人？想到這些常讓我徹夜難眠！」婷婷輕輕撥一下頭髮。

「我覺得，我的本質應該是像海芋一樣淡雅平靜，但我的生活卻一切亂糟糟！我很懷疑孩子問題一大堆，會不會是……」婷婷望著地板，停頓一下後繼續說：「因為我不夠有愛心？對孩子不夠好？或是因為我不夠溫柔？面對生活這麼多的問題，我必須堅強。也許堅強與溫柔不能共存吧！？有時候看到別的媽媽對孩子很溫柔，我就會覺得很慚愧，因為我做不到。對婚姻我也是盡心盡力，卻有很多是我無法改變的。我的人生失落很多東西……」

「雖然先生和孩子都有狀況，可是我覺得婷婷很努力，做得夠好！你思路清楚，做事條理分明又有原則！現在缺少的就是一個懂你、疼愛你的人。我知道女人溫柔對男人很重要，像我對先生就不夠溫柔。」芳芳熱情地說。

「婷婷雖然用心付出，卻沒有從孩子的表現或是夫妻關係中獲得回報，所以懷疑自己做錯了什麼？」我傳遞了解。

「我當然是用我認為正確的方式來引導孩子，可是孩子行為問題並沒有消失。所以我不知道自己究竟是對還是錯？所以很痛苦……」婷婷輕輕皺著眉說。

「對這種自我混淆的經驗，我有些話要說。」淑蘭看了我一眼，我點頭同意。

「因為大家庭人際關係複雜，加上孩子大小各種問題，我經常要處理緊急事件，過著像是打火兄弟（台語）的生活。」淑蘭的比喻讓大家都笑了。

「在家裡我忙進忙出，挺著大肚子也沒停過！家人不但沒有任何肯定和感謝，只要有點做不夠，責難就會排山倒海而來。很長一段時間，我整個人自我形象很差，甚至不知道自己是誰，更不知道自己為什麼要這樣活著。究竟是我期待錯誤還是管教不當？我陷入極度迷惘和痛苦。」淑蘭情辭懇切。

「後來我就告訴自己，我沒錯！這並不是一意孤行的說詞，因為每個決定我都深思熟慮，絕非草草行事。問題就在一分耕耘不保證有一分收穫。我對自己說，我已經依我所知最好的方式盡力做了！錯的可能是天不時、地不利、人不和。先肯定自己後，我才慢慢爬出自責和迷惘的泥淖。」淑蘭做出爬行的動作，大夥笑。

「當我停止自怨自艾或責怪別人後，才開始有心力慢慢想，漸漸的我看事情就會比較客觀，能從一團混亂裡抽絲剝繭釐清問題。懷疑自己或自責都無濟於事。」淑蘭為婷婷的困惑指出一條出路。

「對！我們都這樣努力了，卻很難從孩子的進步得到回報，母親要能肯定自己這很重要的。」芳芳熱切地說起來：「我還會製造機會讓別人誇獎我，譬如我常會跟別人分享特教的資訊，對方若覺得有幫助，就會說你好棒！孩子有你這種媽媽真是幸福！那時我就會覺得自己做對了！來參加這個團體，沒人講話時我就講，你們都會說我好！總之愈多人誇我，我就愈能做得愈久。」大家笑。

「養育特殊孩子是項艱難的挑戰，由於費心費力卻又常成效不彰，幾位都曾經歷強烈的自我懷疑、自責，感覺茫然和無力。淑蘭和芳芳都認為自我肯定是重要且很有價值的。」摘要後我便宣布休息。

5.6 父母心理：自卑

　　特殊兒童父母經歷多種的失落主題，包括婚姻關係不盡理想，孩子表現遠不如父母期待，他人指指點點的行為損及父母尊嚴。多項失落都可能讓父母感到自卑，不如他人。特殊兒童父母的自卑感受有不同的來源：

1. 自我價值低：因為父母對孩子有種自我認同，覺得孩子的能力好壞就代表自己的有無價值，孩子能力差讓父母感到自卑。

2. 親職效能差：因為孩子行為表現低於其年齡的成熟度，在各方面表現不如人時，父母覺得自己未善盡教養之責，認為自己怠忽親職不是好父母。孩子生活各方面的問題將隨著孩子成長不斷改變，而不停止。生活困擾多，孩子問題層出不窮的情況，會讓父母懷疑自己技不如人。

3. 成就不如人：為了照顧孩子，父母生涯發展受到侷限，覺得自己沒有成就，表現不如同學朋友。

4. 負面情緒多：面對生活繁多的挫折與壓力，父母常有負面情緒，為此覺得自己的心理生活品質不如人。

5. 親密關係斷裂：不論是夫妻、親子或友誼等親近關係的斷裂，皆有損於個人的自我價值感，讓人覺得自己不夠好。

　　自卑感可能促使父母對孩子更加勤管嚴教，期待改變孩子的表現。家長可能因此而忽略孩子能力有限的事實，做出不合理的要求來。當孩子無法達成母親期許時，母親將再一次感到失落，同時也會造成孩子的挫折與自卑。此外，自卑感將促使家長由社交場合退縮，不但沒有意願建立新的關係，連舊識也可能被列在拒絕往來的名單中。

5.7 團體技巧：發展話題

　　教養特殊兒童時家長不僅要認識孩子的特質，調整對孩子的期待，同時也需要習得管教技巧。此外婚姻關係、手足關係及其他親友的態度都可

能使得教養情況變得更加複雜。有限的團體時間內，帶領者必須選定某些特定的主題。團體中話題發展可分為三步驟，分別是聚焦、擴展、探索出路：

1. 聚焦：當成員提出某項困擾時，我將以同理或摘要的技巧回應，確認成員主要的困境與感受。同理後成員很可能會進一步地說明，如此該經驗能變得更加清晰，有助於其他成員加入分享。

2. 擴展：當焦點主題變得清楚明確，帶領者要創造機會邀請其他成員分享相似經驗。鎖定焦點的邀請句型，將明確引導成員聚焦分享，例如：「這種自我混淆的情況，還有誰曾經驗過？」

3. 探索出路：帶領者可邀請過來人談談改變的過程，盡可能讓過來人清楚描述其改變過程中的思考與感受。當過來人的心路完整呈現時，將使得聆聽者獲得豐富的參照資料，借以學習或修正其個人經驗。

　　當所有成員中對該項主題無明確成功經驗時，團體至少可以對成員提供了解、肯定與支持。前段對話成員對婷婷的回應，涵蓋著擴展與探索出路兩項範疇。話題發展完整時，帶領者便可以考慮結束該項話題，另起爐灶。結束話題前可以邀請成員回顧這段主題談話（Gladding, 2003）。引導的句子例如：「剛才的討論讓你對這個經驗有什麼新的看法？」「經過剛才的討論，你對自己有什麼新的認識？」「剛才的討論讓你學到什麼？」

如果我沒有孩子

　　「金花今天比較少說話，有什麼想法嗎？」下半場一開始我便問。

　　「聽了大家精采的故事後，彷彿隔世。」金花輕輕地笑道：「有人提到婚後育子後的生活跟想像的不同，我也一樣。本來想結婚來結束過去家庭的不愉快，沒想問題不減反增……」金花的坦白讓大家笑起來。

　　「撇開婚姻問題，有件事長久來一直攔在我心裡。」金花停頓了一下子，

又繼續說：「有次我帶著孩子和幾位朋友的家人去爬山，老小一群十多人。那段路多半是平坦的林蔭步道老少咸宜。其中具挑戰性的就是一段陡坡，約有五十公尺長。因為很陡峭，所以斜坡上架了兩條又長又粗的登山繩索，讓人可以拉著繩子往上爬。孩子們既興奮又害怕，大家躍躍欲試。因為我從小住山上，爬陡坡對我易如反掌。同行的爸爸們很小心，為了讓每個孩子都有人照顧，就安排大人和小孩間隔排列往上爬。我很有自信所以就自願殿後，孩子就在我前面拉著繩索一步步爬上去。其實只要雙膝適度彎曲，雙手拉起繩索，讓身體、繩索和斜坡保持三角形就會很穩當，我們就這樣浩浩蕩蕩往上爬。因為隊伍拉得很長，我不想讓大家等太久，也就沒停下來休息。沒想到在終點前三公尺，孩子大喊沒力氣！不行了！」

「因為坡陡而且沒有任何突出物可以踩著休息，絕不能停。其實我也覺得手酸，沒料到孩子體力更差。我知道她是說真的！我立刻一手拉著繩索一手撐著他，大叫要她抓緊繩索！不可以放手！媽媽幫你撐著，你一定要抓緊！不能放！」隨著金花的描述大夥神經緊繃。

「可是不論我怎麼說，她仍舊放開雙手，她整個身體就癱在我身上。才幾秒鐘我的手腳就變得僵硬不聽使喚！我卯足全力撐著，就快失去知覺了。押隊的爸爸從旁邊繩索爬上來，伸手抓著孩子的衣服，叫她要抓著繩索！要抓！要抓！不能放！可是孩子累了，沒有意願再拉著繩索。」

「在最危急的那一刻，我腦中突然閃過一個念頭，放手吧！」眾人屏氣凝神。

「搞不好放手後，我人生煎熬的日子就可以結束了！可是我從此就失掉一個孩子。那以後呢？是會覺得獲得解脫呢？還是會一輩子遺憾難過？」大夥捏了把冷汗。

「那時剛好有個年輕人路過，立刻下來幫忙把孩子拉上去。爬到坡頂時，我四肢不停顫抖，根本就站不起來。那天總算是有驚無險平安回家，但放手的念頭一直盤踞心頭揮之不去。究竟我該怎麼做呢？我常在心裡反覆模擬推想，好幾年都沒有停過。如果當時我放手，現在就已經解脫了！」金花笑瞇了眼睛，有點不好意思。她用雙手摀著嘴，身體前後輕輕晃動。

「危急的瞬間，金花腦海中閃過放手的念頭。事後你經常回想推演，到底當時該不該放手。」我簡述金花的經驗，期待成員們接著回應。由於金花的經驗凸顯母親的內心掙扎，很值得多談論。因此我不急著轉換主題，希望在相同的主題有其他成員加入分享。

「幾年來我在心裡模擬時反反覆覆，並沒有什麼結論。畢竟我當時沒有放手……」金花笑著說。

「一開始我也和大家一樣，盡全力要孩子好起來，搞得我和孩子疲憊不堪傷痕累累。我也想過假如孩子從我的生命中消失的話，會怎麼樣？」春梅雙手環抱胸前邊說邊笑。

「雖然孩子手術很成功，還要非常非常小心地照顧才行。我每天神經緊繃戒慎恐懼。這種日子一拉長，難免就會有那種想法。」春梅再次發笑，身體微微向後靠。

「我覺得……我實在很卑鄙！」春梅又補了一句。她用手掩口瞇眼而笑，像要掩住心中的不安般。

「在場哪位也曾有過想要孩子消失之類的念頭！？」我問話後並沒有人回應，過了數秒全場依舊鴉雀無聲，幾位成員左右張望。

「曾經出現這樣念頭的人請舉手！」為了加速處理，我請大家舉手示意。成員們全數舉手，相視而笑。

「大家都很誠實，而且很有勇氣。」眾人大笑。

「一般來說，母親愛孩子是天經地義。母親覺得孩子是個負擔，想要遺棄孩子，這念頭令人覺得不可思議。但在這個房間裡，這種念頭大家似乎並不陌生。」眾人大笑。

「哪位願意談談這個經驗？」我再次嘗試保持話題。

消失吧！孩子

「以前陪孩子做功課兩三個小時，我就累了。如果他還不專心、東摸西

摸，或很粗心一直出錯，我就會發飆對孩子說，你知道嗎！如果媽媽沒有把你生出來的話，媽媽現在會過得很輕鬆很快樂！」說完婷婷捣著嘴笑：「不過那是以前啦！後來，我覺得這樣對他傷害很大，就不再這樣說了。」

「過去你費心盡力陪孩子讀書，孩子不珍惜、不認真，讓你很生氣，覺得不值得！」

「對！沒錯！」婷婷聽了直點頭。

「面對未來無數的挑戰，我常想我大概沒機會陪他走完人生全程，畢竟我和孩子的年紀差那麼多……我怕……未來他究竟能承受多少……萬一將來無法保護他，他還不如早點走，免得受太多的苦，我會很捨不得的……」說著說著春梅哽咽起來。

「其實我……」才吐出幾個字金花就笑了，短暫遲疑後，她繼續說：「像九二一地震那一陣子啊，新聞不斷報導災情，我好幾次在心裡偷偷的想，如果我當時也被壓在大樓下面，只要幾秒鐘就會過去了，什麼也都不知道了，其實這樣也是一種解脫，我是蠻羨慕他們的。」說話全程金花一直笑著。

「我看過一部電影，叫馬拉松小子。」小鈴接著說：「描述自閉症孩子和他母親的故事。因為長期照顧這個自閉症孩子的媽媽很痛苦，有次母親帶著孩子去動物園，竟然有意無意地讓孩子給走丟了，那段情節讓我印象很深。我想如果孩子好教，寶貝他都來不及，捨不得讓孩子走丟的。」幾位成員點頭。

「我跟你們的想法不一樣。我覺得他什麼都學不會，整天晃來晃去一事無成，這樣的人生很可悲！日子過得這麼可憐，不如不要活了算了！」敏珊說完自個笑了起來。

「孩子什麼情況，讓你覺得他的日子很可悲？」我問。

「他常受同學欺負啊！然後功課一直很差啊！他對自己要求高，常常不滿意自己。要這樣子過一生，真的很痛苦！」敏珊收起笑容說。

「當這念頭浮現時，你對孩子說什麼或做什麼？」我問。

「我是不會叫他去死啦！」敏珊衝口而出的答案引來闔堂大笑，響亮的笑聲打斷了敏珊的話。

「我跟他說，你活的這麼痛苦，不然不要活好了！好不好？他說不行啦！

不可以自殺啦！因為他曾去過佛堂聽道理，知道不能自殺。」大夥又笑。

「想要孩子消失的念頭，是在什麼情況下出現的？」我問。

「特別我碰到挫折，情緒低落時，就覺得，唉！……生活怎麼這麼辛苦，真想停下來休息一下！」敏珊語調平淡，眾人都可感受到那種無止盡的疲憊。

「剛才幾位提到，因為母親教養辛苦挫折連連，所以出現要孩子消失的念頭。另外孩子能力不佳，將來日子可能不好過，媽媽捨不得小孩受苦太多，也會想孩子乾脆早點解脫好了。如果孩子消失了，不但可以讓母親卸下重擔，孩子也可以減少受苦。這種想要消失的念頭，還有誰也想談談……」

「兒子在我懷孕時就很不順，差點就保不住了。為了安胎打針又進補，花了很多錢費盡心力才把他保住。後來每次他闖禍時，我就會想，如果當初流掉就好了！但畢竟他還是留下來了。我想老天把他留下來，或許就是要一輩子跟著我。孩子好幾次重病住院，都由我全程照顧沒有替手，有時我會冒出一種邪惡的想法。想他既然病得這麼嚴重乾脆就……」婷婷沒把話說完，大家卻心照不宣都笑了。

「因為他常闖禍又常住院，我被搞得很煩很累，加上我心裡不由自主的出現那種邪惡的想法，所以我常懷疑自己是不是心理不正常？哪有媽媽這麼邪惡的！不過剛才聽到大家這麼說，現在我覺得……」婷婷的話慢了下來。

「自己很正常！」淑蘭順勢接腔，引爆一陣狂笑。

「對啊！在某種痛苦的狀態下，有時出現這種念頭，應該是正常反應。過去我真的覺得自己很邪惡！很不應該！現在我覺得這樣才是正常的！」婷婷此刻卸下自責的重擔，團體也跟著獲得某種程度的解脫，而釋放出一種嶄新而輕鬆的活力。

「話說回來，這孩子帶來磨難這只是事實的一面，我覺得天公疼憨人（台語），孩子出生那天，先生公司尾牙抽到一台液晶電視。」婷婷眼睛亮了起來，團體則掀起一陣驚呼。

「他一直是我家的福星，常帶來好運！用他的名字參加摸彩就會中獎，屢試不爽！所以每次百貨公司週年慶抽獎活動，我都填他的名字！」房間裡笑聲不絕於耳。

「既然這樣，就不要再提那種要孩子消失的邪惡念頭了，就原諒他吧！」

「你兒子的身分證號碼借給我用一下！」淑蘭分一杯羹的企圖又引起一陣狂笑。

「咦！我剛要講什麼？等等讓我想想看……」笑聲中淑蘭努力回想著。

5.8 父母心理：遺棄孩子的衝動

由於教養特殊兒童的擔子過於沉重，父母心中偶爾會出現「幻想著孩子消失」或「想要放棄孩子」的念頭。這念頭對父母而言清晰而強烈，卻難以啟齒。不僅因為這種話題會傷害孩子，也因為遺棄孩子的念頭有違倫常，悖乎慈母形象，不見容於社會，甚至連成員自己也無法容忍。少數成員會直接對孩子發洩憤怒，多數則隱忍以抱怨等間接的形式表達，或乾脆將這念頭暗藏在心中隱密的角落。儘管未曾說出口，遺棄孩子的念頭為父母帶來愧咎和無情的折磨，損傷父母親的自我形象。因著遺棄孩子的念頭，父母可能會自認為不是好父母，產生自我懷疑，認為自己心理可能有問題。

想要孩子消失，或者更嚴重地想致孩子於死，父母的這種感受可說是潛在的情緒。想要孩子消失則是違反慈母的角色期待，而想致人於死地的衝動，則是不符道德規範。這些想法一旦出現，就可能危及當事人的自我形象，認為自己有這種想法是「不好的」、「邪惡的」。多數有這樣想法的家長不會向別人傾吐，除非關係十分安全可信任。如果這想法經常出現，而當事人未加以排斥，則當事人可能要面臨認同危機：「究竟我是好或是不好？」如果這想法受到當事人的排斥、否認，則可能維持一個暫時而不穩定的自我形象，並且為了壓抑、否認這項想法，當事人將耗去心力。這想法不會因此消失，而會在心底蠢蠢欲動，並以不同的形式出現，例如對孩子變得更加沒有耐心，憤怒的情緒更加強烈。

5.9 團體技巧：協助成員表達潛藏的情緒

　　潛藏的各種悲傷情緒具有莫大的影響力，卻因當事人洞察、理解不足而難以處理。協助成員表達潛藏的情緒，將能提升當事人對自己情緒覺察及敏感。悲傷輔導的第二項任務即是協助當事人處理已表達或潛在的情感。因著某位成員個人經驗的揭露，使得其他成員回想起相關經驗，當這些經驗從記憶的庫房中再次被搬出，藉著談論而拭去陳年灰塵，成員有機會再次審視。透過這番審視後，陳封經驗可能變得不同，其過程以下面七點作為描述：

1. 過去的經驗僅存於私人的記憶空間中，若隱若現，因著不容於社會，也可能長期被壓抑。

2. 如今該經驗在團體中揭露，在描述時該經驗從背景轉為主題，變成具體真實，而揭露時成員們都冒著被批評的心理危險，而引發張力。

3. 成員中其他人也陸續分享相近的經驗時，讓彼此覺得被接納，使張力獲得紓解。

4. 當成員看見團體多數人都有相近的負面經驗時，產生一種社會比較的效果，進而視自己的經驗為正常普通的現象。

5. 該經驗因重新審視的過程而獲得當事人新的評價，原本受到排斥的正常而又不受歡迎的感受與想法，因而可以驗明正身獲得當事人的接納。

6. 這種新的評價使當事人不必再壓抑，同時也不再自貶，能夠與這些強烈而負面的經驗共存，達成新的統整。

7. 統整的人對經驗有較大的開放，對同一件事情可以有較為多元的角度與觀點，對適應而言，是較好的心理狀態。

5.10 團體效能：普同性促成自我接納

　　支持團體成員背景相近，普同性的治療因子在團體初期便出現。隨著

分享主題的愈深入及細緻，普同性也在特定的心理情緒反應出現。分享後大夥才發現，遺棄孩子的衝動雖是難以告人的秘密，卻是團體成員的共有經驗。由於金花分享後，更多人分享相似的經驗，遺棄孩子的念頭在團體中獲得了解與接納。

　　婷婷原本認為自己遺棄孩子的衝動是邪惡的，經過分享後發現她的經驗與大多數成員相同，因此自己並不特殊、不奇怪，而認為自己是「正常」的。「與眾相同」的體會，正是團體治療因子「普同感」的展現（Yalom & Molyn, 2005）。團體初期自我介紹後，成員發現彼此教養經驗相仿時，便因普同性而受惠。團體工作期中，分享「想遺棄孩子的衝動」時，成員再次發現大家都有同感，便再次因「普同性」受益。婷婷對過去的負面經驗有了新的詮釋，揚棄自己是「問題母親」的看法，視「遺棄念頭」是自然而正常的情緒反應，是符合人性、可接納的反應。婷婷接納自己的情緒，不再懷疑自己，這項改變可視為支持團體中發生的治療效果。

盡人事聽天命

　　「好，我想起來了……」淑蘭眼睛一亮，清清喉嚨說。

　　「因為我兒子過動，生活中每件事都很需要指導，要一個步驟一個步驟分解後慢慢告訴他才行。小時候他還很樂意學，現在長大了，他覺得媽媽很煩！可是同樣的事碰了三次他還是學不會。有時我已經很生氣了，可是表面上我還是和顏悅色好好的跟他說，我送你去廟裡當和尚好不好！」淑蘭突如其來的轉折出人意表，成員個個拍腿擊掌大笑了起來。

　　「唉！那要唸經很累耶！」敏珊誠懇的說。

　　「我兒子馬上說不要不要。然後罵我說，天底下哪有這種媽媽，要小孩子去當和尚！因為他過馬路都橫衝直撞，不會看看左右來車。我親自帶他上下學，天天教都沒用。最後我真要放手時又叮嚀好幾次，過馬路時要先看左邊，

確定沒車了，再看右邊。開始走的時候，你還得再看一下左邊。走到中線以後變成要看右邊！」淑蘭提高語調強調。

「放他單飛時，其實我很擔心他會發生不測。於是就準備張名片紙，寫上家裡的地址電話、我和先生的手機號碼，塞在他書包外層的口袋裡。我想萬一發生事情，就會有人打電話來，我就是這樣放手了！」話畢，淑蘭忍不住地笑。小小名片紙留下了緊急聯絡的方式，也留下了母親百般的牽掛。

「怎麼講，我沒辦法永遠保護他，也不能照顧他一輩子，所以做了最壞的打算。其他的，就只好讓他自己去經驗了。」淑蘭說話速度漸緩。

「現在他每天出門前，我還是會像錄音機一樣提醒他，過馬路你要注意左邊再看右邊……」淑蘭十足的幽默，總能逗得大家發笑，即使這些話也讓人很心疼。

「你做了萬全的準備後，就放手讓他自己上路了！」我說。

「對啊！」淑蘭才說完又補充說：「其實我也不敢說這是萬全的準備，只是我能做的都做了。最後我只好想，他也有他的命啊！」淑蘭的笑比剛才要淡些。

「淑蘭我感覺你有一種盡人事聽天命的心態，身為母親的你雖然願意為孩子付出所有，卻也無法保護他一輩子免受災禍。孩子有自己的命，這句話代表你承認自己力有不逮，雖有些無奈，卻也符合實際。你盡力教導孩子保護自己，然而不管你做了多少，你知道自己能力有限，也接受自己能力有限的事實。」

「照顧特殊孩子很辛苦，長期疲累又成效不彰時，難免會想休息，金花登山的經驗很能代表大家的心境。」

「金花，那次登山過程你體會到自己的有限，究竟該不該放手，你想了很久。經過剛才大家的分享後，你有什麼想法？」

「想了很久以後，我發現即使我現在能盡全力保護孩子，卻沒有辦法照顧她一輩子。我能給她人生最大的資產就是讓她儘早學習獨立，這也就是我要努力的方向。」金花淡淡的說。

「淑蘭剛才的說法，能接納自己的有限，為自己劃出界限，不再控制那些

無法控制的事，也只有這樣母親也才能喘得過氣來。這讓我想起一段古今為人傳頌的禱詞，是尼布爾先生對人生的體會，也是他對上帝的祈禱，他說，上帝啊！請賜給我平靜的心去接受那些我不能改變的，請賜給我勇氣去改變那些可以改變的，最後請賜給我智慧去分辨哪些是可以改變的，哪些是不能改變的。相信這也是在座各位所需要的禱詞。」

化作春泥更護花

「今天大家談了許多失落經驗，有些失落是放在記憶的角落，平常不會想起來。這些與理想生活或個人期待不同的失落，涉及妻子、母親、媳婦、朋友等不同角色。當初懷孕時歡喜盼望，沒想到孩子成長過程有這麼多意料外的困難。有人為了孩子退出職場返回家庭，失去生涯發展的機會，也無心經營個人興趣。孩子問題多能力表現不如人，母親不僅對自己感到不滿、甚至忍辱受屈。婚姻關係疏離、婆媳衝突不斷，有人失去能力感、自我形象破碎不堪。接下來要花五分鐘時間，讓大家為自己每項失落選一張色紙。」

「請大家運用你所選的色紙，試著發揮創意用剪用摺的，讓色紙有不同的平面或立體的造形後，再貼到圖片上。看看原有的畫面加上了這些失落的色彩，可以有什麼變化。」待大夥選好色紙後我繼續說明。成員顯然對活動說明感到驚訝和新奇，大家試著重新拼貼。約莫十分鐘，大家作品已有了全新的面貌，隨即開始分享。

「我用色紙作一個相框，把原來山野和家人的圖片裱起來。就是說這些失望，使得我更珍惜家人關係。」春梅說。

「我為藍天加上太陽再鋪上彩虹。太陽又紅又大代表困難和考驗，各項失落的遺憾就像陰雨綿綿。雨加上太陽就會出現彩虹，沒有雨就不會有彩虹。我想，孩子讓我的人生有更多的考驗，也讓我學到很多事。」金花作品畫面變得多彩。

「因為我的農舍有種玉米，我現在為它們施肥，希望玉米可以長得更強壯

結實。」芳芳將色紙撕成長條狀，貼在玉米田下方，畫面看來更安定平穩。

「我把所有的色紙當背景，底色深就能襯托出鑽石的光澤和美麗。我想就是這些遺憾和磨練，叫我脫離少不經事的歲月，讓我變得更堅忍成熟。」小鈴的色紙都未經剪裁，她將黑色和深藍色作為底，將鑽石圖片置於中心。

「原先剪紙時我並沒想太多，只覺得孩子的問題搞得我昏頭轉向，所以剪了很多螺旋形狀，貼完後我覺得看起來還不錯。」敏珊在女郎周圍貼上色彩不同的螺旋圖，畫面顯得豐富而有層次。

「大家的作品都很有創意，我的比較簡單。」淑蘭才說，大家就笑了。

「原本是全家圍爐，我想不出來要怎麼做，後來就用剪刀把色紙裁成幾條曲線，作成火鍋上的蒸氣，表示火很大湯很熱。火鍋好吃的關鍵就在湯頭，湯頭需要用蔬菜和大骨花時間熬，愈熬愈夠味。希望這些熬煉也讓我的人生愈來愈有味道。」淑蘭說完大家又笑。

「我的田地已經變成花田了！我覺得孩子帶給我的挑戰，增加我人生的深度和寬度。就是因為孩子，我才會參加這個團體，才能聽見這麼多刻骨銘心的故事，也才知道社會不同角落裡，有許多令人敬佩的媽媽用心在耕耘。」婷婷原來的田地，貼上剪碎的色紙，五彩繽紛看似百花盛開的花田。

🐚 有失也有得

- -

「各位的作品充滿創意，剛才我聽到各位對失落已有些新的看法。由於時間所剩不多，最後請每個人用一句話作為今天的結束，這句話可以是你今天聚會感想、心情、收穫或是任何你想說的話。」我邀請。

「我沒想到大家有這麼多的創意，才幾分鐘大家的圖片變得更有意義了！」春梅說。

「淑蘭的火鍋圖很有料，愈熬愈有味道。就像淑蘭在團體裡每次說話，我都覺得很有味道！這就證明她熬過來了。」婷婷說，大夥笑。

「我很同意金花所說。我覺得因為孩子的特殊，所以我懂得更多，也變得

更謙虛。孩子帶我進入人生未知的領域，經驗未曾有過的痛苦。而這些痛苦卻也賦予我有成長的機會，我變得更認識自己，也看出先生可貴之處。」芳芳說。

「今天談了很多的遺憾，都是沒辦法改變的事。雖然大部分的遺憾都是因為特殊孩子而有的，但也是因為孩子特殊我才有資格可以參加團體，也才聽得懂各位的遺憾，我想也算是一種收穫吧。」小鈴說。

「我覺得有點不可思議，透過這樣簡單的美勞活動，我們好像換了一個新的眼光，也換了一個新的心情。」金花笑開了。

「我想那些沒有把我打敗的敵人，使我們變得更堅強了。」淑蘭說。

「今天大家談的都是心底的話，帶給我很多感動。這些感動會成為我的力量，推動我繼續往前走。」春梅笑著對大家說。

「現在我感覺心理上有更多能量，能更積極樂觀的面對未來！」淑蘭堅定地說。

「今天我有很深刻的自我覺醒。」婷婷認真地說著：「懷疑自己是很痛苦的！在這裡我獲得大家的認同，也看到大家毫無掩飾真誠的心。透過你們的坦白，我能肯定自己，我真的……真的沒毛病！」婷婷正經八百地說，全體大笑了起來。

「今天的心得是我錯的不多！」敏珊調皮地笑著說。

「現在的心情是雨過天晴！」金花綻放柔和的笑容說。

「我有意外的人生，也有意外的成長。」芳芳說。

「我覺得人生旅途中有得有失，而且有失才有得。」小鈴說。

「今天各位分享了失落的心理經驗，作為一個特殊孩子的母親，經歷的艱難有很多的層面；婚姻的壓力與適應就是一項嚴格的考驗。加上孩子情況特殊，能力水準較低難以掌握，需要一段時間摸索才能了解和掌握。這段混沌不明的摸索過程，無法有適切的期待，親子雙方都會感到痛苦。另外一方面，孩子的表現也可能會讓母親感覺很沒成就感，覺得付出與收穫不成比例。再者因為孩子的特殊，面對親友時，母親要承受許多壓力。面對困難重重全年無休的教養工作，每一位都曾有種希望孩子消失的念頭。這種不為人知，甚至是

不可告人的念頭，能在這裡坦然分享，代表大家在團體中已有足夠的信任和開放。」

「婚姻和孩子帶來的難題和挑戰遠超過所想。為了滿足家人和孩子的需要，各位人生大轉彎，各種改變引發許多失落。透過今天聚會的活動，各位回想起許多失落經驗。重新拼貼後，我發現大家的人生雖有意外的考驗，也有意外的學習和成長。」

聚會結束前我有二項家庭作業，其一「母親的自畫像」，請成員為自己扮演母親角色的經驗，以抽象或具體的方式進行創作。另一項作業「孩子眼中的母親」，則邀孩子作畫。二項畫作要在家中完成，下次出席時帶來分享。

5.11 團體過程：團體工作期的特徵

具有效能的團體，其工作期成員互動具有以下特徵：成員有更多自發的反應，在團體互動中顯出幽默、俚語等較輕鬆不正式的對話型態，成員們變得更願意揭露個人更深度隱私的經驗，團體中成員會談論更複雜、更親密的話題，成員對於自己與其他成員有更多的敬重與接納，同時成員們也更能夠分享帶領團體的責任（Clark, 2003）。前述諸項團體工作階段的特徵皆可作為指標，帶領者應敏感於團體的發展，並隨時評估。藉由觀察成員發言的頻率與內容，帶領者可以了解成員參與的情況及凝聚力等。從第三次聚會到第五次聚會中，成員互動呈現出上述特徵，包括成員能積極地投入、成員對話及互動更多的自發性、成員自主程度增加、成員關係變得更親近緊密、成員互動表現出特定的默契及幽默，分享內容也逐次加深。

本次聚會成員分享了深度而脆弱的情感，諸如自卑、退縮、失落及遺棄孩子等不足為外人道的經驗。成員願意開放這些失落的情感，這可歸因於活動設計與團體工作期相輔相成的影響，也說明了成員對團體已發展出充分的信任。

5.12 團體設計：細說失落、揮別憂傷

　　父母確實因著養育特殊兒童經歷多重失落，但複雜的感傷卻很難向人陳述，長年放在心中發酵糾成一團難以釐清，不但成為個人情感上的重擔，也影響家人互動的品質。特殊兒童父母沒有機會談論失落感受的理由之一，是沒有合適的聽眾。由於失落的悲傷情感可能引發不安，因而聽者可能出現勸說阻止、膚淺的安慰或是轉移話題，以便減少談論負面話題時的焦慮感受。這類多說無益的觀點，與以下想法有關：

1. 認為談論不快感受並無濟於事，對於解決現實生活的問題毫無助益。
2. 擔心談論負面經驗，會揭開心中的瘡疤，而無法回復。
3. 擔心悲傷的話題會讓人沉浸在不快的情緒中，消耗情緒能量卻於事無補。
4. 認為宣洩負面的情緒可能造成二度傷害。

　　基於相同的理由，特殊兒童的父母也可能絕口不提自己的失落經驗。然而不談論並非不存在，那些脆弱的感情深深潛藏心中，而無人了解分擔時，造成另一種失落。無法談論的心情愈多，成員心中擔子就愈重。

　　本次聚會活動是根據哀傷輔導理論而設計的，要引導成員探討失落議題，目的在促使成員們正視失落經驗，使得那些被忽視的經驗可以重新浮現檯面，進而認可失落感受。透過成員對失落主題的覺察，催化接納的心態。從婷婷的經驗中可以看出，成員彼此分享相近的負面經驗後，可以促進婷婷整合心中的矛盾衝突，接納自己，減少內心的掙扎。接納的心態使人的心思及情感變得更加統整有力量。由於成員所提及的主題豐富，如果時間充分時，本次活動可延長為二次聚會，以便有更充分的時間探討不同層面的失落經驗。

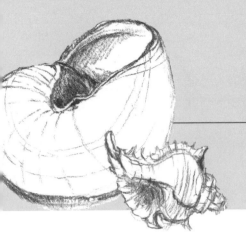

第六次團體聚會

刺河豚媽媽

6.1 團體設計：目標與流程

　　悲傷輔導的第三項任務在幫助當事人克服失落之後再適應的障礙，這項任務著眼於成員當前生活的實際困難。對於特殊兒童的父母而言，適應的障礙之一來自教養效能不如預期，因而有無力感、自責、自卑等不良自我概念或不當的自我評價等。本次聚會藉由畫作，成員審視平日扮演母親角色的各種經驗，並以母親及孩子兩種不同的立場檢視親子關係。聚會目標在提高成員對親子關係及親職經驗的覺察，協助成員重新評價個人的親職效能，期能減少成員的自貶自責，提升自尊與自我肯定。本次聚會流程如下：

1. 回顧前次聚會。（約20分鐘）

2. 分享母親畫像：玉蓮。（約10分鐘）

3. 焦點話題：刺河豚媽媽。（約20分鐘）

4. 分享母親畫像：成員陸續分享，每人約10分鐘。（共約70分鐘）

5. 中場休息。（約15分鐘）

6. 焦點話題：媽媽的成績單。（約20分鐘）

7. 回顧本次聚會。（約20分鐘）

8. 預告團體接近結束及家庭作業說明：心情日記。（約5分鐘）

「各位，今天是第六次聚會，團體就要進入尾聲。相聚時間有限，每分鐘都值得珍惜。首先請幾位談談上週聚會印象深刻的事。」聚會開始前大家交談熱絡，我提高音量說，引導大夥進入正題。

分享秘密的療癒力量

「金花登山的故事，我永遠也忘不掉！」小鈴應道，大夥轉向金花。

「這種經驗很難忘！」金花接著便為上週缺席的玉蓮摘述登山事件始末。

「後來大家就談起想要孩子消失的念頭……」我接著說。

「這種感覺我常有啊！」玉蓮快人快語，臉上帶著訴苦時特有的表情。

「聊開後才知道大家都有過這種念頭。」金花接著說，大家又笑。

「針對上週的談話，各位有什麼體會呢？」我鎖定話題。

「聽到金花想要放手的時候，我覺得很震撼！沒想到在光天化日之下，這種想法竟然可以說出來！真的很赤裸！很坦白！」春梅的笑容摻著不可思議的神情。

「你很吃驚！」我說。

「對！被嚇了一大跳！雖然我也想過，如果沒有這孩子，我的人生會怎麼樣？不過都只是在心裡想想，畢竟這種想法很不道德，我從未跟任何人提過。真的很奇怪！那天談開我回家後，心情反而變得輕鬆！」春梅面容變得更柔和。

「對了！回家後，我倒想起一件事。」小鈴說：「當初不計一切從鬼門關把孩子救出來，孩子後來卻有這麼多的學習困難，忍受這麼多痛苦……我常懷疑自己當初是不是做錯了決定！有幾次我特別問了先生。沒想到，他都不認為我做錯決定了！這是我先生少數有人性的時刻！」小鈴趁機揶揄，惹得大家笑。

「有了他支持，我就比較釋然。」小鈴肯定道。

「因為在團體裡大家都很認真反省自己，談話很有深度。我也想要有點貢

獻，就努力想有什麼事可以講。這事一直放在我心裡，算是個小小心結！夜闌人靜時偶爾會想起來。上次說開後心結好像也解開了！好奇妙！」金花笑得更明亮。

 ## 一笑解千愁

「我是不敢在小孩子面前講啦！很氣的時候我就說，生你這咧攏無效啦！你怎麼不去撞壁死死好啦（台語）！」玉蓮臉面肌肉糾結起來，極具殺傷力的言詞，卻引來全體大笑。

「對啦！不能說啦，孩子情感會受傷的！」金花同情應道。

「不能對孩子講，也不能對別人講啊！別人會怎麼想？」春梅接腔。

「這種話我都不敢告訴我媽，雖然媽媽很疼我，但不一定能夠承受這種複雜的心情……」笑聲中小鈴補充。

「別人會覺得你這個媽媽好奇怪！天底下哪有媽媽想要孩子消失？！我才不會講咧！頂多只講，哦！你真的很煩耶！其實心裡想的是，我怎麼會這麼倒霉，有你這樣的孩子呢！」敏珊揭示真實心聲，眾人又笑。

「那我比較毒！以前我會說，媽媽如果沒有生下你，媽媽會很快樂！」芳芳更進一步地坦露。

「孩子是我們生的，生了又不要，出爾反爾，好像很不負責任。一旦別人知道了，一定會覺得我這個媽沒有愛心！只是天曉得，愛心也有用完的時候啊！」金花補充，團體笑聲不間斷。

「這不用別人說，我也知道不對啊！生養孩子又不是去大賣場買東西，不滿意三十天之內包退包換！」淑蘭的話引來一陣爆笑。

「問題是要退給誰啊？」春梅神來一筆，大夥笑得更開懷。此刻大家興致高默契足，對話緊湊互動流暢充滿活力。

「前陣子社會新聞炒作不倫之戀，還用被偷拍的內容燒成光碟在網路傳開。我們這種心情萬一被流傳出去，那時跳到黃河也洗不清囉！」芳芳自嘲，

大夥抱著肚子笑翻天。團體互動熱烈，氣氛再攀上高峰。

「對噢！把它錄起，讓大家來看你在幹什麼？」玉蓮拋開忡忡憂心，跟著嬉鬧起來。

「然後大家就會知道，噢噢！這個人是黑心媽媽，有問題喔！」婷婷豎起食指做出警告狀，眾人前俯後仰笑成一團。嘲諷幽默帶出歡樂興奮的氣氛，眾人拋開疲倦困惑，團體綻放前所未有的力量感。

「不要孩子的念頭很邪惡，天理難容！但惡魔的想法卻藏在我心底，所以我一直以來，覺得自己不正常！」婷婷表情認真地說。

「上次聚會讓我發現不只是我一個人這樣，原來大家都有過這種念頭！我最大的收穫就是更能肯定自己！現在我覺得自己很正常！沒有問題！」婷婷每句話都讓全場大笑，熱烈歡笑的氣氛繼續向上爬升。

「希望孩子消失的念頭，不僅與母親的職責相牴觸，也違背母親自我期待，更不見容於社會。這念頭是母親真實的感受，卻成了不可告人的秘密。開誠布公討論後，大家才發現自己並不孤單，天底下的黑心媽媽不只你一個。看起來現在大家更能坦然接受自己的感受！」此刻團體笑點很低，我提起黑心媽媽的字眼，大夥再度狂笑不止。回顧任務大抵完成，團體便能轉換焦點開始新的主題。

「接下來要分享母親的畫像，各位作品帶來了嗎？」

6.2 團體效能：共享秘密，釋放情緒壓力

回顧前次聚會重要話題並非只是炒冷飯，回顧可幫助上週缺席的成員了解其他人的經驗，能順利地加入討論。回顧時成員有機會補充上週想說而未說的話，包括上週聚會引發的感想、改變或收穫等。多位成員揭露新的訊息，談起相同的心情有著不同的作為，陳述團體帶來的效能，如「談開後心情變得較為輕鬆」、「有解開心結的釋然感受」、「能肯定自我認為自己心理沒毛病」等。成員揭露上週聚會的收穫，賦予團體新的力量，激勵士氣，肯定坦誠分享的價值，激發成員積極投入團體的動機。

過去未曾說出口的秘密，如今在團體中重溫共享。成員有機會正視心底陰暗處的念頭的同時，「遺棄孩子的念頭」由隱藏轉為公開，由個人私有轉為團體共有，由不可告人變成無傷大雅。回顧時普同性的團體療效因子再度出現，這回時間雖短，強度明顯地更勝於前。藉由分享相似經驗，成員彼此認同，進而感到個人的困擾實屬正常。成員接納了自己的負面情緒，突破令人窒息的心理防衛，過去因壓抑而消耗掉的心理能量，如今在戲謔幽默的對話中獲得釋放，成員的心也因此緊緊地靠在一起。

6.3 團體過程：凝聚力

從團體互動的層面看，回顧活動不僅能增加兩次聚會間的連續性，談論上週精采的聚會片段時，還能強化「我們」的一體感。就像參加同學會與多年未再謀面的同學相會時，大家很自然地總要談談過去發生的一些趣事，說出過去未曾表白的內心感受。成員聽到別人的分享而心有戚戚焉時，能增加認同，提升團體凝聚力。最後大夥玩鬧了起來，盡情嘲弄這曾經折磨人的禁忌話題，拋開罪惡感及自我懷疑，脫去悲苦哀怨，全體在情感上獲得大自由，蹦出嶄新活潑的力量。雖然所有成員生活現實條件都沒有改善，孩子障礙問題也未有稍減，大夥卻有一笑解千愁的輕鬆釋然。

凝聚力可以說是團體對成員的吸引力，有凝聚力的團體裡成員能相互接納支持。有凝聚力的團體裡成員彼此關係親密，對於常感到孤立或有社交退縮傾向的特殊兒童家長而言，團體凝聚力提供成員有意義的心理連結，凝聚力本身便具有療效。團體在凝聚力的基礎上，能孕育出其他的療效。有凝聚力的團體具有善體人意的互動氣氛，成員更願意分享，也更敢冒險揭露那些負面的、不為人知的情緒。如此，團體在凝聚力的基礎上，能孕育出其他療效因子，如情緒宣洩、利他行為、人際學習等（Yalom & Molyn, 2005）。

刺河豚媽媽

「我們要藉孩子眼中的母親和母親的自畫像兩項家庭作業，二種觀點來談談扮演母親角色的經驗。各位可以按著已完成的畫作來分享，預備好的人先發表。」成員紛紛拿出畫作，玉蓮舉手示意要發言。

「上週我沒來，不過芳芳有打電話給我補課哦！」玉蓮有備而來，邊笑邊展示圖卡。

「我畫得不好，就拿小孩用的認字圖卡來。這張蜜蜂代表我帶著孩子復健、上課，到處跑很忙都沒休息！這是我在教小孩……」圖卡有隻全身鼓脹的河豚，毒刺全數豎起，眾人仔細端詳並傳出竊笑聲。

「教到後來我很生氣，整個人快炸開了！全身冒出又長又尖的毒刺，誰碰到誰倒霉，一碰就會爆炸！」由於比喻傳神，大夥頻點頭，團體氣氛再度加溫。

「河豚的刺是會把對方毒死的！」芳芳的補充惹笑。

「這張是海葵，代表我希望自己有千手千腳，把家裡裡外外都顧好。最後，我很希望自己變成一隻小丑魚，能讓全家氣氛好一點。」笑聲未停，玉蓮拿出另一張圖卡，橙紅豔麗的小丑魚悠游於鮮黃半透明的海葵中。

「小丑魚色彩很鮮豔哦！讓人看起來很愉快！」婷婷應道。

「對啊！我希望自己能有點改變，帶給家人歡樂。」玉蓮說出心中的願望。

「玉蓮挑了三張圖卡代表自己扮演母親的不同經驗，期待自己能裡外兼顧，營造甜蜜的家庭。」我摘要時，大夥相視而笑。

「剛才刺河豚出現時，我看到大家頻頻點頭，臉上表情有很多變化……」我反映成員們肢體訊息，眾人笑得更大聲。

「有誰認為自己也曾像隻帶刺的河豚？請舉手。」成員同聲大笑，紛紛舉手無一例外，房間裡瞬時充滿熱烈的情緒，接著大家幾乎沒次序地搶著說話。

「我承認，我常常是這樣！」笑聲中春梅舉著手說。

「我是一半一半啦！所以手只舉一半高。」婷婷解釋。

「現在我好很多了，以前天天都嘛是刺河豚！」芳芳說，笑聲此起彼落。

「我家老大跟他爸說，我教老二時，只要一靠近就會倒霉！」玉蓮的表白又引來笑聲。

「女兒來找我，一看到我在教哥哥，鼻子摸摸就走人！很識相！」淑蘭笑著說。

「我女兒會來把我們房間門關起來！意思是，要吵你們在裡面吵！」春梅笑著說。

「眼不見為淨。」婷婷回應，大夥哈哈笑。

「孩子都知道要閃遠一點，才不會掃到颱風尾（台語）！」金花接腔大夥笑。

「管教時火光四射，大家都有經驗。生氣這種情緒雖不受歡迎，卻又很難免。我們就花點時間來談談對孩子生氣的經驗吧！」我說。

6.4 團體設計：隱喻

　　成員於聚會前先行完成家庭作業「母親自畫像」以及「孩子眼中的母親」，這兩項作業皆可視為親子關係及親子互動形態的隱喻，成員在聚會中分享畫作並分享作畫的過程與感想。相較於「經常愛生氣的母親」而言，「刺河豚」的描述方式不但簡潔，更加俏皮幽默，呈現出來的意義亦較為豐富。刺河豚不但說明母親生氣的情況，也可表現出孩子感受到的威脅與壓力。如此具象化亦能跳脫指控所引發的不適感受，讓成員們可以在較低的壓力下充分談論。

　　隱喻常是言簡意賅的表達形式，以豐富的脈絡訊息，傳遞生動傳神的洞見。隱喻的簡練風格使之具有多重意義及解釋空間，是一種強有力的溝通方式，可觸及人們晦暗的潛意識經驗、減少抗拒、強化洞察、以間接的方式提供建議、引發解決問題的靈感動機或行動、對問題提供新觀點、將恐懼降低至可控制的程度。母親的畫像中的畫作，都可視為隱喻，除了能

表達個人獨有的體驗外，也能引發成員的興趣。由於隱喻的豐富意涵易於成員間分享傳遞，在團體中可藉隱喻形成明確且特定的焦點，有效地引發互動對談（Kottler, 1994）。

6.5 團體技巧：反映

　　玉蓮分享刺河豚圖片時，團體反應十分熱烈，成員的笑聲和表情都呈現對這主題有高度的興趣。帶領者反映團體的現象時，引來更多的笑聲，成功地引發團體聚焦在此一主題上，眾人因而可以預備好，發展一段有焦點的談話。

　　帶領者對成員的談話、動作或表情有所觀察，對其中隱藏的感受有所了解時，以言語表達出帶領者的觀察及了解便是反映。反映的技巧可以向個別成員傳遞帶領者的了解，幫助成員對自己有更多覺察，同時也可以引發更深的探究。帶領者也可以反映團體正在進行的某個話題、團體中的特定現象，這樣可以作為聚焦，使眾人可以預備好進行更深入的討論。

6.6 團體過程：成員間的次文化

　　經過討論，「刺河豚」、「小丑魚」儼然已成為團體中的特定用詞，這隱喻除了代表玉蓮的個人經驗外，也承載了所有參與成員們於本次團體的討論及反省的經驗。成員們很自然地應用「刺河豚」、「小丑魚」來說明自己的經驗，並且能獲得其他成員們的了解與認同，形成一種次文化的語言，對於團體的凝聚力與認同有正面的影響。

憤怒不失控才能幫助孩子

　　「因為我爸受日式教育，孩子絕不能頂嘴。過去我也認為孩子不論如何就

是要聽我的，而且要立即順從。所以他常被修理，變得很怕我！後來我發現他唯唯諾諾的樣子很不好，才漸漸改變管教的方式……」婷婷語氣平穩。

「我孩子個性很乖巧和順脾氣很好，加上他的命是千辛萬苦救回來的，所以我從來就打不下手。他做事東摸西摸、拖拖拉拉時，我頂多是生悶氣，心急起來就會變得很嘮叨！」小鈴笑著說。

「我覺得在外面管教會很難看，而且我也容易失控，所以偶爾他在外犯錯讓我沒面子，我都會帶回家處理。」芳芳說。

「我是不會在乎旁人的眼光，就算一堆人圍觀也是一樣。但我不會去算舊帳的，因為帳本太厚了！算舊帳我會變得很火爆，所以我盡量是單一事件來處理。」婷婷表情堅定。

「以前我每天少則要發作個兩三次！現在大概兩三天一次吧！有點進步了，不過如果在趕時間，就很容易生氣！」淑蘭明快地說。

「我的情況跟淑蘭差不多！現在我生氣但不會失去控制，我把生氣當成管教的手段，不算真動怒。雖然表面上罵得兇狠，其實我內心很平靜……」芳芳的說法對比強烈令人不覺莞爾。

「真的動怒失控，頂多一個月一兩次吧！」芳芳補充。

「芳芳認為生氣有類型之分，失去控制的生氣的次數並不多。」我摘要。

「我覺得芳芳講得很好！發脾氣可以只是一種管教的手段！因為過動兒就是少根筋，我要很誇張擺臉色讓他看清楚，要不然他就真的很白目，搞不清楚狀況！有時我需要表演發脾氣，讓他了解我的要求……」淑蘭解釋道。

「我認為有計畫地發脾氣，不算是真動怒！這樣也不會失控。」芳芳接著補充。淑蘭與芳芳對話一來一往緊湊，幾乎沒有間隙。

「這個我有點經驗可以說……」聽到淑蘭的發語詞，大家就都笑了。

「以前我很少罵孩子，直到小二我才發現非罵不可。因為我考慮到，孩子在家裡犯錯，我可以慢慢說。可是他在外面犯錯時，會被小朋友拒絕、嘲笑、傷害，而且……更重要的是沒有人會告訴他，別人為什麼生氣！他根本沒機會學習，而且還會不斷重蹈覆轍！所以有時我要用較激烈的方式幫他加強印象。不過我承認有幾次就這樣失控了！」

「是會啦！但是比較以前少很多啦！」芳芳的回應像是鼓勵，也像安慰。

「因孩子特質不同，母親生氣的理由與表現方式也不同。我聽到各位在管教上，有不斷反省和改進。哪位還要談談刺河豚的經驗？」成員談話熱烈程度未減，我繼續鎖定焦點。

「我還想借點時間，分享最近的經驗……」淑蘭說。

「有天學校要收營養午餐費九百四十五元，我就在信封裡放了一千零四十五元，告訴孩子隔天回來要拿一百塊錢還給我。當晚九點我整理他書包，赫然發現還有兩百多塊錢，就問他錢從哪裡來？他支支吾吾地，講了一大堆聽起來很古怪的理由，說什麼同學跟他玩，餐費不小心掉到他的書包裡。我當機立斷馬上打電話給導師確認，才知道他餐費根本還沒交！代誌大條了（台語）！」眾人屏息而聽。

「我們夫妻輪番逼供，軟硬兼施搞到晚上十一點多。他終於才說二天前戰鬥陀螺新上市，他無法控制衝動先斬後奏，拿了營養午餐費先買了，計畫回家後拿自己存的錢明天補繳餐費，那剩餘好幾百元都放在教室抽屜裡。」

「啊！」眾人同聲感嘆。

「我問他錢放在抽屜裡會不會丟了，他還很聰明，說不會啊，因為學校有保全！」全體大笑，凝重的氣氛一掃而空。

「隔天一早我跟他去學校，他進到教室第一件事不是找錢耶！」淑蘭眼睛睜得大大的。

「進了教室，他立刻找出偷買的戰鬥陀螺來獻寶，眼底還閃閃發亮！真是又好氣又好笑！」全場又大笑。

「基本上，我和先生並不視之為說謊或欺騙，只是把它看成是『說他自己方便的話』，這樣子我們比較不容易生氣。要不然父母壓力會很大，也會把壓力轉嫁給孩子，更會把他推往不良少年的方向去！我會這樣想，是經過很長時間的摸索。因為打罵效果很差，他根本不記得為什麼被打，只記得就是媽媽很生氣打我而已！無法從中學得任何教訓。」

「淑蘭處理孩子挪用餐費的過程，考慮到過去打罵處置效果不彰，處理的過程深思熟慮，能從孩子的立場詮釋孩子的行為，最後能化大事為小事，這番

工夫很不容易！還有哪位要談談？」

「我來發表一下。」敏珊開口說。

從孩子的立場想

「我孩子成績差，向來只能和一些不入流的同學交往。有天導師告訴我，孩子會說謊、開黃腔，甚至有些低級不雅的動作。我很生氣，回家就罵他說，你這樣作惡，將來會有報應的！接下來再帶他到廟裡看地獄變相圖，希望他能心生警惕，結果他害怕遭報應就不再犯，可惜效果只維持兩三天，不久就故態復萌。」眾人笑。

「就像淑蘭說的，處罰或指責不一定能改變孩子，從孩子的立場想才能真的了解孩子，也才能幫上孩子。我回想起那些不雅動作，是他非常小的時候就已經出現了，應該不是惡意，只是興奮時的自然反應。所以我就換個方式跟他講說：『你做那種動作其實是很快樂，想把你的快樂表達出來而已！對不對？』

『對呀！』他說。

『可是你想想那個動作像什麼？』話說完後，他就安靜了下來。

『像不像路旁發情的狗啊？』然後我繼續說。

他就點頭說：『對呀！』

『那樣好不好看？』

『不好看！』

『那怎麼辦？你可不可以換個比較好看的動作？』我希望他想出方法來。

他想了想說：『那以後我很快樂的話，我就說小叮噹！小叮噹！』

『這個好多了！如果你再小聲點，不吵到別人就更好了！』

那次談話後，老師就沒再反應這類問題了。不要先入為主地把他看成壞孩子，他就會願意聽建議，這蠻管用的！」敏珊笑著說。

「我家老大現在是小學六年級，進入叛逆期。以前我說什麼他都會聽，最

近他就變了個人，我才講一句，他回我十句！如果我有時間把事情分析給他聽，當時他不講話，隔兩天他會來跟我冷靜的討論，那時他就會聽得進去！」玉蓮接著說。

「剛才這樣聽下來，我發現各位對孩子生氣都經過一段抓狂期。後來各位對孩子不當行為有了不同的觀點和詮釋後，也嘗試用不同的角度處理，作法上改變後效果也增加許多。看來好幾位的管教技巧，在多年的磨練後有很多進步！接下來哪位預備好可以談談你帶來的畫作？」摘要成員經驗並給予肯定後，我結束這段刺河豚媽媽的談話。

6.7 團體技巧：分享管教中的憤怒

刺河豚的焦點話題來自成員對玉蓮圖卡的熱烈反應，帶領者順勢引導大家針對母職的憤怒經驗進行分享。教養時的憤怒代表著成員對孩子期待與挫折，是團體不能錯過的重要議題。事實上憤怒經驗在第一次團體中已有成員提出，當時並未立即多加討論，主要是考慮團體發展的階段任務。支持團體的功能主要是透過成員坦誠開放個人經驗、彼此了解與接納而形成支持的力量。團體形成初期，首要任務在促使成員彼此認識，建立信任關係，而非解決問題。過早討論管教的憤怒主題，可能讓成員誤認為團體是以問題解決為焦點。第六次聚會時成員已熟悉有信任基礎，能自在地開放個人的經驗，同時成員也熟悉有益的回饋原則。此外成員對刺河豚圖卡的熱烈反應，帶著一股旺盛的能量，正是談論憤怒經驗的好時機。

管教時的憤怒是許多家長的困擾，由於管教行為涉及的層面很廣，包括父母的期待、孩子的能力、管教的技巧及親子關係等，這重要的話題需要不只一次的討論。因此帶領者可參照由寬漸窄如漏斗般的方式循序漸進，從開放而非特定的問題開始引導，讓成員們對自己憤怒經驗先作一整體概括性的分享，之後再循成員所述及的主題將話題引到範圍較窄且特定的焦點。成員先是分享憤怒的頻率強度，接著更仔細地談到憤怒與管教方式改進的過程，最後聚焦於成功的管教經驗。

•194•

6.8 團體效能：分享成功，促進學習

　　順著淑蘭的分享，帶領者引導成員談論個人管教的成功經驗。分享成功管教經驗不但能公開肯定成員的成長，在團體中也能促成彼此學習。事實上，單純地讓家長分享他們教養的成功經驗，就足以提升家長的管教效能。因為家長有機會說出自己成功經驗時，會覺得自己有能力扮演好父母角色，管教效能感隨之提升。參與支持團體的成員，有許多長期無法解決的難題和限制，談論負面生活事件具有紓解壓力的效果。談論成功經驗則讓成員暫時拋開挫折感，讓成員肯定自己的能力與進步，讓家長擁有更多心理能量，更樂於付出心力投入經營親子關係。

 ## 看似柔弱卻是堅忍

　　「我照老師的活動說明，要孩子幫我畫，她好高興，拿著紙筆躲進廁所裡畫！」金花向大家介紹，她手上的圖畫有五個圖案，分別是一隻白羊、一個天秤、一座沙發椅和一枝小草、抱在一起的兩人。

　　「她認為媽媽就像綿羊一樣，給人溫柔的感覺。你們看這天秤保持水平，她說，這代表媽媽對她跟哥哥都很公平。」金花放下圖畫紙看著大家緩緩地說。

　　「其實過去好長一段時間，妹妹總抱怨我比較看重哥哥，比較不關心她。而我的看法剛好相反，哥哥很少需要我操心，妹妹一天到晚都有狀況，我花在妹妹身上的心思和時間絕對超過哥哥的。以前不管我怎麼說，妹妹總覺得自己吃虧。這次終於改變看法了！」

　　「坐在沙發上抱在一起的兩個人，是我們母女。她說每當她感覺難過或不愉快的時候，我都會抱抱她，她覺得很溫暖。」金花指著圖畫說。

　　「我記得前幾次聚會時金花很擔心親子關係破裂，孩子會翹課翹家。看到孩子的畫作後，你有什麼感受？」我將金花過去的經驗與畫作相連。

「當然是蠻貼心的……」金花笑著說。

「剛才介紹孩子作品時，我看到你笑咪咪的，很開心的樣子。」

「是啊，我想這種談話可以了解孩子的想法，拉近我和孩子間的距離，很好。我還有一張自畫像。」金花把畫作拿高，紙上左邊一朵花，右邊是個旋轉的陀螺。

「我覺得自己就像是一個陀螺，幾年下來轉個不停沒有休息。另外我覺得自己就像一棵植物，扎根在斷壁殘垣的裂縫中，生長過程並不順利，所以我的莖細細長長的，葉子不多。但是植物向光的本能，雖然遇到挫折或有陰影、雜草覆蓋著，我仍舊會尋求方法解決，努力地朝向陽光伸展……」金花簡要地說。

「看著你的畫，你如果要為這張畫下標題，那會是什麼？」我問。

「我想是堅忍吧！不論遇到什麼困難就要找方法解決。想想自從發現孩子學習有困難以來，問題一個接一個，有很多關卡要突破，我覺得自己很辛苦很勞累。為了要存點錢給孩子多學習，我省吃儉用很刻苦，為孩子做的多，為自己做的少。」

「在座有哪些人的生活也像個陀螺轉個不停的？」我將討論重心由金花轉移至所有成員。大夥彼此環顧，唯獨敏珊未舉手令人側目。

「教養特殊兒童並不輕鬆，需要有堅忍的毅力持續奮鬥，各位感到勞累疲倦並不令人意外。敏珊沒舉手，反倒讓我很好奇。敏珊可以談談你的日子如何？」成員特異的經驗能擴展大家的視野，也能引發興趣。

「我跟金花的情況剛好相反……」敏珊把自畫像舉高讓大家看。

一種擁抱多種心情

「我覺得自己像隻懶貓……」敏珊停了停又說：「其實也可以畫隻駝鳥的！」聞此團體再度傳出爆笑聲。

「畫的真像耶！」淑蘭看著畫說。

「通常我遇到問題時不會立刻去處理，我喜歡先迴避一下，不做任何反應。兩三天過後，想通了才會有行動，所以我覺得自己像隻懶貓……」敏珊放下畫紙，習慣性地推了推眼鏡。

「我不但對事情反應慢，而且朋友都說我冷血無情。偏偏兒子O型血熱情浪漫，動不動就要擁抱一下！真的很受不了！」敏珊扯動嘴角，不耐地皺著眉。

「我很不喜歡沒事和孩子抱來抱去的，每次他來黏的時候，我打從心底覺得很討厭，希望他離我遠一點，不要過來撒嬌。就因為我這樣冷血，所以常被朋友罵。罵久了，我現在也學會要適時逢場作戲，他來抱我，我就勉強拍拍他，說好了啦！好了啦！然後找機會趕快閃人。」幾位成員竊笑，幾位露出驚訝的表情。

「對你來說，表現溫柔慈祥需要格外費力……」我回應。

「對啊！因為我的個性不是熱情那一種！所以先生跟小孩都很可憐！」說完敏珊自個兒笑了起來。

「我是不覺得自己辛苦啦！問題沒解決時會鬱卒兩三天，過後就會忘了。如果忘不掉，就再慢慢想辦法，我不急著立刻解決……」敏珊補充。

「我也不喜歡孩子有事沒事就來抱我，就怕他以後不分親疏亂抱一通！」淑蘭加入分享。

「後來我想到一個方法，要抱媽媽前他要先抱自己，從一數到二十，然後再抱媽媽。這樣他抱我的時間就不會太久了！」淑蘭的奇招叫大家忍俊不住。

「這樣雖然有點改善，可是他還是看到誰就想抱，連扛瓦斯筒來家裡的阿伯也不放過，搞得人家也很尷尬，真的很麻煩……」又是一陣鬨堂大笑。

「我剛好相反，我常對孩子又抱又親的，所以他們都不怕我。先生常唸我一天到晚跟孩子抱來抱去，從未樹立威嚴，所以孩子很敢頂嘴。」春梅笑著說。

「可是他出差時打電話回來，也會要兒子在電話裡向他說我愛你啊！女兒住校難得回家，一旦要離家返校時，他也會要女兒親他一下啊！他說再不親一下，過幾年女兒交了男朋友嫁了人，都讓人家去抱了，不就虧大了！」春梅

說，大家又笑。

「我覺得孩子願意跟我抱，表示他跟我同心。我家兩個孩子兩個樣子，有時我想抱一下老大，他會喊著說好噁心不要啦！他甚至不願意和我坐一起，我跟老大就是有點溝通不良。」玉蓮搖著頭說。

「可是小兒子坐沒坐相，一下子就靠在我身上了。哥哥就會大喊大叫，說你們好噁心哦！」玉蓮咋舌。

「我知道我的孩子很喜歡我抱，可是又不敢要求，我想他對我是哦……又愛又恨！可能我常沒站在他的立場去了解他行為的動機和想法吧，現在他不敢抱我。」婷婷認真地說。

「你覺得孩子渴望愛，卻又害怕達不到你的標準以致退縮。」我應道。

「我想我應該做的事，就是主動地去抱抱他，或許他就是需要我主動一點，才會有勇氣來抱我。我覺得自己不夠溫柔，就是在這個地方……」婷婷反省地說。

「剛才各位談到擁抱，大家的經驗有很大的差異，有的人想抱沒抱到，有的人不想抱，卻要抱很久。不但各位的經驗不同，母親和孩子的立場和需要也很不一樣。小小的擁抱，看來學問可不小。」由於擁抱的話題成員們未能有明確交集，我決定結束話題，繼續畫作分享。

「還有哪位要分享畫作？」我問。

茶壺媽媽

「我家老大住校沒回來，小的聽到要為我畫畫倒是很高興，連他最愛的卡通也沒看，就畫了起來，你們看……」小鈴展示畫作，大家一看到就發笑。

「沒錯，就是茶壺！那天我明知故問，這是什麼意思啊？他就說，媽媽常常唸東唸西的，一天到晚對他指指點點的……」小鈴手插腰做出指責狀，全體大笑。

「我承認我真的很像茶壺，因為受不了他動作慢吞吞，又捨不得打，我生

氣時就會忍不住一直唸……最後嘮叨成性，不管他要不要聽，老媽子我不唸不痛快……」小鈴身體前後晃動捂嘴笑著說。

「這是家常便飯，他應該會很煩吧！不過現在他愈來愈大了，也愈獨立自主了，我該少唸他幾句才好！」小鈴說完，向大家點頭表示分享結束了。

巫婆、老虎、玫瑰花

「那換我來說……」春梅稍稍挪動身子調整坐姿，接著說：「扮演媽媽，我對自己期許蠻高的。我希望能得到先生和婆婆的肯定，這給我很大快樂和滿足感，也讓我有很大的壓力。」

「我理想中的媽媽應該要煮三餐、讓孩子每天上學有乾淨的衣服穿、陪小孩打球、教小孩功課、教他畫畫、陽台要種滿花、自己做三餐、偶爾還要自己烤個蛋糕或餅乾、家務財務都要料理好。總之就是什麼都要會。我常覺得自己是個萬能媽媽，所以我就畫一個超人。」春梅一口氣唸完母親工作的清單，看到紙上內褲外穿的超人，大夥笑。

「雖然很累，可是裡外都打理好的時候，就會很有成就感！我覺得自己做得還不錯！」春梅神情頗自豪地說著。

「可是小孩的畫，簡直讓我太意外了！我自認能做的都做了，在孩子心目中應該可以得到不錯的評價才對！結果前前後後他共畫了三張……」春梅提高音量說，大家更加注意聽。

「第一張畫我是個巫婆！」大夥驚訝之餘，個個捧腹大笑。

「我好難過喔！我就問他，為什麼媽媽是巫婆？」無視於春梅的懊惱，眾人繼續大笑。

「他就說，因為媽媽的心腸很壞！」

「為什麼你覺得媽媽很壞？」

「因為媽媽有時候好兇！」

「真是冤枉啊！兇他都是為了他好啊！沒想到在他心中我竟然是巫婆！」

春梅失望透頂，好不容易大家才忍住不笑。

「我本來想，第一張畫壞的，第二張該會畫好的吧？誰知道第二張他畫的是隻老虎！他說，媽媽生氣時就像要吃人的樣子！」孩子不加修飾的表白再次掀起高潮，眾人笑聲比剛才還要響亮。

「我跟他說，不管！今天你一定要給我畫朵漂亮的花！結果他躲到房間，鎖著門畫，不讓我看。過會兒出來，第三張的確是照我的意思畫了朵花！不過他畫的是玫瑰花！」春梅無奈地拿起畫給大家看，紅色玫瑰陪襯著幾片零星的綠葉，梗上尖銳的利刺顯得誇張醒目。

「他說，玫瑰花雖然漂亮，但很難靠近，因為會刺傷人！」春梅頹喪失望，此刻全體氣氛卻是興奮高亢。

「為什麼我和孩子的觀點差這麼多呢？平常我照顧他很周到啊！？為什麼他不往好處想，專挑最差的來呈現？」春梅垂著雙肩有氣無力地說。

用心學，才能了解孩子的觀點

「孩子和你的看法有很大的落差！你很驚訝！也很難過。」我不急著安慰春梅，僅以同理回應，留下對話的空間，讓這話題可以繼續進行。

「孩子沒畫一個愛心媽媽，我真覺得失望！」春梅羨慕地看著金花說。

「孩子的圖畫讓春梅十分錯愕，卻讓大家笑翻了天！顯然大家都有些感觸，哪位願意把心中的想法說出來？」我邀請。

「我覺得辛苦了大半輩子，聽到孩子這種話，媽媽心臟要夠強才能承受啦！」金花笑著說。

「其實沒看到孩子畫前，我也會擔心自己下場會很淒慘。如果孩子說討厭我，我覺得一定是真的，因為有時我對他真的蠻兇的⋯⋯」敏珊道出她最壞的打算，又引發一番大笑。

「當媽媽跟孩子槓上了，孩子就會被釘得滿頭包！」婷婷笑說著。

「你還不錯啦！孩子願意幫你畫。我家那兩個夠沒意思的，連畫都不畫！

他們大概不願意說謊，但說實話也沒好處，索性什麼都不做，害我沒交作業！」玉蓮的抱怨惹來鬨堂大笑。

「雖然玫瑰有刺，但它高貴美麗、香味迷人！是花店裡不可或缺的主角哦！」小鈴向春梅說。

「春梅，我覺得孩子就是因為不怕你才敢這樣說，代表你們親子關係夠好，孩子才能自由表白。雖然內容讓你有點失望，但你們的關係是可以肯定的。孩子的感受其實很片斷，也許是記住了不順心的小事才會這樣說。這不代表你整體都做得很差呀！只能說是孩子有些不爽！」芳芳的實話並不討喜，但笑聲可以沖淡些張力。

「孩子畫我是棵樹，說媽媽不生氣的時候就像一棵樹那麼開明爽朗。但是媽媽生氣時就像隻兇惡的母老虎。」芳芳說完後大笑，把孩子的畫展示給大家看。

「我覺得孩子的話總有幾分真，就像當初兒子說要鞭打我的墳墓一樣，當時我很震驚，想到我這樣付出青春無怨無悔地照顧你，你竟然說出這種話來。要我從孩子的角度看事情，是很不容易的。我學了好幾年，現在才摸到一點邊。孩子比我不成熟，要他能體諒我的辛苦，不就更困難嗎？我想，調整我自己比較實在吧！所以後來我就按捺住性子，試著多聽聽他說些什麼，才發現他的觀點真的和我不一樣！其實問題並沒有我想的嚴重，也不會太難處理……或許你的情況也相似吧！？」淑蘭看著春梅說。

「春梅先生長期出差在外，一個人要扮嚴父又扮慈母，這是超級任務！如果還能讓孩子服服貼貼，那就要叫你第一名啦（台語）！」芳芳打趣地說。

「聽了大家的回應後，春梅有什麼想法？」我問。

「我想我該找機會再跟他聊聊，也許有些新發現。」春梅神情仍有些落寞。

「好幾位對孩子的畫作感到意外，明明覺得自己做得不錯，孩子卻沒有正面的肯定。有人擔心孩子不滿的，卻得到正面回應。有時孩子和媽媽的看法不一樣哦！」

6.9 團體過程：自發性

　　帶領者要引導並鼓勵成員有自發反應，因為成員的自發性愈高，團體的動力愈強，帶領者的控制便相對可以減少。「哪位要來談談對孩子生氣的經驗？」這類指定範圍的開放性問題，在引導成員時保留自發性回應的空間。如此「發言與否」及「發言內容」都由成員自主決定，成員可依個人意願談論一段回顧、自省的經驗，或者回應其他成員的分享。

　　成員自發談話的動力正是團體命脈。從管教憤怒轉向分享成功經驗，從敏珊懶貓經驗引發擁抱話題，都是成員主動投入所引導出來的話題，投入發言的成員眾多，顯示團體成員有足夠的自發性。為使團體時時保持充沛的動力，成員主動發言的行為應獲得尊重及鼓勵。當成員有感而發時，帶領者寧可暫且放下原定的談話方向，讓成員能左右話題，如此才能培養成員的自發性。然而有時話題的發展可能出現紛歧難以整合的情況，屆時帶領者需適時介入引導重新聚焦。

　　「孩子眼中的母親」的活動讓孩子有機會表達對母親的觀感，獲得正面回應的成員因而感到安慰。春梅的孩子絲毫不加掩飾地表達內心不滿，令春梅感到驚訝、挫敗和困惑。當下全場沸騰的笑聲並非幸災樂禍，而是每位成員心中的隱憂及焦慮找到了出口，以一種毫無約束的方式宣洩出來。由於春梅的分享能引起共鳴，當下團體蘊含著強大的動力，於是帶領者刻意放慢步調，留下偌大的談話空間，容許有話說的成員可以發表意見，結果全數成員皆參與了回饋行動，展現十足的自發性。回饋包括同理的了解、安慰、肯定、溫和的面質及相近的經驗等。團體工作期凝聚力強的成員自發性高，豐富回饋中有客觀而多元看法，有支持也有挑戰，相近的經驗可供春梅參照，溫和的面質能促使春梅反省，發現自己的不一致，是引發成長的好時機。

人生受限仍可以色彩繽紛

「當初要孩子畫的時候，我特別跟他們說，你們可以把媽媽畫得很兇惡，也可以畫得很慈祥，都沒有關係。他們卻沒這樣畫，我覺得很欣慰！」婷婷笑著說。

「他們畫的就是我們的日常生活，我在廚房忙，孩子們圍著餐桌吃東西。」婷婷把畫展示給大家看。

「當初聽到要交自畫像我就很擔心，因為我不會畫畫。回家後我天天坐在化妝台前照鏡子，試著畫。看著鏡子裡的我，有時會覺得自己很漂亮，有時卻覺得很醜陋。坐在鏡子前有好多想法冒出來，這張畫我花了五天時間才完成。」婷婷展示畫作，作品與本人有幾分神似，大夥發出讚嘆。

「昨晚我覺得這張自畫像只能看到我的外表，看不到我的內心，所以熬夜又畫了一張！」婷婷從袋中取出另一張畫，這幅畫是由許多直線及曲線所構成的格狀圖，格子中塗滿了各種淡彩，整幅畫看起來溫暖和諧。

「我真希望自己能很有愛心，可是現實情況讓我很難做到……就好像我身處在框框中處處受限，生活有很多問題我無力解決，卻也不能離開。儘管如此我還是希望生活有點變化，所以添加色彩。在有限的空間中，構築一個彩色世界，在裡面自我陶醉。這張畫是代表我的心境。」大家靜靜地端詳著。

「有沒有人想要跟婷婷說點什麼？」我問。

「我很欣賞婷婷，在困難的條件下並未放棄，繼續努力往前走，很不簡單。」芳芳用了「條件」兩個字，雖未明說但大家都心知肚明。婷婷曾受先生暴力相待，雖是不堪的過去，卻正是婷婷讓大夥敬佩之處。

「在自畫像中，婷婷你的人生是彩色的，並不是黑白的。雖然日子不好過，可是你仍繼續在追求你的夢，我覺得你是位堅強的女性！」淑蘭對婷婷說。

「我覺得婷婷蠻能自我反省的，而且很實際，孩子有需要就去找方法，我蠻欣賞的。」敏珊說。

「當了媽媽之後我覺得自己變堅強了。」婷婷簡單回應道。

「看到婷婷的人生雖有很多框框，可是在自己能安排的空間中，編織起豐富色彩的生活，這樣努力經營，生活變得豐富了。」我說。

人生試場全力以赴

「那這張是我的自畫像，但不是人物畫。」淑蘭展示作品。

「這好像是教室裡有好多課桌椅，奇怪，為什麼只有一個學生？」玉蓮提問。

「對，這是教室，所有的位置都空著沒人，只剩我一個人在教室裡。我覺得當媽媽的經驗，好像參加了一場考試。這場考試很特別，因為每個人的考題都不一樣，其他人寫完試卷就離開了，只剩下我還留在試場裡作答。孩子的問題不斷出現，好像永遠解決不完。我的考題比較多又比較難，所以我需要比較多的時間作答……」淑蘭以傳神的比喻道出為人母的經驗，十分打動人。

「淑蘭的看法我很認同，特殊孩子讓我們人生考題和別人很不一樣。一般來講孩子進入國小家長就可以輕鬆點，可是我們卻變得更忙更累，孩子每個階段都有問題，考題又多又難沒完沒了，好像沒有結束的一天！」春梅有所感地回應。

「我覺得淑蘭的圖很有意思，雖然全部的同學都考完離開教室了，但是她還留在那裡繼續考，沒有放棄考試，也沒有提前離開。」芳芳說。

「淑蘭的考卷都是難題哦！你這麼認真作答，應該會高分通過！」敏珊說。

「雖然考題又多又難，其他的人都離開了，淑蘭卻願意獨自留在考場堅持到底，努力地回答生命中的難題！沒有放棄！」我說。

「我想人生試題並沒有統一的版本，每個人的考卷都不一樣，既然上天給了我這份題，我就努力回答，盡力而為啦！」淑蘭說。

「各位圖畫內容很豐富，呈現出母親的多重的角色與責任，像料理孩子日

常的食衣住行、提供學習資訊、協助孩子規劃生活與生涯等。好像需要精通十八般武藝，才能把母親角色扮演好。」我說著，大夥笑。接著中場休息。

6.10 團體設計：讓挫敗的聲音被聽見

　　團體中分享成功經驗，雖可增進自我概念並鼓舞團體士氣，然而支持團體卻不能侷限於分享正面經驗。因為過於強調正面經驗時，團體氣氛可能演變為標榜成功，進而讓人無法自在地分享挫敗，最終迫使成員難以如實地談論那些不光彩的經驗，團體也就無法在成員挫敗經驗上提供支持。支持團體要營造一種讓人自由分享的氣氛，尤其是要讓成員能自在地談論那些挫敗或負面的經驗。由於這些經驗特殊、沉重、隱私、不光彩，甚至充滿矛盾或違反常理，不見容於社交場合，往往成為難言之隱，造成心理負擔與困擾。基於這樣的觀點，支持團體除了談論成功經驗外，絕不能忽略不談不愉快的挫敗經驗。

6.11 團體過程：成員支持成員

　　為了要使成員願意揭露個人挫敗經驗，就要讓成員在團體裡感到安全、接納且被支持。因此帶領者重要任務之一是示範了解、接納及支持的行為，團體初期除了直接支持成員外，也要引導成員學會支持的行為。進入團體中期時，帶領者應該可以將支持的任務交付給所有成員，讓成員承擔起自發支持彼此的責任，正如本次聚會中多處可見成員支持成員的對話互動。

 媽媽的成績單

「現在請大家為自己評分，認為母親角色扮演得很好的得滿分十分，扮演

得很差的得一分，從一到十你會給自己幾分？」休息過後，我問大家。

「我九分啦！我很滿意我自己！」芳芳說著，大家不禁發笑。

「我應該是五分吧！因為我常生氣、罵小孩，小孩也常嘔氣，我是不及格啦！」玉蓮尷尬地笑著。

「我有兩個分數，對弟弟我有九分，對姊姊我頂多只有五分。因為姊姊們向來自給自足，讀書工作都不用我操心。可是弟弟狀況百出，一天到晚要我救急救難。相形之下，我忽略了姊姊們。」春梅說。

「春梅你對孩子照顧的付出差異很大，讓你覺得愧疚。」我回應。

「是啊，照顧這個孩子就忙翻了，怎麼可能全都照顧到？」春梅雙手攤開說。

「特殊孩子的確會佔據父母親較多的注意力，可是手足平白無故被忽視被犧牲，也說不過去啊！」芳芳說。

「這次畫畫，孩子有機會把心裡的話說出來是很好！」小鈴說。

「有這次溝通，我想補救應該還為時不晚吧！」春梅說。

「我給自己七分好了！」小鈴笑著說：「老大我管得很嚴，老二管得很鬆。所以老大曾經好幾次抱怨我都不打弟弟，她覺得很不公平。」

「我覺得你可以給九分，你把孩子照顧得這麼好，才給七分！太少了！」芳芳給小鈴加分，大家笑。

「以前曾經有人對我說，你能熬過來，好偉大！其實我是被逼出來的！如果我垮了，那孩子怎麼辦？堅強都是被逼出來的！」小鈴搗口笑著說。

「以前我是超級業務員，困難攻無不克。扮演母親時，我也很希望做個滿分媽媽。我把拚工作的精神用在教養上，大概有九分賣力，可惜方法用錯了，成效只有六分滿意。現在我發現，其實帶這個孩子不需要那麼費力，現在我只有六分努力，卻有九分滿意，效果比以前好！而我能撥點時間做些自己想做的事，心情好多了。不過若按我心中理想的親子關係來看，現況是差強人意。因為現在很多事都是我費心費力刻意經營得來的，總讓我覺得有些缺憾。」淑蘭笑著說。

「費心經營讓淑蘭覺得有些遺憾……，你理想情況似乎要再自然輕鬆

點。」我應道。

「對，我從來沒想過和孩子相處得要這麼費心神！不過我接納目前就是最佳狀態了。」淑蘭笑答著。

「對兩個孩子我都給自己打七分，對小的功課我實在是無能為力，因為她心情不好會不想寫功課，常常有很多不會，教她她又聽不懂。功課差，她就變成身體會不舒服，或冒出一些奇怪的行為，輔導室老師三天兩頭就會叫我到學校去，這樣當母親是不怎麼風光……」金花搖著頭說。

「常去學校報到讓你覺得很無奈，覺得扮演母親角色並不成功。」我回應。

「我的付出與努力有八分力，但在孩子身上的成效，我只有五分滿意。這三分之差，我想是教養方法不得法使然，應該可以改善……」婷婷說。

「我是不及格啦！因為我是隻懶貓，孩子很多問題我都沒積極幫他排解，連他喜歡撒嬌這種最基本的需要，我都不耐煩地拒絕他！我真的很不像話啦！」聽到敏珊的批判，大家笑翻天。

「剛才大家為自己擔任母親角色評分時，有不同的依據。敏珊認為自己沒有充分滿足孩子需要，沒盡到母親的基本責任，所以給自己不及格。有人因全力照顧特殊孩子，忽略其他手足而有虧欠感，給分較低。另外也有人從母親個人的情緒管理、孩子行為及功課的表現等來評定自己的表現。當孩子有特殊需求時，各位付出的努力可能會比其他母親多，但孩子的表現不一定能比得上其他人。現在請大家做第二次評分，不再以孩子的表現來判斷，而是在各種有限的條件下，以你努力的程度來評分，你認為自己在扮演母親的角色，有幾分努力？十分代表不遺餘力全力以赴。從一到十分，大家給自己評評分。」

盡力不等於滿意

「如果排除管教上親子衝突的問題，只看我自己盡力的程度的話，我覺得我盡了九分的力。雖然問題不少，可是我一直在做。」婷婷堅定地說著。

「我覺得自己在教孩子時蠻情緒化的，表現得不太好。」春梅說：「只看平日生活照顧養育的付出，我給自己的評價蠻高的。因為先生常不在家，他偶爾就會說我照顧孩子照顧得相當好。我當然是很盡力，可是一旦把我情緒化的打罵孩子的情況算在一起看，就要扣分了。」

「春梅對自己的情緒管理和親子關係仍覺不滿意，單就盡力的部分來看，你給自己幾分？」我要春梅再次確定自己的評分依據，並給予明確的數值來回答。

「大概八、九分吧！」春梅說。

「我應該也是八分而已！」玉蓮說。

「玉蓮或春梅的評分都比剛才有增加哦！」我猶記得玉蓮剛才自評為不及格。

「可是要排除對孩子生氣的部分哦！」和春梅一樣，玉蓮不放心地補充，眾人笑。

「尤其一碰到功課哦……」玉蓮說。

「就毀了！」春梅接著說。

「盡力的程度，我給自己九分！」金花說。

「我是想打九分啦！不過跟大家比起來又怕太高，所以我打八分好了！」淑蘭不好意思地笑著說。

「雖然目前我只付出七分力，這七分力可說效率很不錯。如果孩子願意學習的話，我就會盡上九分、十分力氣。可是按著他能接受的情況，目前我只能盡七分力，主要就是不要給孩子壓力！」淑蘭這番說法令人耳目一新。

「依照孩子可以承受的程度，淑蘭調節付出的多寡。雖然只出七分力，卻能減少親子衝突，而且可以得到比較好的效果。」為了讓成員們可以聽得清楚，我慢慢地說。

「我還是跟剛才一樣給自己八分。就像淑蘭說的，我覺得我的能力並未徹底發揮出來，我還可以再做更多、更好。我保留幾分也是為了不給孩子太多壓力，不是不願意給，而是這樣對孩子已經差不多夠了。」婷婷接著說。

「我是給自己七分啦！」芳芳接著說。「這半年來我日子過的很好，別人

看可能會達到九分，可是我也是只有付出七分！比起過去，現在我懶惰多了，盡挑些輕鬆容易的事來做，沒盡全力，也沒太認真。因為事緩則圓，親子關係是一輩子的長跑。如果太急太費力，短期內會有好表現，但持續力差，可能走不了太久……」芳芳有種平常心。

「我大概只能給自己六點五分！」敏珊習慣性地推推眼鏡，自評分數略低於大家，但總算及格了。

「因為他能力有限，成績我無法強求。但食衣住行生活各方面，我天天很早起弄早餐給他吃……只不過我起床時都是很心不甘情不願的，因為我都好睏，好想再睡喔！」敏珊才說完，團體爆出笑聲，懶貓形象浮現於大家腦海中。

「我一直覺得很奇怪，為什麼別的媽媽都不會睏，不管是五點、六點，只要時間一到都能起來煮飯，我為什麼都做不到？我實在想不透！」大家跟著敏珊一起笑。

「關於孩子在學校被同學取笑什麼的，以前我想也許不理會問題可以淡化掉，事情能過去就算了。可是他的社交問題看來是會持續下去的，而他所需要的安慰和鼓勵，我卻一直沒給他，這是我接下來應該要努力的……」敏珊繼續分享她的反省。

「另外，我很羨慕婷婷給孩子很多戶外的育樂活動，這方面我是心有餘力不足，孩子帶出去沒多久，我就先累倒了，讓他在戶外玩得盡興的機會很少。綜合以上總總我只能給自己七分。」敏珊說完。

「敏珊期待自己可以再做得更多些。」我說，敏珊默然點頭。

「當你是個盡力的母親時，不一定就會成為自己心目中理想的母親。剛才淑蘭、婷婷、芳芳都提到相同的觀點。母親雖然有足夠的能力和意願可以給孩子更多，但孩子不一定能夠全盤接受。好幾位對此都有發現，顧及孩子的意願和能力，母親選擇不要全力以赴。」我放慢地說。

「母親的付出不一定可得同等的收穫，如果要從孩子的表現來評價自己是不是好母親，那可能不論你盡上多少力氣，永遠都不能滿意。各位如何看待努力和滿意之間的距離？」

「我想理想與現實是會有差距的。」金花首先發言回應：「我也希望我有個甜蜜家庭，可是情況並不如想像那般，很多外在條件不是我能掌握的。像我婆婆跟我母親的生活方式實在相差很多，光這一點就讓我很痛苦。我也很想要做個好媳婦，可是怎麼做婆婆就不滿意，這我就沒辦法。」

「我們家雖不算富有，但是只要為孩子好的，咬著牙也會讓他去學習。像什麼語音矯正班啦、感統訓練啦！只是大筆金錢砸下去，卻不見效果時，錢就要省點用。一分耕耘一分收穫是蠻理想的，但事實上並不是這樣。」芳芳說。

「這跟孩子的天生能力有一定的關係。我自己對園藝有興趣。有人會去花市選購一盆茂盛的花草。可是我喜歡挑戰，就買種籽來栽培。種籽一買就是幾百顆，撒到土裡可能有一半發芽很順利，施肥澆水不必費力就長得很強壯，可是也會有一些，怎麼照顧就是不發芽。我曾經試過改變肥料、調整日照時間。但是盡管我花幾倍的心力照顧，結果並沒有太大差別。」淑蘭說。

「我想說的是，就算你很想當個好媽媽，可是另一半不配合的時候，也可能會有問題。像我在管教孩子的時候，我先生和婆婆都會說話，這樣真的很難教。」玉蓮說。

「聽完大家剛才的自我評分後，我發現各位的現況和理想母親角色有一段距離，可是如果從盡力的程度來看，除了敏珊是七分以外，各位至少都有八九分以上，看來各位可以說都是盡力的媽媽了。」

6.12 父母心理：盡力的媽媽

人本學派認為理想自我與現實自我的差距，就是人們困擾的來源。理想與現實的距離愈大困擾愈大。對於母親角色的困擾也可以用相同的方式來理解，成員心中理想母親的形象與現實生活差距愈大，困擾的程度愈大，自我評價愈糟，成員愈傾向認為自己不是個好媽媽。

除了由理想與現實的差距來評量自己扮演母親角色是否「成功」、「良好」之外，另一個評量的向度則是「盡力」的程度。盡力的程度可以較貼近現實條件的評估，依照個人能力做出評價。

對於個人處境的重新評價（reappraisal）與重新框架（reframing）可以促進正向的調適（Hastings & Taunt, 2002）。

這段討論是希望成員在評價自己扮演母親角色時，可以拋開理想角色的迷思，進而以實際的條件來看待自己，減少理想與現實的差距，進而減少自責與自貶，而增加母親的自我肯定。

 ## 在聚會中學習

「時間過得很快，聚會就要結束了，最後要請大家談談今天聚會中你學到了什麼？大家可以用『我學到』作為開頭來分享……」

「我學到要站在孩子的立場來對待孩子，才能夠拉近孩子和我的關係。」春梅說。

「我學到母親盡力的程度也要配合孩子能接受的程度，要不然孩子是不會感激你。」玉蓮說。

「我會對自己說，盡人事聽天命！陪著孩子這樣走過來，或許孩子並沒有因此變得聰明伶俐，可是我已經盡心盡力，也是無悔啦！」芳芳說。

「我知道你很想做好母親，可是有好多的困難。你很努力去處理每個問題，可是結果並不如你所預期的。孩子的能力有限，其實你的能力也是有限的，不要再責怪自己了，這一切都過去了。」淑蘭說。

「今天我突然警覺到原來不只我像隻刺河豚，好像在座所有的人都是長滿刺的河豚媽媽。希望團體結束後，我們都能把身上的刺用立可白塗掉，變成一隻肥肥可愛的河豚！」淑蘭說出對大家的祝福。

「我想對團體說喔……真的蠻感謝大家。因為我來這邊聽到各位的經驗後，這幾週下來我已經有一點改變了。而且我也發現，當我改變後，家裡的氣氛也變得不一樣了。真的蠻感謝各位，謝謝你們讓我有這些收穫。」敏珊笑著對大家說。

「我學到當孩子做錯事時不需要宣判他的罪名，而是用一種彈性的說法，

讓孩子有台階下！」金花說完後大家笑。

「我學到的就是媽媽對家庭、孩子的付出之外呢，我們要學著多愛自己一點。」婷婷說。

「另外，我有很大感觸，因為我一直認為在教養孩子時我要使出全力並且不遺餘力。可是今天聽完大家談話後，我有不同的看法了。我同意母親縱使有十分能力願意全都給孩子，也要評估孩子承受的能力，不要給孩子壓力，最好量力而為。也就是要評量孩子能接受的程度來調整媽媽付出的速度，這種看法我非常欣賞。」婷婷說。

「從孩子的圖畫中，我發現孩子眼中的我，和我的內在是一樣的，我就覺得自己也算是表裡合一。平常生活中我不會閒閒沒事去畫這些畫，完成這兩份作業後，我覺得能更了解自己。」婷婷說。

「還有玉蓮的小丑魚，我一直覺得說我們大家都很像那個小丑魚，小丑魚很耐命很好養，雖然沒有像神仙魚那樣漂亮，可是小丑魚顏色本身就很鮮豔，所以當我看到那一張畫，我就覺得說好鮮豔，我看到的不是黑白的，我是看到鮮豔的顏色，我希望我們都是色彩鮮豔的小丑魚。」婷婷接著說。

「對！是很亮麗的小丑魚。」玉蓮說。

「我學到就是說，上天給我有缺陷的孩子，可是我還是可以營造出來一個有彩色有希望的人生，我很欣賞婷婷的畫。」芳芳說。

「這次團體藉由大家的對談，我發覺我能更深的反省自己，我做母親時不夠威嚴，這點要再加強。」小鈴說。

「今天讓我印象很深的是芳芳、淑蘭和婷婷都說，有九分能力的媽媽，在教養孩子時盡全力不一定是最好的。因為盡全力的媽媽不但自己會很累，孩子壓力也會很大。如果你只有出七分力，可是能達到九分力的效果，這樣子是最好的。接下來我要說說這次的作業。」我說。

「下週的家庭作業是心情日記，請各位回家後記錄每天的心情。」說話時，我把心情日記作業單分發給成員。

「各位可以寫下自己的心情，比如說快樂、滿足、生氣、傷心等。第二部分是給予每個心情強度評分，從一到十分，一分代表有點快樂或生氣，十分代

表非常強烈。第三部分請簡要記下引發心情的生活事件，比如孩子協助做家事，或孩子沒完成功課。這週七天至少記下三個心情，下週聚會時，就可以好好聊聊。」

「剛才的談話裡，我聽到各位能肯定自己對孩子的愛，能肯定自己在孩子身上的付出。好幾位提到，你們是按照自己所知道最好的方式來對待孩子，同時也提到，既使為人父母的這樣盡力了，也不能改變孩子的障礙限制。今天我們從各位的自畫像以及孩子眼中的媽媽，兩種不同的角度來看媽媽的角色。團體時間到這邊也該要結束了，我們下週見。」

6.13 團體設計：團體中的運用活動

透過「自畫像」，成員有機會談論個人扮演母親的心情及處境，促進成員的自我覺察。「孩子眼中的母親」則創造機會讓成員可以由孩子的角度看自己，讓父母能聆聽孩子的心聲，協助成員由孩子的立場評估其親子關係。在團體中運用活動有以下五種好處（Jacobs, Harvill, & Masson, 2002）：

1. 引發成員投入討論，激發成員互動的熱忱。
2. 使團體互動時能鎖定特定的話題。
3. 活動可擔任團體主題轉換的角色。
4. 團體活動可啟動經驗性的學習，該項學習可能會超過自我揭露的層次。
5. 活動可以讓成員參與時感到更加舒適自在。

活動可以在團體的任何時間運用，然而帶領者不應過度依賴活動，以致限制了成員互動的深度。「母親自畫像」以及「孩子眼中的母親」兩項活動可分別為兩次聚會的內容，本團體設計則採於一次聚會中合併討論的方式進行。本活動具有三項特色：

1. 提供親子於平日家庭生活中互動及對話的機會。
2. 將上述成員於家中的親子互動經驗與作品帶入團體。

3. 圖畫作品是成員交談的良好媒介，圖畫的隱喻特徵使團體的談話變得豐富有趣，一方面可提高成員分享與聆聽的興趣，另一方面可以協助成員聚焦，針對主題以較具體的方式進行分享。

第七次團體聚會
將心比心

7.1 團體設計：目標與流程

　　第七次聚會的目標乃延續前次聚會，在協助成員處理適應中的障礙。成員適應上的障礙也可能來自父母對孩子不當的期許、管教的知能不足、親師合作不足或親子關係衝突等。聚會中以心情日記分享的方式，引導成員探討日常親子相處重要的生活事件，藉此催化成員發展出新的觀點、技巧與策略，以增進適應。特殊兒童的處境與困境隨年齡而變化，學齡孩子的適應困難有許多與學校生活有關。當孩子長大離開學校之後，可能會觸及更多生涯選擇、就業安置、兩性情感等主題。如果時間許可，這類以生活適應為主題的聚會次數可考慮增加，如此便能有更充足的時間協助成員有更佳調適。本次聚會流程如下：

1. 回顧前次聚會。（約10分鐘）
2. 心情日記分享。（約10分鐘）
3. 焦點話題：聯絡簿篡改事件。（約15分鐘）
4. 焦點話題：生活管教上的堅持與放手。（約15分鐘）
5. 焦點話題：缺交作業。（約20分鐘）
6. 焦點話題：老大老二搶媽媽。（約15分鐘）
7. 焦點話題：手足管教不公。（約20分鐘）
8. 中場休息。（約15分鐘）

9. 焦點話題：督導課業引發的憤怒。（約20分鐘）

10. 焦點話題：丟臉——媽媽的社會壓力。（約20分鐘）

11. 回顧本次聚會。（約20分鐘）

「我是最後來的嗎？今天公車好難等！」玉蓮拎著早餐匆匆進門。

「孩子發燒所以上週作業我沒做，電話也沒打……」玉蓮邊說邊坐了下來，順手把早餐放到桌上。

「玉蓮這禮拜一定很忙，今天你能出席就很好了。」說完我轉向團體問：「上週我們從不同的角度談母職經驗，各位有何印象深刻的事？」成員陸續提起河豚圖卡、帶刺玫瑰及色彩豐富的格子畫等，對話時笑聲不斷，氣氛隨之加溫。接著便進行心情日記分享。

為你歡笑為你愁

「首先請每位簡要說明在心情日記中所記錄的情緒事件及強度，大家都說完之後，再進一步分享更多細節並彼此交換經驗。」話畢我示意將時間交給大家。

「這是我前天寫的回憶錄，不是日記！因孩子未經同意，私自拆開我的信！我非常生氣，強度是八！事後我要求他把信復原還給我，希望他能學會尊重別人的隱私。這次生氣並沒有失控！情緒來得快也去得快，而且接下來五天也都沒生氣。這次我有個大發現，其實我生氣的次數，並不像我想的那麼多！我沒自己想的那麼愛生氣。」婷婷喜形於色。

「我沒時間寫日記，直接說可以嗎？」玉蓮問，我點頭同意。

「我有三次生氣，都是小孩吵架時……說了三字經！我很氣！」玉蓮困窘地說。

「有幾分生氣？」我問。

「都有九分！」玉蓮說完，芳芳接著說：「週末我和小鈴一起帶著孩子去公園走走，孩子們都很開心，我的快樂有八分。可是週一我心血來潮為孩子複習注音，結果很慘。我很沮喪，強度也是八。」

「和芳芳出遊真的好開心，有十分哦！」小鈴掩不住喜悅：「另外因為孩子動作慢吞吞，上禮拜我發了一次脾氣，不過強度只到五，比以前好多了。」

「小鈴認為自己有進步。」我回應。

「對！以前會很氣，而且氣很久。現在生氣沒那麼強烈，生氣時間也變短了。」小鈴補充。

「這禮拜只有昨天複習功課時我有點失望。不過這個月我生日，老公說要送我一套新裝！所以就蠻開心的！」敏珊幸福地笑，大夥投以羨慕的目光。

「我有兩個壞心情都是老調重彈，就是孩子做功課拖拖拉拉。其實只要他認真點、專心點，花一半不到的時間就能完成。」春梅悻然。

「好心情是上週末我對他功課要求降低，只複習一次，結果他成績卻有進步！其實他上了小學後，週末都在複習功課沒出去玩過。這回只複習一次，省下很多時間，我們就出門去郊遊，心情很好！」春梅笑盈盈。

「因為要記錄生氣的次數，所以上禮拜我就特別注意不生氣。有一天孩子寫功課拖到晚上十點才寫一半，我生氣強度是三。」淑蘭笑著說。

「如果早幾年要寫心情日記的話，光是一天生氣的事，就可以寫成一本書啦！」金花誇大地說，大夥笑。

「現在反而沒什麼生氣的事可以寫，我好像不太會生氣了耶！」金花淡淡地說。

「好棒喔！能夠這樣子……」春梅羨慕道。

「還是有生氣啦！只是不會暴跳如雷了。這週最受不了的就是孩子竟然把聯絡簿藏起來不給我看！」金花皺著眉說。

「各位日記中有不同的心情，包括快樂、生氣、失望、沮喪，大部分都跟孩子有關，少數和先生有關。和過去相比，好幾位生氣的頻率和強度都有減少，有進步哦！接下來我們就不按座位次序發言，讓各位主動提出自己關心的事件，大家來交換經驗。」

7.2 團體效能：記錄心情，促進覺察

　　心情日記活動引出的效能之一便是讓成員記錄情緒，提高自我覺察也重新評價自我（Jacobs, Harvill, & Masson, 2002）。婷婷原本認為自己是個「愛生氣的母親」，覺得自己的生氣問題嚴重。因為「愛生氣」這負面評價，婷婷感覺自己不夠好。心情日記活動中婷婷對自己進行觀察記錄，引發她對自己有更多了解及認識，改變了她長久來的自我觀察。小鈴檢視個人生氣次數後，發現自己的進步。與過去相比，敏珊現在憤怒次數與強烈的程度已減少許多。為了記錄心情，成員們詳實觀察個人生活中情緒變化，留下清楚的記錄及描述。當成員發現自己不如原先想像般的易怒，發現自己「沒那麼糟」，這正向的母親形象，讓她們對自己的感覺變得較好，為母的自信也因而提升。

　　成員日常生活事件多，書面記錄可減少遺忘，成員分享時可指明親子互動的具體事件，作為團體討論的焦點，這是本活動的第二項效能。雖然心情日記的活動說明中，僅要求成員記錄情緒經驗，然而許多成員期待自己能交出一張亮眼好看的成績，因此努力控制情緒，企圖降低生氣的頻率。記錄心情的行動，引起成員自我監督效果，並促使成員有自我控制的企圖。重要的是，成員情緒自我控制不論成敗，這些努力的過程皆使團體討論的素材更為豐富，可視為心情日記活動的第三項效能。

偷懶不是唯一的原因

　　「孩子已經好幾次把老師規定的功課擦掉，都被我罵到臭頭。上週聽了淑蘭處理孩子餐費的事，這次我就忍住沒罵，等著來聚會聽大家的想法……」金花說。

　　「我兒子也會塗改聯絡簿呀！擦得乾乾淨淨，連我都看不出有擦過的痕跡。可是本子完全空白很怪，我就問他，他還臉不紅氣不喘地說，老師沒寫

啊！」玉蓮抱怨，大家發笑。

「孩子的班導為預防孩子塗改聯絡簿，放學前會先批改聯絡簿。」春梅回應。

「老師好壞怎麼差這麼多！」玉蓮搖頭感嘆。

「我一直知道孩子少寫功課，只是無法確定究竟漏掉多少？昨天和老師聯絡才發現，她已經兩個禮拜沒交數學作業了！」金花搖著頭補充說。

「哇！兩個禮拜了！」大夥驚訝的笑。

「對啊！」金花又氣又無奈。

「我孩子以前也會偷改聯絡簿，我曾很嚴厲告誡他，可是效果不大。有陣子放學時我去學校接孩子，就順便借看別人的聯絡簿，心裡好有個底。觀察幾週後，發現他聯絡簿獨漏數學作業。數學一向是他最糟的科目，所以我想他應該是做不來才會塗改吧。」芳芳侃侃而談。

「我有疑問！孩子作業少寫，怎麼跟老師交代？不誠實的問題又該怎麼辦呢？」春梅問芳芳。

「我假想自己是孩子，甘願冒著被發現的危險，執意要塗改聯絡簿，可能有兩種原因：一是功課太難，二就是偷懶。我還發現他最常塗改的是數學作業，正好就是他的弱點。我推想是因為他能力不足無法完成作業，才會出此下策。如果這算不誠實，也算是情有可原吧！後來我就和老師討論作業減量的事……」芳芳解釋道。

「可是這樣一來，孩子就變成特殊分子，不見得好啊！」春梅再次質疑。

「我當然也希望孩子不要有特權，不過如果孩子壓力太大，需要經常說謊才能過日子，那我寧可接受孩子特殊一點。但這也不必過度張揚，免得老師難做人。」芳芳答得爽快。

「那我算是比較幸運。」小鈴回應道：「孩子五年級時，導師主動減少功課量，還要求我別給孩子太多壓力。但是老師特別提醒，生活操行就不能降低要求，孩子不能變壞！」

「處理孩子塗改聯絡簿的行為，同時要顧及好幾個層面；不可說謊、不要成為特殊分子，還要考慮孩子的能力限制。芳芳認為功課分量與難度若符合孩

子能力，就不會有欺瞞行為。」接著我轉向春梅說：「春梅想要面面俱到，決定時反而左右為難。」

「對啊！真的很難！」春梅回應。

「聽了幾位的經驗後，金花有什麼想法呢？」我問。

「我覺得大家想得比我多很多……」金花若有所思地答道：「其實孩子在班上早就很特殊了，作業減量並不是她成為異類的關鍵。如果我要求她行為要誠實，可能先要面對她能力問題，改變我的態度吧……」

孩子不急，急死老媽

「今早孩子也是因為聯絡簿的事被我罵。」春梅接著開口，她皺著眉苦笑說：「因為聯絡簿上寫說要交剪報，我覺得很奇怪，前天才交過啊？我就問他為什麼沒交。他一臉無辜看著我，我就一路罵到學校……後來問了老師才搞清楚，原來老師是要提醒還沒交的人，這次我誤會他了！但問題就是我常無法確定他說的到底是真是假啊！」

「無從分辨真假，你很抓狂。」我應道。

「對啊！我只是要求孩子要完成老師規定的事項，做好做壞是另一回事。搞半天結果是烏龍一件……」春梅苦笑。

「這種情況我兒子一定回我三字箴言，忘記了！不知道！」敏珊笑著附和說。

「對啊！就是這樣！說交了又沒交，那就是說謊耶！」春梅想了想又說。

「搞不清楚，最後還是要問老師啊！」金花徐徐說。

「可是常去找老師求情，我擔心孩子會變成不負責任！」春梅憂心說。

「當孩子不願意做，就會這樣敷衍了事……」敏珊聳聳肩說。

「開學才一個月就這樣，到學期中豈不就大亂了！？」春梅雙眉深鎖說。

「別說是剛開學了，我孩子一整年都是這樣！他若不想做，連作業本都會不見。聯絡簿裡從來沒數學作業，就好像學校沒數學這科一樣……」敏珊接著

說，大家笑了。問題陸續浮現，才發現一山還比一山高。

「會不會是我縱容孩子才造成這樣的結果？如果第一次發生時，就能循著蛛絲馬跡處理徹底一點，會不會好一點？」春梅充滿困惑問著。

「那除非經常到教室裡去，才能掌握第一現場啊！」玉蓮不確定地說。

「對啊！我就是這樣想啊！」春梅輕拍大腿如遇知音。

「可是這樣很累耶！」敏珊皺著眉說。

「對啊！」春梅加強語氣說。

「天天跟監，好像很不信任孩子，孩子會覺得很丟臉吧！」金花傾身回應。

「剛才我邊說邊想自己生氣的原因，我不是氣他不會做，而是覺得被綁得死死的。幾年來我幾乎沒辦法喘一口氣。我急著想擺脫這種糾纏，心裡煩才會生氣。我氣孩子為什麼不讓我輕鬆一點！」幾番對話後，春梅對自己有更深的覺察。

「課業的疏漏，究竟是孩子偷懶、欺騙或是糊塗很難判斷。要求孩子負責認真，就得密集監督。結果春梅生活一刻不得閒，覺得被牽制沒自由，又煩又氣。」正在說話的同時，我發現芳芳臉上浮現笑意，便問：「剛才我看到芳芳在笑，是不是有什麼想法？」

留給孩子空間

「以前我幾乎天天跑學校，現在不跑了，頂多寫寫聯絡簿。」芳芳笑得更明顯。

「我不願經常打擾老師，可是孩子又說不清楚！唉……學習困難的孩子，是不是在溝通能力方面也有問題？」春梅接著說並嘆息。

「對！表達能力比較差！」敏珊眼睛一亮肯定道。

「有時孩子的說法剛好和實際情況相反，前天我發現好幾支彩色筆的筆頭都戳禿了，孩子說是同學弄的。結果老師說他目睹是我孩子自己把筆頭敲進去的！我想孩子可能怕我會生氣才這樣說……」春梅垮著臉。

「我兒子小學五年級時，開始胡思亂想瞎編故事……」芳芳開口說：「有一次她告訴我，他跟班上模範生小凱聊得很愉快。後來有次我巧遇小凱，就順便問了一下。小凱說，這學期他們倆根本沒講到話！我才驚覺孩子口中的故事，全是他自個兒想的！到底要戳破他？還是容忍他呢？我再三考慮舉棋不定。有次聽演講時，老師說學習跟不上的孩子整天沒事做，日子不好過。有時小小的幻想可以排解無聊，對人也無害！其實孩子生活壓力不小，需要調適才不會崩潰。此後我就睜一眼閉一眼，留個空間給他！這樣走來也蠻好的。」

「那……那我要提出問題！」春梅對芳芳說：「你覺得蠻好的，是針對你，還是針對你的孩子？」

「對我們雙方都很好啊！容忍空間增加，我比較不緊張，孩子也會覺得好過點！」芳芳從容答道。

「可是……這種方法適合她日後的生活嗎？」春梅再次提問。

「我孩子還算乖，她一直很孤單希望有朋友，才會編故事給我聽。我認為這問題不算嚴重，像我現在有聯絡的朋友也沒幾個，日子還過得不錯啊！」芳芳自信地笑著。

媽媽能放手，孩子就放鬆

「曾經有朋友警告我，如果我老是在孩子出包後給他擦屁股，就表示我還沒放手讓孩子學習獨立！辛苦疲勞就算了，孩子一副事不關己的樣子，好像這是我的事……」春梅不平。

「以前我也和你一樣，會替孩子先想，比孩子更緊張。現在我改了，如果他向我求助我就幫，如果他不開口我就裝做莫宰羊（台語）！如果他不說，後來被老師罵，他也是心甘情願！」芳芳輕鬆聳肩說。

「可是我怕孩子被老師罵後，會害怕上學啊！前幾天他在家吃早餐都還好好的，一到校門口就噁心嘔吐在車上！以前他就曾乾嘔送急診，嚴重到要住院！哇ㄟ驚嘛（台語）！」春梅做出嘔吐狀，口氣十分急躁。

「嘔吐究竟是心理問題，還是腸胃問題？會不會是我怕他吐，所以他就吃定我？！他太乖太憨，我也怕。他說謊耍心機，我也怕。管太多，怕他依賴。放太多，怕他擺爛，潛能沒發揮白白浪費掉……」春梅多重矛盾一一浮現。

「春梅是個用心的母親，常為孩子設想，然而太多的擔心卻讓你管教時有許多牽絆。」我說。

「解套的方法，都需要從經驗中慢慢累積出來。」芳芳繼續說：「我認為媽媽的要求超出孩子能力時，孩子就會很挫折。媽媽要能放手，孩子才能放鬆，才會有好的調適。至於潛能要發揮，孩子一定要保有學習興趣，他們若長期受挫拒絕學習，那可就得不償失了。」

「孩子需要時間適應學校生活，這段時間辛苦，以後會好轉的。」小鈴在旁打氣。

「我也不強求孩子成績好……」淑蘭加入談話：「如果他對某種技藝活動很有興趣時，我就會鼓勵他，因為學習方法有很多。他最近迷上漫畫，我想他看漫畫學認字可能會比在教室呆坐還好。」

「你說的很好，現在我好像只是在應付學校的要求，對孩子不一定有幫助。可是我並不是要求分數，只是要求他要完成老師給的功課而已……」春梅又開口說。

「連功課也是一樣啊！」淑蘭緊接著回應：「不久前我兒子聯絡簿失蹤，我想其中必有蹊蹺！再三追問後才知道，隔天要考英文了。別人讀一個鐘頭，他要讀三個鐘頭。晚上還記得，早上全忘光！學習對他而言是不斷受挫受傷！硬逼他背英文，其實蠻殘酷的。我想有必要這樣逼他嗎？」淑蘭悲憫之情溢於言表。

「昨晚我陪他讀英文，他索性在課本的插畫上塗顏色！因為他小肌肉無力，以前連筆都拿不穩。現在著色很仔細，而且沒超出線外哦！我就說，你觀察力有進步囉！躲在圖畫裡的ABC你也找得出來！而配色比以前還漂亮得多！那晚他讀書就沒壓力，還能夠很自在地和我討論問題。」淑蘭樂觀幽默，大家會心而笑。

「我孩子也是小肌肉無力，著色都會塗到格子外面去。他去過感覺統合訓

練，現在年紀漸長也慢慢有進步啦！我想他應該是算輕度的。」春梅回應說。

「輕度的障礙，能力水準就更難判斷了……」芳芳接著說。

「芳芳和淑蘭都很看重孩子要保持旺盛的學習動機，所以寧可降低標準，減少孩子的挫折。大家交換意見後，春梅有什麼看法？」我邀請，為這段談話結束做準備。

「我很羨慕你們已經找到方法了，我還沒辦法分清楚問題的原因，一直想要找到完美的作法，遲遲下不了決心。可能還需要時間吧……」春梅回答。

「接下來哪位要談談自己關心的事？」

7.3 父母心理：接納增加，憤怒減少

心情日記與母親畫像兩項活動皆未預先設定話題，分享時卻都觸發成員談論憤怒的經驗，這正顯出憤怒是成員生活的重要經驗。然而二次聚會重點略有不同，前次焦點為母親感受，本次則談論引發憤怒的具體事件。

多數特殊兒童父母關心孩子的各方面學習與成長，卻在管教時有許多的困惑，春梅的經驗恰可代表許多父母的矛盾心情。家長管教困擾可能涉及數種可能的原因：1.孩子表達能力有限，造成親子溝通不良。2.孩子能力有限學習不利，常需要大量個別化的協助，父母因長期付出而感到疲憊。3.當家長積極協助孩子時，擔心孩子因而養成依賴不負責的生活態度。4.孩子承受過大的壓力時出現身心症，使家長進退兩難。這些矛盾讓父母管教時無定見，並且容易動怒。

芳芳確認孩子的能力限制後，降低對孩子課業的要求與期待，親子衝突不再。淑蘭則以孩子為中心的管教思維，不僅了解孩子能力的限制，也能感受孩子學習挫折的痛苦，進一步設定較低的學習目標，結果生氣次數減少。塗改聯絡簿的話題中，成員呈現多角度的思維，凸顯孩子欺瞞的行為與學習困境的關聯，指出接納的心態能減少母親的憤怒情緒。相對的，春梅擔憂如何向老師交待、如何避免孩子擁有特權，甚至害怕自己被孩子吃定了，這些都不是站在孩子立場上的想法。春梅在管教上擺盪不定，可

能是因為孩子年紀較小，春梅處於調適初期，未能掌握孩子學習及適應能力，也未能設定合宜的期待所致。

7.4 團體技巧：引發分享，催化調適

憤怒情緒的次數與強度是家長心理調適的指標之一，當成員有較佳調適時，其憤怒次數與強度將會減少。在支持團體裡，帶領者應能運用成員互動的過程催化成員有更佳調適，要避免說教指導或挑問題的方式來回應成員的困境。

成員因孩子塗改聯絡簿、罵髒話、說謊而感到憤怒，帶領者不應勸導成員，反倒要以開放的態度來聆聽，更重要的是讓其他成員有機會分享相近的經驗，讓成員對彼此的經驗給予支持性的回應，使成員的憤怒、失望、挫折獲得了解，並讓更多成員分享相似的經驗。成員在多元的觀點與思維中，擴展觀點彼此學習，因而達成催化調適的目標。

老大老二搶媽媽

「我講！不講我會很難過……」玉蓮不吐不快。

「兩天前兄弟倆一起打電動，不知怎麼就吵起來。老大竟然講很難聽的話……就講……就是講三字經啦！」玉蓮有點結巴。

「我就罵他，他竟回嘴說，爸爸也講啊！」玉蓮露出不以為然的樣子：「真沒轍！他爸爸整天在外頭跑，工作重、脾氣大、口不擇言。我只好說爸爸是大人啊！結果他又回嘴說，為什麼大人可以講，小孩子就不能講！」

「對啊！為什麼大人可以講，小孩子就不可以講？」芳芳附和。

「我只好說，你的品行好不好？他說自己的品行好。我說，你品行好，那可不可以講髒話？這下子他才沒話說。」經一番唇槍舌戰玉蓮雖有小勝，玉蓮卻連連搖頭顯出疲態。

「我問他說，你下次還要講嗎？」玉蓮繼續說。

「他竟回我，要看情況！」答案出人意表，引來鬨堂大笑。

「說得好！孩子也是人，也有喜怒哀樂啊！你不准他講是不准他生氣嗎？搞不好在學校他還是照講啊！」芳芳幫腔說道。

「我去接小孩回家時，就聽過一年級孩子在學校講三字經耶！」春梅舉證歷歷。

「國中一年級喔？」芳芳疑惑地問。

「小學一年級！」春梅肯定地答。

「真的啊！」這次換芳芳驚呼！

「真的，小一的孩子也會罵髒話！我當愛心媽媽時就聽過！」春梅說，眾齊驚嘆。

「這我要回應一下！」婷婷開口說：「有次孩子跟我說他在學校做錯一件事，我問他做了什麼事，他就一直不說。後來我跟他保證不會罵人以後，他才說出來，他用髒話罵同學。我嚇一跳，因為他個性溫馴從不跟人爭吵。我問他罵什麼，他就豎起食指，表示是一個字的髒話。」眾人心照不宣相視而笑。

「原來美術課時，同學一直批評他的畫，忍無可忍之下他才罵出髒話。這件事我憂喜參半，他能保護自己適度的反擊是好的，只是如果能不說髒話就更好了。我跟他說，別人這樣對待你，你一定會生氣的啦！可是表達情緒也有其他的方式啊！」

「婷婷先接受孩子的生氣情緒，再和孩子討論。玉蓮說之以理卻效果不彰！」我摘要。

「對啊！常講不過他……」玉蓮懊惱說。

「你要因此高興啊！因為他聰明，反應快啊！」芳芳的安慰聽起來像是風涼話。

「是啊！他的聰明要能用在讀書上就好了！」玉蓮無趣地說。

「我也來說說我兒子好了。」淑蘭開口，大夥轉向看著淑蘭。

「我兒子很喜歡跟人家親熱，常靠過來就在我臉上親兩下。前幾天他忽然靠過來，就往我額頭上呸一聲。」冷不防的動作，大夥驚訝之餘都笑了。

「還好沒呸出口水來！可是已經把我給嚇了一大跳！」淑蘭伸手摸摸額頭。

「那瞬間，我想這傢伙在試探我忍耐的底線！」眾人大笑。

「我脾氣就上來了，很用力抓著他的手，啪！啪！啪！重重打了三下，跟他說我覺得很不舒服。後來我發現他被嚇到了，或許我反應太過頭了……」

「我兒子從小就愛親我臉頰，升上四年級後就變得不太願意了。有時他會應我要求親一下，他就搞怪，嘟嘟嘴變成呸！我想他是不好意思，所以開玩笑吧！」春梅笑著說。

「事後我想想孩子可能只是開玩笑沒有惡意，也就不氣了。」淑蘭點頭笑說。

「如果孩子是挑釁，處理方法就不一樣了嗎？！」玉蓮睜大眼睛問。

「如果是試探或挑釁的話……」淑蘭若有所思，停頓一會兒才又說：「其實這都是我想像的，我覺得我兒子沒這麼聰明！」全體鬨然。

「可是我家老大常會試探我耶！明知道我不喜歡，就故意要捉弄弟弟，摸一下打一下，或在弟弟臉上親一下，搞得弟弟哀哀叫。而且他走過我身旁時還瞄我，好像要看我會有什麼反應。我就說，如果你皮很癢，就再試試看！一想到他在試探我，就會一肚子火！」玉蓮悻悻然，然而滿場爆笑。

「可能因為大部分時間我都在照顧小的，老大想吸引我注意吧……」吵雜聲中玉蓮補充道。

「你老大好可憐喔！」芳芳應道。

「芳芳有些想法，要不要多說一點？」我邀請芳芳把想法說得更清楚些。

「因為弟弟很需要媽媽照顧，結果老大就因此被打入冷宮，不受重視。要我是老大，沒事也會想要故意戳戳媽媽的心肝寶貝！這樣才能消消心頭怨氣……」芳芳替老大發聲。

「對啦！老大能力沒問題，去年還被選進數學資優班，學校的事他都能自己料理，所以我就不太管他！可是他並沒有缺少什麼啊！尤其在婆家他可最受寵，好吃好玩的都會留給他。弟弟身材瘦小反應慢，沒婆婆緣，常被唸到耳朵長繭，老跟我哭訴不公平！」玉蓮愈說愈大聲。

「為了照顧特殊孩子，照顧手足很難維持公平。哪位願意談談自己的經驗？」

弱勢孩子需照顧，手足公平難求

「我覺得母親很自然會去保護弱勢的孩子。像我老大什麼問題也沒有，老二問題一大堆，功課差、體弱多病，甚至可能小命不保，當然要多費心思照顧他啊！很難免啦！」小鈴理所當然地說。

「對啊！我覺得弟弟好可憐喔！能力和表現都沒哥哥傑出，婆婆不疼、爸爸不愛、老師不理。我不疼還有誰疼！？」玉蓮語帶辛酸。

「玉蓮對老二有很多不捨，尤其老大集三千寵愛於一身，老二得到的關愛相對的少得可憐。對於照顧老二，你有種別無選擇的壓力。」我指出玉蓮的處境。

「可是話說回來，要我是老大，我也會覺得不公平啊！平平是你生的，那會差這多！（台語）」芳芳說詞幽默，大夥捧腹。

「可是老大已經擁有那麼多了！老二什麼都沒有……」玉蓮再強調。

「父母多花心力照顧特殊孩子是很難免！事實上我現在全部的心力都放在老么身上。付出的時間、金錢和心力不知道超過他姊姊多少倍！還好他們姊弟年齡差很多，姊姊都很成熟貼心，從來不讓我操心。」春梅說話略帶遲疑速度漸緩，接著話鋒一轉：「不過姊姊也曾跟我抱怨說，她是擔心我太忙太累，有困難也不敢告訴我！可是我看她也都過得很好啊！老么讓我忙得無法抽身，姊姊說的話我很快就忘得一乾二淨了。」春梅尷尬的笑一笑。

「人家說會哭的孩子有糖吃，我一直想避免這種錯誤。可是弟弟搶不過人、講不過人、打不過人。不幫他，真的說不過去！到底公平要怎麼看呢？」玉蓮無奈地搓著雙手。

「我家老大很獨立，一直不用我操心。」小鈴加入說：「姊姊心情好就會幫忙照顧弟弟，要不姊姊就會跟弟弟鬥嘴。以前我會要求姊姊讓，但這幾年來

我想法改變了。姊姊畢竟是個孩子,她不是媽媽,我不能要求她跟我一樣,用媽媽的心態去照顧弟弟。現在姊姊上大學更成熟了,反倒更願意照顧了。」

「小鈴有這種想法很好,因為做母親養孩子是我個人的選擇,身為長女卻不是我的決定。讓大姊承受太多也不好!」金花說。

「金花身為長女的經驗中有很多無奈和犧牲,你特別能感受老大的辛酸。」我應道。

「所以我不希望孩子步我的後塵。而且在家裡媽媽一直保護弱者,進了學校出了社會,誰來保護他?孩子長大各自成家後,情況又不一樣了。」金花提出新的觀點。

冀望手足承擔未來照顧的責任

「我一直灌輸老二說,哥哥是你最親的人,以後要你照顧哦!」婷婷說。

「哇!好沉重哦!」芳芳幾乎是叫了出來。

「可是不這樣,又能怎麼樣呢?只要我在的一天,絕對不讓他們累著。但哪天我不在了,他們就要彼此照顧啊!」婷婷說出心中的憂慮。

「孩子未來堪慮,需要手足幫助,但我不確定這是最好的決定。我有個朋友能力好,個性又溫柔,為了照顧智能障礙弟弟,高中時就決定不婚。」春梅悠悠道。

「那獨生子不就更糟了!」敏珊憂心地說。

「我是這樣想過,可是照顧的擔子很沉重,期待孩子背負簡直是……太困難了!」淑蘭應道。

「你們有沒有看過『雨人』那部電影?」春梅說:「那些自閉症、智能不足還有其他障礙的孩子,成年後住在同個社區裡,一起工作和生活看起來很理想!」

「將來孩子該由誰照顧?只要想到這個問題,我就很煩惱,夜裡不斷哭泣,連續失眠好幾天。後來我想這樣下去也不是辦法,萬一我身體拖垮了,未

來的問題就會變成現在的問題。聖經上說『不要為明天憂慮，明天自有明天的憂慮，一天的難處一天當就夠了』。我決定把握現在，加緊訓練她獨立生活的能力，增加她面對未來的籌碼。」金花的一席話後，眾人同意地點頭。

「剛才大家分享許多手足管教的經驗，特殊孩子很可能會大量消耗父母的心力，造成不公平。父母要滿足特殊孩子的需求，又要兼顧公平並不容易。回到手足管教的話題，哪位還想談談？」我摘要並重新聚焦。

化解愧疚，親子更同心

「我承認我絕大部分心力都在協助有過動的哥哥，光寫功課就要花一整晚時間，我幾乎走不開。還好妹妹很認分（台語），從不抱怨！但就是因為妹妹從不抱怨，更讓人捨不得。別人家的哥哥會照顧妹妹，我家是妹妹會照顧哥哥。妹妹不僅一切自理，有時我還需要妹妹幫忙，所以長久以來我對妹妹有份愧疚感。為了讓妹妹好過一點，我會找機會跟她聊，了解妹妹的需要。而且只要一有機會我就告訴妹妹，為什麼我這樣做、那樣做，向她解釋哥哥少根筋是怎麼一回事。一旦她能夠了解，就會比較好溝通。可能就是這樣，妹妹很早就學會照顧那些特殊或成績差的同學。所以在班上小有人緣，常有男同學打電話來問問題，我想這應該是拜哥哥之賜吧！」說完淑蘭掩著嘴笑。

「哦！」有人起鬨著。

「上次聚會後，我突然覺得自己長久來疏於照顧老大。和弟弟相比之下，好像給老大的太少。想起這些我心裡一陣難過，一個人在家裡就哭了起來。老大剛好回家，看到我眼眶紅就問我怎麼了，我就跟她一五一十說。老大聽完就說，媽別難過啦，我已經原諒你了！沒有那麼嚴重啦！」小鈴的故事讓大夥再次豎起耳朵來專心聆聽。

「那天我把所有的感受都說出來，也向老大道歉，後來心情變得超好的。最近我就常跟老大聊天，感覺我能更貼近她的心，她也愈來愈能配合我來照顧弟弟。這幾天我跟老大心靈的溝通有很大的進步！」小鈴掩不住興奮說。

「剛才我們從生氣的事件談到生氣的原因，後來談起手足關係與管教。孩子需求特殊，造成手足待遇有差別這很難避免。最後淑蘭和小鈴都提到愧疚感，對較少受照顧的孩子感到不捨。兩人溝通後獲得孩子的認同和支持，親子感情變得更親密。」隨即我宣布休息，成員七嘴八舌討論起團體結束後聚餐的活動。

7.5 父母心理：手足管教不公

玉蓮原本對老大罵髒話感到憤怒，話題延展後才發現老大的言語攻擊涉及玉蓮手足管教的不公。由於眾親友對老大的過度偏愛，使玉蓮別無選擇必須格外照顧保護老二。玉蓮明顯偏袒的管教作風，致使老大醋勁大發經常有挑釁行為。由於母親對老二的關愛中有同情與憐憫的元素，老二可能享有特別的保護與權力，也可能扮豬吃老虎。三人情感糾結環環相扣，須有洞察或外力介入才能改善。成員們對此一主題分享個人觀感時，指出老大的心理需要，讓玉蓮在管教時可以有不同角度的觀點。

特殊兒童與其手足相處的關係，是家庭互動的重要議題，也是支持團體中不可忽略的話題。由於同情弱者的心態，可能使父母無法察覺偏袒弱勢子女可能帶來的不當影響，結果家人關係將呈現負面、固著而難以改變。被父母忽視的手足，可能感到被拒絕、被操控、有罪疚感，或對父母和特殊手足感到憤怒（Seligman, 1990）。當孩子認為自己在父母的心中不重要或沒價值、手足關係呈現疏離而有濃厚敵意時，將導致更多的手足衝突（Balkwell & Halverson, 1980）。

事實上手足公平難求，齊頭式的平等不一定能解開孩子的心結。父母協助特殊兒童的手足時，最重要的原則便是和孩子充分的溝通，讓手足了解父母的心情，以及父母所關心的事，包括障礙的特徵、父母管教的原則等。此外花時間積極聆聽手足的心聲，誠實回答孩子與障礙有關的問題、運用新聞或電視節目引發討論，或向孩子提問，以便提供孩子各種與障礙或適應有關資訊，並以孩子可以理解的方式說明，都可以協助手足有更佳的調適（Powell & Gallagher, 1993）。

放手，承認孩子能力有限

「上週我就為孩子複習注音才會沮喪……」芳芳開口說。

「整體來說，我對孩子的功課已經放手了，很久都不敢幫他複習國語。最近我心情很好，就想再試試看。結果國中二年級的孩子居然注音也忘光光！這代表以前我所有的努力完全付諸流水！我非常沮喪，心情掉到谷底！再這樣折騰，我肯定活不下去。我倒了，家就毀了！如果像以前那麼嚴格的教，天天愁雲慘霧，孩子進步有限，而我又氣又累，可能不出幾年就會病倒。我一定要好好地活下去，才能陪他們走一輩子！認清這個大前提以後，原本困擾我的事，就變成小事啦！只要我能夠活下去，生活有品質，孩子就會有希望。功課只是生活中的一小部分而已！放手這條路，我應該是走對了。」說完話芳芳表情漸漸放輕鬆。

「芳芳發現媽媽好好活著是最重要的，不要因小失大。」我說。

「對！這次教注音，就是不死心！結果更支持我別和障礙過不去，有力氣就強化他的優勢能力吧！」芳芳的臉色變得更明亮。

「我和芳芳一樣！」小鈴深深地吸了口氣後繼續說：「孩子小學三年級以前很乖、很用功，老師規定的功課，他不能容許自己有一題沒寫，可是他又很怕寫錯，所以很緊張一直求我教。有時一題數學可以教到一百遍，搞到三更半夜是家常便飯。因為拚命練，小二還能考到八十分，所以我也就沒有放鬆，繼續要求。五年級課變多、進度加快，孩子明顯應付不來，再怎樣拚，還是不及格。後來他非到十二點不敢上床，半夜又會三番四次下床檢查書包。有時半夜他會突然大哭大叫……問題愈來愈多。最後他受不了整個崩潰了，我也跟著崩潰了，像得了憂鬱症般天天哭，哭了兩年耶！唉……後來我才慢慢地正視問題，承認他能力有限的事實。再不放手，孩子和我鐵定會痛苦到活不下去的！」

「從兩位的經驗看來，承認孩子能力的限制，是一個不得已的選擇，也是不得不做的選擇。放手，承認孩子能力有限之後，媽媽才能爬出痛苦的深淵，

獲得平靜。」我說。

「對！以前我也希望他能好好讀書，雖不必名列前茅，但也不能差太遠！現在回想起來，他做功課需要別人三倍以上的時間，力不從心的現象早就很明顯了。過去就是因為拚命練習小有成效，所以對他能力的限制就視而不見，直到孩子出狀況。」小鈴點著頭說。

「孩子情緒波動很大，父母日子會很難過。」芳芳接著說：「我孩子壓力大時會容易哭、作惡夢，還會有尿床的退化現象。嚴重時還會有隱瞞、欺騙的行為，生活整個都走樣了。後來我就特別注意他情緒波動的情況，我發現孩子沒壓力時，反而有時會主動想複習功課！功課減量後，有時間做些他喜歡的事。奇怪的是，只要是心甘情願去學，他的記憶就可以保留很久！現在我放手，就希望他每天有好心情，能夠表裡如一。」

潔癖，孩子壓力的出口

「剛才說行為問題，我兒子一天到晚洗手，都快變富貴手了……這算不算是行為問題啊？」春梅問。

「就盯著他，不准啊！」小鈴不假思索應道。

「是潔癖！」婷婷傾身往前，大聲地指認說：「我兒子也是！天氣這麼乾冷，還照洗不誤！」

「這是不是有點像強迫症？」春梅疑惑問。

「在家就算緊迫盯人，上學他還是會偷偷去洗啊！搞到手掌皮膚裂開，甚至流血！」婷婷說得有些急。

「這跟孩子的心理壓力有關係！孩子承受過多壓力，不會表達又無法解決時，就會轉變成行為問題。」小鈴很確定。

「孩子洗手洗到皮破血流，真叫人心疼。」敏珊加入說。

「我孩子是沒有違規行為，但他很固執，堅持死也不抄別人作業。」小鈴嘆口氣。

「那他很有志氣，也很誠實啊！」春梅一臉羨慕。

「是沒錯！他讀書非常賣力，只是收穫與付出不成比例。」小鈴笑說：「小五功課一大堆，不抄根本寫不完。最後讓他去資源班，功課變少情緒就變好。現在成績再怎麼爛我都不在乎，只要他情緒平穩，身體健康就好。」

「孩子對成績的態度，受父母的影響很大！」芳芳笑著說：「只要我心底還在意，孩子就可以感覺到我的不滿，親子關係就會緊張。除非徹底放手，否則孩子很難不在意成績！現在我和孩子不再為課業有什麼爭執了！」

學業誠可貴，生命價更高

「剛才說到孩子出現問題行為，讓我想起一個難忘的經驗。」小鈴傾身向前說：「我孩子最弱的也是數學，因為長期受挫，後來他看到數學題目就會害怕。有次我教兒子數學，我覺得那題真的很簡單，很希望他能有成功經驗，所以我堅持他要試著算算，練習了好幾次之後，他忽然受不了了就衝到廚房拿出菜刀，把衣服掀開，然後把刀刃擱在肚皮上說，如果再叫他寫，他就要一刀劃下去。」全場發出驚嘆聲。

「那天我想起他小時候住院的一段往事……」小鈴眨了眨眼後繼續說。

「住院那半年期間，隔壁床有個男孩患猛爆性肝炎。醫院住久了，大家熟了還會彼此幫忙，我眼睜睜看他好幾次被急救。最後他媽媽看他太痛苦了，就不叫醫生急救了！那男孩就這樣走了……」小鈴愈說愈慢，故事緊緊抓住大家的心。

「男孩媽媽跟我講，她最遺憾的是沒來得及帶兒子去玩。想想有天我可能會失去我孩子，那麼讓孩子健康快樂，應該比功課成績更重要了……」小鈴語重心長。

7.6 團體效能：存在性

　　面對孩子學習緩慢成效不彰的情況，芳芳和小鈴都曾以勤能補拙自勉，全力在家進行補救教學。母親有意無意地忘記醫師的叮嚀，無視於孩子能力限制，甚至在孩子出現情緒及行為問題後，母親含淚仍執意嚴格要求。然而孩子學得慢忘得快的情況，讓母親和孩子都承受極大的挫折壓力。促成芳芳與小鈴改變教養態度，正視孩子能力限制的關鍵在於芳芳面對自己健康危機，小鈴憶起目睹隔壁病床孩子病危，母親卻不再按鈴急救的過程。面對死亡的經驗，不僅未讓芳芳和小鈴憂鬱沮喪，反倒讓她們更勇於面對自己的限制，接受孩子能力不足的事實，這種影響就是團體療效存在性因子（Yalom & Molyn, 2005）。

　　人類無可避免的要面對生存的種種限制，包括死亡、孤獨、自由及無意義等議題。在團體中分享這些存在性的議題，成員可能發現人生難題最終還是要自己單獨面對，進而提起勇氣接受限制，並在限制下發現新的意義。目睹鄰床男孩死亡的經驗，小鈴想到有一天可能會失去孩子，便轉念認為讓孩子健康快樂比學業重要。

　　「我和你以前一樣！過去孩子學不會，我暫時不勉強，可是暗地裡心有不甘。」淑蘭看著小鈴說，大家笑。

　　「我會伺機而動，一逮到機會就會再教看看，總想再擠進去些，所以不斷地要求他做那些他做不來的事。過去我雖然接納，但接納的程度還不夠！強迫他讀書的目的，只是為隔天小考成績比較好看點，事實上他也沒學會什麼，真的很不值得！」

　　「現在我可以更完整接納他了，如果孩子沒辦法做，我就是真的可以讓他不要做，而且一點也不生氣！求學過程各種考試沒完沒了，孩子鐵定會有很強的挫折感。現在我能放得更開，當他看電玩的戰略手冊，會努力認字做記號劃重點，我就會誇獎他。因為這成就感是他靠自己努力得來的，是主動自願的，

且符合他的能力。我希望他在另類學習管道上,可以有成就感,保有學習動機。現在常鼓勵他看漫畫、學電玩!」淑蘭認真地說。

「剛才三位談到如何放下原先對孩子學習的要求,這放下的決定得來不易。三位都經過一段長時間的掙扎,面對自己和孩子的極限後,重新調整期待。決定放手之後到現在,三位對孩子的學習有了截然不同的看法和作為。」我摘要道。

人爭不過天,要順命而為

「課業成績不是我親子衝突的主題!」敏珊說:「我最受不了的是孩子很被動、動作慢、上學老遲到。孩子幾乎天天遲到,好像我這個媽很混!」

「我孩子也常遲到啊!」芳芳不以為意地說。

「我親自送他上學,還天天遲到,連義工媽媽都認識我們了,我覺得好丟臉。」敏珊接著說。

「帶著孩子遲進校門,媽媽是蠻尷尬的。那會有處罰嗎?」春梅關心問。

「處罰倒沒有,但準時上學是學生最基本的學習態度啊!」敏珊強調。

「對!不遲到才能掌握老師的安排,上課也才能進入狀況!」春梅附和說。

「早自習可能會有作業,其實他七點就已經起床了,可是心不在焉,做事拖拖拉拉,才會遲到。」敏珊懊惱地說。

「我覺得有點疑問耶?難道其他孩子就不會東摸西摸嗎?」春梅問。

「應該也是有啊!」玉蓮附和著說。

「是我們做媽媽的要求太多了嗎?」春梅又說。

「我孩子注意力非常不集中,要一直盯著。訓練雖有進步,但還是很容易分心,我想這是他無法控制的……」婷婷說。

「分心和發呆不一定是因為孩子的特殊障礙造成的。」小鈴笑著說:「我有個朋友孩子是資優生,他也常發呆分心。沒怎麼讀書,隨便考就第一名。同

學的家長都很羨慕，常問他都拚到幾點，老實說他沒到十一點倒頭就睡啦！結果說出來沒人相信！後來被問煩了，就統一公布說，都讀到兩點啦！」成員們大笑不止。

「事實上，聰穎和過動的孩子都會發呆，他真的沒有很用功，但成績就是那麼好，我們死命教就只能吊火車尾！」小鈴笑著說。

「小鈴認為孩子本質差異大，是不能勉強的。」我摘述。

「對啊！所以我覺得人是爭不過老天的，爭不過老天爺的地方，我們就放手吧！」小鈴朗朗地笑。

接納事實，管教務實

「剛才的談話，讓我想起上週有件事我沒寫在心情日記裡，並不是忘記哦！是我根本完全不生氣。」淑蘭眼睛一亮，興致勃勃說。

「書法課向來就是我的夢魘，因為只要上書法課，他那天穿的衣服會搞得很髒，可以直接拿去丟掉！而且學校運動服是米白色的，多年來我一直忍著不買，只撿親戚二手衣。」淑蘭的說法惹得大夥直笑。

「這學期我想孩子大了，該讓他穿新的了，就買了一套全新的運動服。上週四要上書法課，糟糕的是，當天又有體育課。」此刻團體傳出竊笑聲。

「我心裡有數，衣服髒掉是一定逃不掉的。可是萬萬沒想到那套全新的運動服就真的只能穿那一次，用完就得丟掉！那天他回來時，運動服全都變黑的，連內衣也讓墨汁給滲透了。褲子膝蓋以上就像泡在墨汁裡一樣！」話還沒說完，全體大笑。有人遮口、有人拍腿，好幾位笑得彎下腰來。

「剛才坐在這裡想起我當時的反應，自己都覺得很訝異！因為我真的一點也沒生氣。以前只要他髒兮兮的回來，我都會覺得很丟臉，甚至曾經跟老公商量，乾脆搬到鄉下或住山上去，才不會那麼引人側目。他不是只少了一根筋，他是只剩幾根筋。」大夥又是一陣爆笑。

「那天回來他還很高興的告訴我，你看，我很不錯啊！我的臉都沒髒！」

全場笑聲轟天。

「他說的也是，以前上書法課回來，他的臉就像花貓。這次雖然衣服全毀，但他臉沒髒啊！」大家笑得直不起腰，好幾位笑得太厲害，還要擦拭眼角的淚水。

「也算是有進步啊！」婷婷笑嚷著，大夥笑得說不出話，只能勉強點頭回應。

「後來我跟兒子說，這件衣服全都毀了。我努力洗一整天，可是救不回來了……」淑蘭努力讓聲音回穩。

「潑到墨汁再怎麼用力搓也洗不掉的！」玉蓮道。

「可以試試看橘精……」春梅好心建議。

「老實說，我根本沒洗！」淑蘭認真地看著春梅說，大夥又笑成一團。

「我把它泡在桶子兩天，沒丟掉，就是要發揮它的剩餘價值。我跟他說，媽媽刷了兩天很辛苦，墨汁根本刷不起來，怎麼辦呢？買件新的要兩百四十塊錢，你零用錢還有八十塊，要自己出哦！沒想到他很阿莎力就說好！」原來這是淑蘭自導自演的戲碼。

「有沒有考慮買件深色的衣服給他穿！」春梅忍不住提議。

「說他少根筋好像又不完全正確，和同學不一樣的衣服，他抵死不穿！」淑蘭說。

「如果書法課時套件輕便雨衣呢？」春梅又建議，大家笑了起來。

「還是有面子問題啦！」婷婷回答說。

「他不會願意穿的啦！」敏珊接腔：「以往我會給孩子多帶件衣服換，可是他都原封不動帶回來。全班沒有人這樣穿，他一定不敢換。媽媽預備又有什麼用呢？就接受事實吧！」

「我都先計畫好，髒的、舊的衣服特別是留在書法課那天穿！媽媽要認清事實很重要！」一片笑聲中，婷婷補充道。

「我孩子不是書法課那天弄髒而已哦！他每天回來都髒兮兮的！我的臉都給丟盡了！很想不承認他是我家人啦！」敏珊忍無可忍高聲說。

丟臉經驗談

「孩子常遲到、衣服天天都很髒，讓敏珊覺得顏面盡失。在座還有誰曾因為孩子感覺到丟臉？」我邀請。

「我在學校當愛心媽媽認識了很多志工，有時我會想，如果別的媽媽知道我孩子成績差，常被老師罵，還要上資源班，她們會怎麼想。」春梅說：「會覺得很丟臉，就是擔心別人看待孩子和媽媽的眼光和評語。」

「我覺得自己蠻幸運的，孩子的導師和同學都很能接納他。讓我丟臉的不是孩子成績差，而是他做事態度馬虎。我知道這不一定是孩子的錯，可是在別人眼裡孩子沒責任感，像是我教不好。」敏珊悻悻然。

「我孩子很毛躁，成天蹦蹦跳跳、衝來衝去，有時路人會用很奇怪的眼光看著我們。每次帶他出門，我心理壓力都很大。」婷婷語氣平淡無奈地說：「有時還會有路人要給我建議，叫我要帶孩子去給醫生檢查、叫我要對孩子兇一點啦、要給孩子吃什麼偏方啦……」

「還有路人叫我要去算命呢！」金花接腔，全體大笑。

「給建議算是好的，有人叫我要好好的管管孩子！好像他才懂得教孩子！」芳芳悻然。

「這麼過分哦！」春梅說。

「對啊！以前我就給他白眼！現在我就懶得理了！」芳芳說。

「孩子玩得一身髒、上學遲到、行為不當和路人的反應都會讓母親丟臉和困窘。我們還有二十分鐘可以談談這些經驗。」我焦點提醒。

「以前有很多好心的路人會介紹我去拜拜，只要他說得出地點，我都會去。」芳芳笑著說：「任何可能把孩子變好的方法我都願意試，不過結果都很令我失望！十幾年來我慢慢了解孩子，就不管那些無用的建議了。」

「別人的建議是可以不管，但要不管別人的眼光就需要蠻大的勇氣啦！」春梅說。

「就是在自己的心裡，不在乎別人可能有什麼看法。」婷婷接著說。

「我也很想不在乎，可是別人一個不屑的眼神，我心底還是會淌血。」春梅皺眉。

「就是這樣啊！所以我盡量避免和孩子出現在人潮多的地方，萬一被人說了什麼，我就當沒聽見，回家後再好好教訓小孩。」敏珊笑說。

「以前我也是這樣，但這樣並沒解決問題啊！」芳芳看著敏珊說。

「我知道這樣於事無補，可是我就是會這樣。」敏珊聳肩說。

「會很嘔啦！當場鬱卒，回家噴火！」玉蓮說，大家笑。

「我是不會罵孩子啦，因為我想她在外頭已經常被罵了。我就回家自己哭……」金花說。

「教養的辛勞別人很難了解，路人無情的眼光和評論，讓人感到委屈和憤怒。」我反映道。

「大家都很在乎別人的眼光，事實上很可能是我們原本就很受不了孩子了，所以疑神疑鬼……」芳芳輕鬆笑著說。

「對！我自己就很受不了，孩子就像隻毛毛蟲，隨時扭來扭去動個不停。在公共場所，他的行為常讓我很丟臉！」敏珊皺著眉承認。

7.7 父母心理：丟臉

孩子的障礙與問題行為除了增加親子衝突外，也造成母親的社會壓力。因為孩子上學遲到、毛躁等脫序行徑，多數成員都曾感到「丟臉」。丟臉的感受主要焦點在於母親個人的形象受損。這種臉上無光或面子掃地的感受，來自孩子的表現低於社會期待，母親需要承受他人的負面評斷與誤解，認為孩子沒規矩是因為家長溺愛縱容疏於管教。因著孩子特殊，父母可能要承受路人敵意的眼神、無情的批評、憐憫同情的低語或讓人感到被侵犯的詢問。這些發生在日常生活中，如購物、公車上或公園中。孩子的特殊行為愈明顯，父母的壓力就愈大（Wikler, 1981）。

由於孩子的不當行為可能正是障礙的本質，因此母親丟臉的感受反映出母親對孩子的障礙本質理解與接納程度。當母親能理解孩子的毛躁行為

就是障礙的特徵時，自然不會責怪孩子。然而當母親接納孩子之後，仍須面對家人、親友及路人的批評或嫌惡的目光，這便考驗母親對自己處境的接納程度。為了避免丟人現眼，父母可能減少出入公共場所，或者減少與孩子一同出門。當父母承受丟臉的壓力又無法處理時，就可能將這負面情緒轉嫁在孩子身上，並且在管教過程中表現出來。

7.8 團體技巧：選擇話題

本次聚會中成員分享許多特定的經驗，帶領者在成員對話中可以發掘不同的話題成為焦點，引導成員進一步討論。焦點選擇可考慮以下因素：

1. 視團體動力而做選擇：選擇多數成員感興趣的。
2. 依團體特殊心理需求：由帶領者根據特殊兒童家長心理適應的需要，選擇某些對成員重要的主題。
3. 依團體發展階段選擇：團體初期可選擇較普遍的主題，中期後的主題則應有更明確且特定的議題。

認清孩子本質，不為別人的眼光而活

「過去我也不太願意帶孩子出門，因為他常惹人嫌。就算是到住家附近公園的遊戲場，我都要考慮再三。」淑蘭加強語氣說：「因為他已經是五年級的大男生，還很喜歡跟媽媽抱抱。在家裡就隨便他抱，可是在公眾場合抱，實在太令人側目了。旁人很可能認為我是沒原則、溺愛孩子的母親！但近幾年來，我改變想法了。現在我可以很自在地帶小孩子出門，毫無丟臉的感覺。當孩子需要時擁抱他，向他表達我的愛，而不在意別人的目光。我知道這樣做是對的！」

「剛才大家談到孩子的表現讓媽媽丟臉，這種經驗大家都有。淑蘭卻已經有所改變了，淑蘭可以談談你的改變嗎？」我問。

「以前和別人眼神交會的一剎那，我總感到心虛，猜疑對方會有什麼看法。為了不讓別人看輕我，我在家就卯足勁，愈教聲音愈大！我想左鄰右舍都聽得到我在家裡對孩子大吼大叫！我曾經好幾次認真考慮搬家好重新做人，免得遇到鄰居不好意思……」眾人都笑了。

「現在我已經釋懷了，不在意別人的看法。也不會再為媽媽的面子，猛逼孩子讀書，對孩子吼叫了。那對我和孩子都沒好處，別人只是我生命中的過客，我不能為別人的眼光而活！」淑蘭篤定地說。

「我想鄰居一定會覺得奇怪，這兩年這家媽媽怎麼都沒有罵人了？！」淑蘭說畢，大夥又笑。

「淑蘭，不再為自己的面子逼孩子唸書，不再為別人的眼光而活，在行動和想法上都有很大的改變，這樣的改變是如何發生的呢？」我問。

「嗯，我想……主要就是我愈來愈能看清楚孩子的本質吧！他就是喜歡抱，這並沒什麼對錯，只是和大家的期待不一樣而已。拒絕孩子擁抱的需要，對他並不公平，他沒有做錯什麼。」淑蘭平靜堅定地說，每個字都鏗鏘有力敲打眾人的心。

🐚 接納路人、接納家人

「路人不了解孩子，他們的反應我可以諒解。但自家人不能接納，那情何以堪！」金花加入談話說：「我妹妹算一半是我照顧長大的，而她也看著我的孩子長大，我想她應該可以接納孩子。但有次上館子時孩子就是坐不住，一下敲碗，一下打翻湯。我妹竟然露出嫌惡的臉色，讓我又驚訝又難過。她那張臉，到現在我都還記得……」

「誰能了解金花的經驗，知道她的心情？」我邀請成員指認金花的心情。

「我想金花應該會很傷心吧……」敏珊認真說。

「有時傷我們最深的，就是我們最親近的人……」芳芳說。

「我和妹妹從小到大無話不談，因為我孩子問題多，聚會時帶著孩子難免

被嫌。索性就減少見面，免得我們三個人都不愉快。」婷婷娓娓道出她的故事：「現在我想通了，我跟妹妹的關係好，不代表孩子跟我妹的關係也會很好。雖然這兩個關係對我都很重要，這兩個關係卻是相互獨立的，要分開來看。強求我妹要像我一樣地接納孩子，很難啦！」

「以前我真的是很敏感，很怕跟別人接觸。因為別人不經意的反應，會勾起我很多不愉快的聯想。」淑蘭說：「當初我很氣公婆不接納孩子有問題，現在我倒不怪他們，因為我發現他們也有面子掛不住的困擾。更進一步說，身為母親的我，花十幾年工夫才認清和接受孩子的特殊，其他人並沒有機會這樣認識孩子，他們的想法當然跟我不同。換個角度，如果我是路人，我的反應可能也很相近，甚至會更強烈……」淑蘭說話時，有幾位成員不時點頭表示同意。

「淑蘭認清孩子的本質，接納孩子之後，就更能肯定孩子需求，依孩子的真實需要來決定反應的方式，不再受制於旁人的眼光或自己的面子。回顧你走往接納的漫長歷程，你更能體諒親友和路人立場不同而有的各種反應。你接納了孩子，甚至接納親友及路人的反應，你的接納愈來愈寬廣。我發現，當你接納得愈多，你愈有自信，愈能確信自己的決定是正確的。」看著淑蘭我緩緩的說，將肯定注入。

7.9 父母心理：接納

父母不僅要面對特殊兒童能力有限的事實，也要面對親友、路人的各種反應，包括無用的善意建言、煩人的好奇詢問、睥睨的眼光以及敵意的評論。父母除了要能接納孩子的能力限制、放下不適切的期待之外，也要理解手足的心理需要，更難的是接納親友及路人的不當反應。父母接納的心態還可以在不同的層面中展現出來，接納孩子的父母將有以下的特徵（Seligman & Darling, 1997）：

1. 父母能和親友很輕鬆自在地談起孩子的缺點。
2. 父母能在鼓勵孩子獨立以及向孩子表達愛兩造之間取得平衡。
3. 父母能夠與專業人員建立合作關係，規劃符合實際的計畫。

4. 父母能培養自己的興趣，把自己照顧好，尤其是與孩子無關的領域。

5. 父母管教孩子時不太有罪惡感的干擾。

6. 父母能揚棄過度保護的行為，也不會不當地要求孩子。

🐚 將心比心，開啟接納

「今天的討論我覺得很溫馨，因為大家都很坦誠，管教的細節講得很清楚。要我們孩子表現一切正常，是強人所難。要別人跟我們一樣了解孩子，也不切實際。淑蘭能體諒別人對孩子的反應，這樣就可以海闊天空，希望我也能學起來。」芳芳說。

「我們不能為別人的眼光而活，我覺得很重要！」小鈴點著頭說。

「這得要媽媽有很強的自信心才可以辦到！很佩服淑蘭！」婷婷也加入說道。

「簡單說，就是將心比心吧！」淑蘭回應道。

「我看到大家都能從孩子的立場去想事情，相較之下我才發現，過去我雖然很用心教，卻都是要孩子按照我的標準，而沒考慮他的能力。這種教法是以老媽為中心，而不是以孩子為中心。所以我一有時間就教盡量教，雖然也會讓他休息……」玉蓮停了片刻，臉上露出一種詭異的笑容，然後繼續說：「……只是會忍不住，沒幾分鐘就會急著催孩子回來！」眾姊妹一齊放聲大笑。

「日後我要更有耐心，讓他休息到高興再回來教。」玉蓮神情認真說：「以前我會要求孩子功課寫完才准吃飯！老師出多少功課就要做多少，而且一定要寫得很完美才可以。放學回家他就開始做功課，有時候搞到九點多才吃飯，呵呵……結果熱騰騰的晚餐變成冷冰冰的宵夜！以後，我打算幫他減少些功課量，該吃飯的時間也會讓他先吃飽，或者考慮偶爾讓他先打一下電動再去寫功課……」眾人笑聲不止。

「今天各位講出來的內容，都讓我覺得很有道理。」春梅說：「我最大的發現就是拖拖拉拉不是我孩子獨有的問題！原本我自認為對孩子的課業要求標

準已經是非常低了，跟各位相比後，我想我可以再降低些期待。過去我還會試圖搶救一些科目，也許日後可以少做一點。」

「芳芳很能自我肯定，她剛才說有健康的媽媽才會有健康的孩子，我覺得這句話很有意義，我很認同。」金花說。

「我也要跟芳芳多學學。」春梅接著說：「以前孩子月考到了，我就如臨大敵，吃不了睡不好，總是想著再加把勁這科會更好，那科也一樣，搞得沒完沒了。現在我不會逼得那麼緊了，至少複習功課不會超過十二點了。因為我還有很多放不下，所以心情就會打結很難解開。」

「小鈴說人是爭不過天的，這句話從她口中說出來，特別讓我有感觸，可能是因為我和小鈴的孩子情況相近吧。我想我該更放開一些才對。」婷婷看著小鈴說完轉向大家說：「還有今天團體讓我學到，孩子也有壓力，而很多的壓力都是來自媽媽。所以我要跟芳芳學習要放的開。」

「我也有同感耶！」春梅笑著說。

「聽了大家講下來，我可以確定自己是做對了，因為這陣子日子都過的蠻好的！功課方面我真的不強求，只要他有動機願意學習，我都會全力奉陪，放手但不放棄，氣氛祥和。」芳芳笑著說。

「芳芳接受了孩子能力的真實狀況，也積極地讓孩子有興趣學習，看到自己的努力沒白費，肯定自己目前擁有的，就很能夠得到安慰。」我應道。

「對，這樣的方式很適合我們家……」芳芳說。

「就剩下敏珊還沒說了。」

「又剩我了！」敏珊笑著說：「這幾次團體下來，我現在學著先站在孩子的立場想，我發現這樣孩子會比較肯說出他心裡的話，事情就會比較好處理。最近我跟孩子大眼瞪小眼的情況減少了很多。我想因為我還沒有辦法放手，所以我很痛苦。聽到大家談放手後，我會試著再多放鬆些……」敏珊笑著說。

「敏珊還在放手的過程中找方法……」我回應。

「對對！我還在尋找中，在尋找中。」敏珊笑。

「聽完各位的回饋，我發現大家彼此愈來愈能從對方的經驗中學習，也能欣賞彼此的特點。」我回應。

　　「今天的談話中，我對淑蘭墨汁運動服事件印象很深刻，孩子的行為是不是會惹父母生氣，和父母的期待有直接的關聯。各位談論的放手不是放棄，而是放下那些不符孩子能力的期待，要接納孩子的本性與能力的限制。此外，不論是路人或家人，他們對孩子了解不足，也不能體會父母的處境，有些反應讓大家覺得很不舒服。淑蘭將心比心，不僅能接納孩子的情況，進一步還能接納路人和家人的反應，這種接納得來不易，也讓淑蘭更能自處。」我緩緩地說。

　　「下週是團體最後一次聚會，家庭作業是要請大家自行預備卡片，寫給夥伴們。卡片的內容可以是祝福，或任何你想要告訴對方的話，包括對方值得肯定的事、你欣賞的事或感謝的話。聚會前請預備好卡片，下次聚會中我們要互贈卡片彼此祝福。」

7.10 團體效能：楷模

　　支持團體中成員揭露個人經驗可供彼此參照學習，處境愈相近，成員愈可能在彼此的經驗中學習。當主題愈明確具體，成員分享的觀點就愈深入多元，成員學習的向度也將變得豐富。本次聚會結束前，芳芳表示希望能效法淑蘭對家人及路人的接納態度。婷婷認同小鈴「人爭不過天」，同時也認為自己可以學著再放得開。敏珊、玉蓮和春梅發現自己的痛苦與不放手有關，且都更認真考慮孩子的能力限制，降低期待標準將功課減量。由此看來，聚會中成員分享的經驗，不僅描繪出個人調適的軌跡，這些經驗也成為彼此認同及學習的教材。

　　社會心理學指出楷模學習是人們的重要學習途徑。當楷模的行為獲得良好的結果，楷模與學習者的背景相似度高，楷模獲得學習者的喜愛時，模仿學習的效果最好。支持團體中成員調適較佳的經驗成為眾人學習效法的對象，因此成員在團體中有多樣的學習主題，包括對孩子問題行為的理解、管教技巧、面對家人及路人的眼光等不一而足，此即團體治療因子行為模仿（Yalom & Molyn, 2005）。藉由成員模仿的心理歷程，支持團體藉由成員分享相似的處境與經驗，不必透過正式的演講及教育訓練，也可

以引發成員的學習並帶來改變。

7.11 團體設計：在團體中運用日記

　　日記是項有價值的活動，值得搭配在團體中應用（Kottler, 1994）。本次聚會中以心情日記的內容為索引，邀請成員在團體裡分享日常生活中個人情緒起伏的事件，這些事件涉及多種重要的主題，包括母親情緒管理、生活意義感、親子衝突、手足管教、特殊兒童的適應問題等。對於協助成員處理當前生活難題而言，心情日記是個不錯的活動，可以協助成員聚焦於所關切的生活重要議題。

　　在團體中運用日記時，日記的主題不限於記錄情緒。帶領者可依照團體的進展訂定合適的日記主題，亦或由成員自行決定日記中的議題，包括參與團體的心得、日常生活經驗、個人目標規劃、夢或回憶等。人們可以在日記中自由自在地表達任何情感與想法，日記促成內省及自我對話，也可以讓成員探索那些隱藏於行為之下的各種憂懼欲求動機，引發並加深強化重要的洞察。

7.12 團體過程：團體自主性

　　團體工作期裡，成員熟悉團體運作的規則，能夠彼此聆聽主動回饋，達成相互支持的效果。本次聚會依序可以分為四大主題，最初由塗改聯絡簿的話題開始，接著談到孩子心理壓力大。第二段落的話題始於孩子罵髒話，接著談及手足衝突及管教。第三段落話題起於注音教學的沮喪感，接著談及孩子的身心症及母親放手的心理轉捩點。最後一段話題由母親的丟臉經驗開始，最後談母親接納的心態。各段落話題成員皆熱烈地投入互動，發言人數多。話題重點雖因成員的分享略有轉換，整體而言仍保有高度的相關。本次團體互動十分流暢自然，顯出成員對團體運作已具有相當的自主性。

　　由於成員提出的生活事件具體明確的特質，彼此回應時焦點清楚，成員對於團體進行的話題能維持高度的興趣。本次聚會成員互動頻率明顯地較團體初期更為頻繁，帶領者融入團體中，說話的次數明顯少於團體初期。帶領者雖然減少介入發言，仍持續對團體的發展保持高度的注意。儘管帶領者發言引導次數少，成員交談的深度卻絲毫不減。與過去聚會相比，成員彼此直言交談的情況變得更多，成員自由發言又能自動聚焦，並未發生群龍無首的亂象。不僅如此，團體進行時還能維持高度動力。這要歸功於成員熟知互動原則且具高度的自發性，對帶領者的依賴已明顯減少。

第八次團體聚會

接納

8.1 團體設計：目標與流程

　　支持團體目的在協助成員有更佳的心理適應，帶領者不僅期待成員們在團體進行時能獲得情緒支持，更期待成員的正向改變在團體結束後能繼續維持，甚至不斷地擴大增加。本次聚會的目標在協助成員整合團體中的各項收穫，幫助成員看見自己的成長與力量。透過本次聚會回顧、回饋與祝福活動，成員有機會相互肯定、彼此感謝，強化成員正面的自我概念，強化團體的支持力量，同時發展一段具有深刻意義的人際互動。本次聚會流程如下：

1. 團體結束的心情分享。（約15分鐘）

2. 回顧歷次聚會。（約10分鐘）

3. 團體收穫分享：成員陸續分享參與團體的收穫，每人約6分鐘。（共約50分鐘）

4. 中場休息。（約15分鐘）

5. 彼此祝福：成員分享個人的回顧及展望，並接受眾人的感謝、肯定與祝福，每人約10分鐘。（共約80分鐘）

6. 給團體的話。（約10分鐘）

今晨氣溫偏低空氣冷冽，萬里無雲陽光充足，日照處皆有難得的暖意。步入團體室時，眼前景象令我大感意外，全體成員不約而同盛裝出席，房間裡洋溢著節慶般的氣氛。

「今天大家都很不一樣哦！都變美了！」我笑著向大家說。

「金花這身打扮像娶媳婦一樣，看起來真貴氣（台語）哦！」淑蘭說。

「我很喜歡學習，可惜沒機會讀初中。年紀一大把了還能來上課，我非常珍惜，所以特地穿正式點，抱著參加畢業典禮的心情出席！」金花一身棗紅色套裝，她話才說完，立即響起熱烈掌聲。

「敏珊好像走伸展台的模特兒哦！」婷婷說。

「我得找機會穿漂亮點，衣服塞在櫃子裡都快發霉了！」敏珊一襲淡色套裝簡潔優雅。

「淑蘭也很美耶！」芳芳說。

「今天我是人模人樣啦！平常整天在家裡給電視看，早就變成黃臉婆了。一套睡衣從起床穿到上床，很邋遢！現在每週來上團體課，不能這樣過日子了！今天是要出來見人，不是出來嚇人的！」淑蘭不改本性大笑自嘲。

「好幾位特別打扮，喜氣洋洋的！」我說：「經過八週聚會，大家從不認識到熟悉，因著分享，我們進入彼此的內心世界。如今團體就要結束，大家必然會有些感觸。金花說她抱著參加畢業典禮的心情出席，各位今天出席的心情是什麼呢？」

面對結束，離情依依

「當初想到聚會八週，感覺遙遙無期，沒想到一眨眼就要結束了！以前我還擔心自己沒能耐長坐三小時！沒想到每次聚會結束時，都還意猶未盡！」婷婷笑著說，大夥頻點頭。

「婷婷說話時我看到有幾位點頭，看來大家都覺得時間過得好快！」我反映。

「其實這幾天我心情很悶，成天沒說幾句話。可是剛才我踏進門一看到大家，心情忽然好了起來！好奇妙哦！」婷婷笑著補充。

「因為團體跟SPA一樣，有紓壓療效啊！」芳芳應道，眾人笑。

「我有同感！每次聚會後心情就會變好一點！」小鈴接著說。

「來團體我覺得愉快又沒壓力，團體結束後，這段回憶會一直留在我心頭！」淑蘭說。

「老實說，生活本來就忙，為了參加團體，硬是要擠出時間來。團體結束後生活時間會鬆一點，但也就沒機會和大家好好地談話了！」玉蓮表示。

「我是不會覺得時間緊啦，平常遇到問題時我只能自個兒在家枯坐，來這裡有很多人可以商量，結束團體讓我覺得很可惜……」敏珊緊接說。

「我們還是可以約著見面聊聊啊！」春梅建議。接著大夥興致勃勃地討論起聚餐的計畫，一時房間裡鬧哄哄的。

「大家對聚餐慶祝都很有興趣！看來勢在必行。至於時間地點我們可以在休息時間裡好好計畫，還有哪位要談談此刻的心情？」我提高音量，喚回大夥的注意力。

「天下沒有不散的宴席，我感到萬分不捨。因為大家陪伴，我才能有這段成長。我能做的就是珍惜已經擁有的，也期待今天能再聽到大家的分享。」芳芳說。

「幾次聚會來大家分享了自己的故事，一起流淚一起歡笑，對彼此有更深的連結。正如金花所說，最後一次聚會就像要畢業般，面對團體結束大家有多樣的心情。能堅持到底，走完八次聚會，各位的努力與成長很值得慶祝。然而不再有機會見面談話，也會讓人感到不捨，甚至覺得失去了部分支持的力量。這正代表著大家的關係是深入且有意義的。今天我們要用三個活動來整理大家團體的經驗，首先是回顧前七次聚會，接著讓大家談談參加團體的收穫，最後要互贈卡片彼此祝福。現在我們就先回顧團體，按次序談談各次聚會中有哪些讓你印象深刻的事件或話題，哪位要起頭？」我邀請。

在分享中成長

「第一次聚會是自我介紹！我記得那天團體氣氛比較沉重！」芳芳率先回應。

「對！那天一說到孩子就鼻酸，我還記得當天很多人都流淚，氣氛很悲傷！」春梅神情輕鬆。

「對啊！那次我聽別人講，眼淚就掉個不停！好丟臉哦！」淑蘭笑說著。

「我也是啊！其實我已經很久不流淚了，不知道為什麼那天我的眼淚硬是不聽使喚……」婷婷附和。

「其實頭兩次聚會我心情都很緊張，這裡談話比較正式。因為我沒什麼社交活動，不知道自己說話得不得體，能不能跟得上？直到聽了大家的故事後，我才確定自己可以繼續參加聚會。」金花緩緩的說。

「還好金花有繼續來參加，第二次聽了金花的故事後，我學到一項功課，就是要好好聽人家說話，才能設身處地了解對方，也才不會用自己的主觀去批評別人。以前我先生說他全力拚工作，就是要讓我沒有後顧之憂可以全力照顧孩子，這些話我都聽不進去。在這裡學了真心聆聽的態度，回家後我就用這種態度看待我的先生，對夥伴的經驗就能感同身受。回家後我就運用這種聆聽的態度，回想老公以前對我說的話。他說努力工作是希望讓我無後顧之憂，能全心照顧孩子，忽然間我好像可以體會到他的用心，可以感受到他真的很愛我。」芳芳向金花致意。接著成員談起各次聚會中的事件，包括搖錢樹先生、婚姻暴力、青春美夢、拆下婚紗……等。許多原屬個人的故事，現在已成為團體共有的回憶。

「上週提到塗改聯絡簿和誤解孩子的事，我也有相似問題。以前在家裡凡事我說了就算，我就是家裡的武則天，孩子只有聽話的份，沒插嘴的餘地。上週聚會回家後，我就不再強迫孩子，試著聽孩子們說，了解他們，和他們討論商量。很奇怪耶！這禮拜孩子變得更願意聽我說，不會跟我大吵大鬧。」玉蓮臉上露出難以置信的滿意神情。

「孩子心情好，學習也會比較沒有問題！」金花接腔。

「對啊！孩子愈罵會愈退縮，他會變得不敢表達自己，日後就更難了解他了。現在我也比較收斂了，遇到問題不再劈頭開罵。我會試著先去了解情況，再決定怎麼處理，親子關係變得更好了！」敏珊加入。

「剛才回顧時，各位回想起聚會裡好多珍貴的片段。各位的經驗透過分享彼此激盪，也相互學習。上週的分享讓玉蓮更重視聆聽孩子，管教上有不錯的效果。就是這樣聆聽帶來更多的了解，也讓大家有學習和改變。接下來就要請大家更進一步談談當初加入團體時個人有什麼期待？參與支持團體後，你在心情、想法、個人生活及家人關係上，有什麼收穫？」我說明並邀請。

8.2 團體技巧：協助成員面對團體結束

連續八次聚會談話互動，成員間已建立心理親密感，結束團體必然引發失落感受。帶領者有責任處理成員因團體結束而有的各種感覺（Clark, 2003）。面對團體的結束，成員的感受有好有壞，當成員們認為在團體聚會中獲致成長，更能處理問題掌握自己的生活時，團體結束時就會有滿足感。然而有些參與心理團體的成員會有不好的感受，甚至覺得受傷。一旦成員揭露負面感受，帶領者便有機會澄清問題並視需要提供必要的協助，例如安排轉介。

回顧歷次聚會可讓成員感覺團體已將結束，讓成員為團體結束做好心理準備（Clark, 2003）。回顧活動時應避免流水帳的單調呆板形式，以免成員感到無聊或厭倦，帶領者可引導成員以簡短的方式發言，切忌為了蒐集更多細節花費太多時間降低團體動力（Gladding, 2003）。過去聚會經驗可能因為時間久遠導致記憶模糊，為了減少回憶困難耽誤時間，帶領者可提供聚會活動內容，陳列歷次聚會活動的作品或發還成員各次填寫的回饋單等方式，協助成員喚起回憶。

借鏡他人經驗，強化孩子自理能力

「我先說！」春梅搶先發言。

「當初參加團體就是想多學些方法來教孩子，雖然老師一開始就說過，支持團體不是特教技巧訓練，不過我還是有很多收穫。」話畢春梅身體往後靠在椅背上，好像已經把話說完了。

「春梅，可以更具體談談你的收穫嗎？」為了讓春梅說得更清晰具體，我追問。

「哦……我最大的收穫就是借鏡各位的經驗。因為我孩子年紀比較小，聽了各位的分享後，我能預知孩子將來可能會遇到的問題，我好早作準備。其實我們親子關係很緊張，問題就是我太急躁了。幾年前心理師就說過，需要改變的人是我！我應該降低對孩子的要求，當時我還沒這麼深刻的體悟。現在我真覺得該反省是我；像昨天複習自然，我快要爆發時趕緊離開現場深呼吸。休息幾分鐘回來，再重新逐字逐句唸題目，孩子竟然還能把所有的題目做完。這讓我想到，如果我不發飆，別把局面搞得很難收拾，孩子其實是能繼續練習的。可是話說回來，隔天就要月考了，我的壓力好大。我還無法完全控制情緒，尤其每次遇到考試就會破功……唉！」春梅用手指順了順頭髮，嘆了口氣垂下頭。

「不過在生活自理方面，我有進步了哦！以前我會替孩子整理書包，一定不讓他漏掉任何東西。現在我就教他怎樣檢查書包，不再替他檢查了。如果他忘了帶東西，我也不再充當郵差快遞，會讓他承擔一些後果。」話畢春梅臉上重現愉悅神情。

接納障礙事實，萌生更多體諒

「我原本不知道家長支持團體是什麼，因為協會理事長強烈推薦，我才姑

且一試。現在我是變得比較不會生氣了。」接著春梅之後，玉蓮開口，說話仍有些緊張。

「過去我心底總抱著希望，期待孩子有天會變好。現在看來，這種想法算是自欺欺人吧！在這裡我聽到孩子上了國高中以後還要面對很多問題，這讓我知道孩子的障礙不會因長大就自然消失。過去我一直等著他變好，每當期待落空我就會生氣，甚至有怨恨的感覺。功課老教不會，行為問題一大堆。尤其看到成績，話還沒說一句，我眼屎就先滴落來（台語）。以前我一拿到成績單，就直接叫他歸去死死好啦（台語）！罵得很難聽啦……」玉蓮露骨的坦白惹得全場大笑。

「是真的嘛！」玉蓮不好意思地搔搔頭。

「反正我就是不肯面對他學習有障礙，不願意承認他能力不足。所以談到課業我就抓狂，發起脾氣來會嚇死人。孩子手腳上偶爾就會看到齒痕……」玉蓮的自白引來熱烈的詢問。

「你家有咬人的小小孩嗎？」敏珊關心問。

「是被你家狗咬的嗎？」春梅一臉困惑。

「不是啦……是被我咬的……」玉蓮答道。

「啊！」大夥又叫又笑，頓時亂成一團。

「我氣不過了嘛！」面對眾人強烈的反應，玉蓮無奈地聳肩。

「狂打孩子，最後自己也氣到哭。事後看到他身上傷痕累累，就很想跟他道歉。孩子受傷了，關係也弄僵了，真划不來！來上了團體課，聽到大家孩子的困難都很像，我總算認清他有障礙的事實了，他就是這樣，他不是故意的。現在我會比較死心地接納他，換種態度來看待他。」玉蓮感慨地搖搖頭。

「還有過去我有種心態，因為老二能力有限教不來，那我就要求老大一定要表現得更好。兩年前他進了數學資優班，我想哥哥有天分一定要好好發揮，所以對他就有更高的要求。如果考試沒前五名，絕對被我罵到狗血淋頭。結果老大怕被罵，最後變成考卷東藏西藏不讓我看，真的是喔！」玉蓮無奈地搓揉著自己的頸子。

「我想既然我可以對老二降低標準，為什麼要對老大要求這麼多？！自從

我態度改變後，這幾天老大反而願意主動跟我說他在學校發生的事，還會拿考卷來給我看。這幾週我對孩子生氣的次數減少很多。」玉蓮臉龐亮了起來。

「最後就是我老公啦！兩個孩子在家天天雞飛狗跳，搞得我很累。他大爺不聞不問就算了，竟然還說婆婆對孩子成績不滿意！怪我沒管沒教。以前他每次講，我就跟他吵。」玉蓮不以為然扭動脖子。

「現在我比較能體諒他了，因為我想到老公也上了年紀，如果孩子不爭氣，他也會擔心，再加上婆婆給的壓力，其實老公並不好受。所以現在我不再和他吵，反而會跟他說，婆婆也是為孩子的未來好，然後慢慢解釋給他聽。」玉蓮說畢，全場響起熱烈的掌聲。

8.3 父母心理：高期待高衝突

春梅雖然承認自己在親子衝突上扮演關鍵的角色，然而這認知的進展並未帶出全面性的改變。督導孩子課業向來是春梅的難題，情緒自我克制僅有部分的成功經驗，考試壓力下便呈現不穩定。在孩子的生活技能訓練和放手讓孩子為自己負責的管教方式上有具體的調整。

「父母的期待」與「孩子實際能力」不一致時將導致親子衝突不斷，這可能是春梅困難的主因。父母對特殊兒童的期待要能變得合理切實，多半需經歷一段時間的嘗試和努力才能達成。父母需要經過學習才能掌握孩子障礙的本質，學習的管道包括醫師的診斷說明、老師觀察回應、演講及各式課程研習等。學習的過程並非僅依靠純粹理性的分析，成員多半經驗過一連串強烈的親子衝突及拉鋸，這過程充滿困惑與失望。親子拉鋸戰的功能之一，就是透過孩子的反應來探測孩子能力所及的極限，孩子的身心症狀也會向父母透露出孩子的能力範圍。

你們能，我也能

「因為我長期在家帶孩子，一個人悶得發慌。有時沒來由地會突然變得很暴躁，會向孩子大吼大叫。當初報名團體就是想要出門透透氣，和大家見面聊聊！我的收穫就是現在比較能控制情緒，生活變得愉快多了！」敏珊微微笑著說。

「在這裡我聽到好幾位夥伴孩子遭遇生死危機，卻都還能欣然接納孩子，很用心安排生活！我的困難和大家相比，實在不算什麼，但我的日子卻過得很不好，這令我十分汗顏。每回聚會那天晚臨睡前，我獨自靜靜地躺著時，聚會時的影像就會在我腦海中不斷重播。大家面對問題的積極態度，就是我學習的榜樣。我相信你們能做到，我也能做到！」敏珊習慣性地推推眼鏡感嘆道。

「我和玉蓮很像，真的很受不了我先生！他什麼家事都不做，就只會躺在沙發上看電視，把家當旅館。我整天忙家事、帶小孩，從早到晚沒停過，就像個菲傭……」此刻敏珊一反常態，聲音變得宏量精神奕奕。

「不！我比菲傭還不如！菲傭有薪水和假日，我什麼都沒有。所以我就天天跟他吵！」想了想敏珊又改口補充道，團體爆出笑聲。

「一直惡鬥也不是辦法。」敏珊再推了推眼鏡，大家又笑成一團。

「其實吵架很累人，有段時間我盡量不吵，改用冷戰。」換湯不換藥的作風大家又笑。

「這二個月來向各位學習，我變得比較積極願意面對問題，會站在孩子的立場想，少罵孩子。聽了淑蘭怎樣幫助孩子和父親建立關係的故事後，我回去學著在晚餐時對孩子說，爸爸好辛苦，這麼晚還不能回來休息，你去打電話給爸爸。以前先生都是十點以後才回家，現在他大多七點前就到家了！我還對先生灌迷湯，說你是我們家很重要的搖錢樹！他就會笑得合不攏嘴。他就是吃軟不吃硬，想想過去，我發洩情緒都是不經大腦。淑蘭處理問題很有一套，我學著做，沒想到會有這麼大的改變！現在我知道家庭氣氛要和樂，花點心思經營是一定要的啦！家總要有人經營，心才會凝聚起來！現在我家親子關係改善蠻

多的，和先生的爭執也變少了哦！」敏珊牽動嘴角微笑說。

「哇嗚！」眾人發出驚嘆聲。

「因為我選擇不再冷戰了！當我們夫妻意見不一樣的時候，我就說出自己的看法，如果他有理就依他。如果他硬是要拗，就隨他去！以前我常在心裡埋怨，可是和大家聊起來，我並不是最慘的！」說到「慘」字敏珊和眾人齊聲笑。

「我是應該活得好一點，別跟自己過不去！自從對先生好一點以後，他的態度也突然變了，對我特別溫柔。從那時候到現在，我們只有小小吵過一次架而已哦！」聽了敏珊的回報，大夥羨慕地叫鬧著。

🦪 愛孩子，也要愛自己

「因為孩子特殊，所以我不斷看書、聽演講、在家裡自己土法煉鋼，一路走來跌跌撞撞。向來我很著重孩子的生活訓練，他已經學會搭公車上學、可以去大賣場買東西、可以自己做飯、做菜、洗衣服……我曾想過，等到哪天我真的走了，孩子也該能生活得很好。在這裡大家對我的教法都很肯定，讓我更有勇氣繼續走下去。」金花說。

「那次分享登山事件，很意外得到大家認同，才發覺不只我有這麼……齷齪的念頭。自那天起我就很釋懷，不再為此自責，也更能接納孩子。如果再遇到危險，我一定會盡力救她，不會再有放手的念頭了！謝謝大家。」金花微笑著說。

「平常生活很忙，難得可以靜下來想一想。在團體裡我說話時好像就有機會整理自己的經驗。每當我聽別人說時，我好像觀看水霸洩洪，卻不會被洪水淹沒，同時還可以冷靜地想想自己。重新整理後，我就可以用不同的角度看事件。還有，現在我有種強烈的感受……」金花調整了一下坐姿繼續說。

「……我覺得小孩不該是我生活的全部！我的生活不該總是受限在小孩，為了不要過度注意孩子的一舉一動，讓自己有點重心，我現在試著自己抽空去

逛書店。我覺得大家說的很好，我也應該有自己的生活樂趣和重心，要好好的照顧自己。」

拋開自責，肯定自己

「當初我很猶豫不敢報名團體，因為那時我心裡很混亂，很希望能有改變。但是，到底要改變什麼，我也不清楚，反正就是全心投入團體。聽大家的故事後，我發現雖然孩子障礙不同，媽媽心路歷程卻很相近，大家都經過漫長掙扎，才漸漸承認孩子與眾不同。既然大家過程相近，問題就不在我個人能力差、方法錯或性格有問題了！那我各種情緒反應也都算是很正常的！團體中我開放自己讓大家認識，意外地從大家的經驗中看到自己，認清我是堅強的！我應該相信自己，雖然不是理想的媽媽，絕對是個盡力的媽媽！孩子問題層出不窮，不一定是母親做不夠。孩子的問題就是孩子自己的問題，我只能盡力找方法來幫助他。」婷婷眼中閃耀著光芒。

「心境改變後，現在我能肯定自己的重要性，因為媽媽是家庭的重心！我的改變不但對孩子有正面影響，連我先生也變得不一樣哦！」婷婷臉上出現一抹嬌怯。

「喔！」眾人的驚呼尾音上揚。

「會不會佔太多時間？」婷婷轉向我問道。

「說！說！」眾人鼓噪催促著婷婷繼續說。

「我先生本來就不善表達，加上平日工時長，我們倆就很少有談話的機會，後來就變成了親密的陌生人。幾年來兩人生活是井水不犯河水，對婚姻我早已心灰意冷。後來聽小鈴說她如何走出婚姻困境，我就學著多看先生的優點。三週前他骨刺開刀臥床療傷，好幾天動彈不得。我在家裡照顧他，兩人終於能好好聊聊。我就把參加團體的感想告訴他，這次他總算聽進去了，幾次的長談為我們婚姻注入活水。最近他回家時間提早不少，好幾次還打電話問要不要帶杯燒仙草回來。」大夥笑著起鬨。

「我覺得蠻高興的，只是還有點不習慣啦！」婷婷的笑容洋溢著幸福。

「有天老公對孩子說，你們有沒有發現媽媽最近好像變得不一樣了？兩個孩子都說，有啊！媽媽變漂亮了！我覺得很奇怪，我並沒有比以前多打扮啊！有天就私下問孩子，為什麼覺得媽媽變漂亮了？他們的答案很簡單，因為媽媽的笑容比以前多。想這可能是來參加團體無形之中有了改變，我自己的改變自己都還沒發現，先生和孩子卻都看在眼裡。」言談間，婷婷臉龐浮現滿足的神色。

「受到各位的影響，以前對老公的接納若有五分，現在我可以再次敞開心胸接納到八分，對他更好一點。結果沒想到現在他變成會主動抱抱我，還會幫我搥搥背呢！」婷婷驚喜萬分神情嬌澀。

「平平是這個人，前後那會差這多（台語）？！」婷婷喜不自勝。

「他開刀算是天時地利人和！」淑蘭回應說，成員們齊聲慶賀。

打從心底欣賞孩子

「當初參加團體就是期待能聽聽別人的經驗，結果我發現自己不算最苦的！甚至還有些地方做得不錯，還能鼓勵別人，真沒想到！」話畢小鈴笑了。

「我和芳芳的孩子都是乖乖牌，但是我對孩子的期望高、要求高，直到孩子出現強迫性行為後我才覺醒。在這裡我發現孩子們的困境大同小異，我不得不再次承認孩子能力真的有限制。」小鈴的口氣平穩愉快。

「過去我努力調整自己的心態，自認為已經很接納孩子了，聽了芳芳的分享後，我發覺自己對孩子接納還不夠。現在，我是打從心底的接納，對孩子的期待也比較符合孩子的能力水準。我改變後，孩子也變得比較快樂，長久來親子間緊張氣氛逐漸消失！感覺很好！還有！」小鈴提高音調緊接著補充。

「孩子向來能力弱、動作慢，我從不覺得他有什麼值得誇讚的。幾次團體裡聽到大家經歷的各種困難，我心裡很感慨。上週五孩子放學進家門的那一刻，我坐在客廳沙發上望著他，忽然有種感受從心底湧出，我覺得他好乖

喔！」小鈴眼睛裡閃著真摯光芒。

「那天我全心全意地抱著他說，媽媽覺得你真的很乖、很棒，從來不讓媽媽擔心。單這點就很值得感謝了！相較之下，孩子動作慢、功課差、怕上學，這些問題並不嚴重啊！」話畢小鈴向大家點點頭，她嘴角上揚，眼神中有著無比甜美的滿足感，一股溫馨平靜則漫在眾人之間。

接納夢碎，接納配偶

「換我說！」芳芳笑容可掬，精神飽滿。

「經過十載努力，我自認為教養沒啥問題，沒想到團體卻挖掘出隱藏在我心中的缺憾！收穫意外地大！我有個驚人的發現，這個被我嫌到臭酸的先生，在大家的眼中居然是個寶！原來有問題的不是他！而是我，是我不能知福惜福！接著，又發現多年來我心情鬱悶的原因，就是我不情願接受少女美夢破滅的事實。告別美夢後，現在我已經能接受現實不能如我願，我可以接受先生無法扮演孩子的好老師，對他有更完整的接納了。以前我對他時好時壞，這幾週來我對他真的很好，而且是心甘情願無怨無悔的⋯⋯」話畢芳芳咧嘴而笑，帶著一絲少見的嬌羞。

「對他多好？有多好？！」大夥叫鬧興致昂昂，不客氣地問。

「是真的啦！最近不管他多晚回來，我就會跟他說你辛苦了，然後親自下廚，特地為他炒盤菜、蒸條魚。」芳芳滿臉笑意，不急不徐地說。

「真的不一樣了！」大夥鼓噪著。

「當然啦！他那麼辛苦工作回來，怎能吃剩飯？我不僅要對他好，而且要把十年來該給他的好補給他。」芳芳的決心不容置疑。

「以前我總是嫉妒別人孩子隨便教都會成材，我費盡心力卻都不會有好果。現在我承認我的人生不如我想要的那般完美，雖然先生小孩讓我吃很多苦，可是他們也有很多優點；孩子雖不聰明，卻好管教且無不良行為。先生雖不是孩子的好老師，可是他會賺錢，忠誠又無不良嗜好。我願意接受先生是家

裡的經濟支柱，他不必是孩子的老師，家裡的事由我概括承受。一旦教孩子力不從心，我就告訴自己，這不是先生的錯，也不是我的錯，每個人都已經盡力了！我學會知足，而且還學習淑蘭的撇步，創造機會讓他們父子相處，讓先生做家裡的明星，受孩子歡迎。現在我的家已經不一樣了！」芳芳話畢團體響起熱烈的掌聲。

不要過度犧牲，媽媽也要疼惜自己

「向來我就很積極參加各種演講和研習，這些課程讓我生活更有動力和方向感。來團體最大的收穫，就是發現我心深處還暗藏著許多委屈，真是始料未及！」淑蘭音調提高不少。

「婚後生活就像捲入極大的漩渦中，發現孩子的問題後，日子更忙碌失控，我幾乎得了恐慌症和憂鬱症。三年前加入學習障礙者家長協會，我才漸漸能放得開，也慢慢淡忘過去種種辛苦與不堪。在團體中不斷回首來時路，我才了解自己心態轉變的來龍去脈。最後幾次聚會，我有種豁然開朗的感覺，這種感受很新鮮！我發現過去的生活並不像我想的那麼混亂、失序和糟糕。過去我之所以會感到強烈不安，主要是因我不了解孩子狀況，不確定管教是否得當。聽了大家育兒經後，現在我很確認，放下期待接納孩子的作法是正確的，這讓我的自信心提升不少。」

「接下來我要講的，可能會讓大家跌破眼鏡！」淑蘭深深吸口氣。

「孩子狀況百出，我們夫妻除了討論孩子的問題外，就沒其他話題了，夫妻關係淡而無味。每當空虛感來襲，我就看電視吃東西來安慰自己，但這樣做我們夫妻的問題並沒有解決。後來我決定先放下身段，對老公好一點！努力三年終於換得一點點改進。相較之下，敏珊的經驗超好，才幾句好話老公就把禮物給端來啦！」淑蘭蹙眉苦笑，向敏珊豎起大姆指。

「這幾年我盡力扮演好太太的角色，一早起床就打蔬果汁伺候，晚上老爺回來就奉茶端飯！我還以為自己無怨無悔，其實是委曲求全超級壓抑，可是我

連這點自覺都沒有！來團體後，我發現自己日子應該可以再輕鬆點。以前他加班晚歸不論多晚，我都會為他下廚。現在他超過晚餐時間回來，我就面帶難色不說話。他看情況不對就說，我吃泡麵好了！」淑蘭仰天大笑，大夥拍腿叫絕喧鬧一時。

「因為我發現別人都是有來有往，相較之下我的投資報酬率實在太低了，可能是我付出太多，讓他覺得這一切都是理所當然！所以，我決定要對自己好一點，累了就不再勉強自己多做了……因為強迫自己久了會累積很多情緒，又要靠電視進行排解鬱悶……這樣有害身心健康，這次我真的需要調整一下！」在笑鬧聲中，淑蘭斷斷續續地說著。

「最後，以前我會特別挑選能體諒我孩子過動的家庭交往。但只要他們出現一絲不接納的神情，就會被我列為拒絕往來戶。現在，我已經可以練習著去接納別人對過動兒的各種反應，不再一味地認為他們不應該嘲笑我孩子！我認為孩子也該有機會了解別人的正常反應，他不該在溫室裡成長！現在我好像變得比較有勇氣再試著去接觸朋友，接納別人也可以有不同的情緒。我覺得這種想法讓我變得更健康了！」團體結束喧鬧。

8.4 團體效能：多重社會比較的正面影響

八位成員有著八種人生際遇，雖因為孩子具學習障礙而隸屬相同協會，孩子們的情況卻有很大的差異。當成員一一揭露個人生活經驗時，便各自在心中相互比較對照，進而引出許多正面的影響。當父母能看重自己已擁有的，在心中萌生「比上不足，比下有餘」的心態時，將能擺脫憂鬱，更有能量地面對每天生活的挑戰（李淑莉、高寶蓮、田昉、許敏桃，2010）有趣的是成員雖經歷團體相同的話題，個人選擇進行比較對照的主題卻有很大的不同，都能有正面的影響，分述如下：

1. 發現孩子的問題相近，而更接納孩子。團體分享中成員發現彼此的孩子有相近的行為問題，促使成員對孩子的本質有更多接納。玉蓮看見其他年紀長的孩子，到了國中後繼續有相同的困擾，因而放棄原先

的想法：「孩子的問題長大就會好」，開始「死心地接納孩子的障礙事實」，進而更接受孩子：「他就是這樣了，他不是故意的」。當婷婷發現孩子問題相近時，獲致新的結論：「問題就不是孩子個人的問題」，是這類學習障礙的特徵，不是疏於管教的結果，因而減少自責。

2. 發現母親心理調適過程相近，而更接納自己。成員發現自己的心理調適經驗與其他人相近時，因而更能接納自己原有調適過程中的種種負面情緒與反應。婷婷長期面對孩子無窮盡的行為問題，曾感到強烈的困惑與自責，懷疑自己的能力或心理情緒有問題。這種「將問題個人化」的歸因方式，使得婷婷飽受罪惡感折磨。發現成員們面對相近的問題及相似的反應時，婷婷在團體中獲得認同後，發現自己的反應並不特殊，對自己有了新的看法：「不是我個人的人格或能力有問題，我的反應算是很正常」，進而能拋開自責及懷疑，肯定自己。相仿地，金花則對遺棄孩子的念頭不再感到自責。芳芳向來欣賞淑蘭適應良好，知道淑蘭曾有過一段痛苦的掙扎和自己一樣時，芳芳便覺得自己將來要像淑蘭一樣過得好是有希望的。淑蘭在別人的困擾中發現自己走過的腳印，不但讓她對自己調適的過程有所了解，也肯定自己已有了突破、有較佳的適應，因而有更多的自信。

3. 發現大家都很堅強，而肯定自己。聽到夥伴們的生活奮鬥故事，婷婷發現團體的夥伴們面對諸多挑戰都很堅強，而自己也是其中的一分子，大家的經驗中有著自己的身影，婷婷因而肯定自己是堅強的。

4. 發現自己不是最慘的。成員發現團體中「人生路坎坷的，大有人在」，我的生活雖不盡如意，卻也不是「最慘的」。成員因此對自己的人生處境有較正向的評價，選擇不再自怨自艾。小鈴對自己的處境有了新的、正面的評價：「我不是最苦的！」敏珊認為自己夫妻的關係雖然不滿意，卻沒像婷婷遭遇家暴問題，此外孩子障礙與其他人相較之下也不算嚴重，然而卻讓自己的日子過得不好。多重的比較後，敏珊發現是自怨自艾的心態把自己囚禁在痛苦牢獄中，因而產生知

福惜福的態度，願意學得更積極些。「別人可以做得到，我也一定可以」。這觀點將在成員心中衍生出一股勇氣，這在團體互動中產生的新觀點是敏珊改變的關鍵因素之一。

5. 發現自己投資報酬率過低。淑蘭苦心經營夫妻關係，長期默默付出多，與敏珊相比卻覺得先生的回饋相對較少，淑蘭感到自己做太多，長期壓抑了心中的委屈，從此更多疼惜自己，不再勉強自己過度犧牲。

8.5 團體效能：接納孩子、接納家人

接納是心理調適的最後階段，當特殊兒童父母走出失落悲傷進入接納階段時，他們將重新獲得活力，用新的觀點看待原有的生活困境與限制。處於接納心態的父母，不會犧牲家中任何一個成員，也會好好照顧自己。小鈴、芳芳、玉蓮及淑蘭的成長便是明證。

小鈴對孩子的接納，不僅只降低課業標準，當看待孩子時能跨越「障礙」，體會到孩子除了具有障礙之外，基本上他仍是個孩子。從正向的觀點全心欣賞孩子原本的樣子，而不會只看到孩子的障礙，還能看到孩子其他長處，對孩子接納更甚於從前。

當玉蓮開始「死心地接納孩子」時出現多項相關改變。玉蓮不僅對特殊孩子的接納程度提高，更能從孩子的立場調整課業期許的標準及督導的方式，玉蓮接納的心態推及到對大兒子的管教方法，明顯地改善親子互動。此外，玉蓮更能諒解先生及婆婆，改善溝通品質。玉蓮在多項關係上展現出一致性的改變方向，顯示這些改變是來自內在心態與觀點的轉變。

孩子的障礙徹底改變了芳芳的生活方式，原本芳芳人生夢碎轉而對先生有諸多怨尤。失落帶來的憤怒、委屈、不滿及不甘心等情緒，巧妙地轉化為敵對先生的形式。芳芳探索自己的失落經驗，在團體中坦然承認風光歲月不再的事實，並為之痛哭、哀悼後決心揮別悲傷，之後對先生的接納程度有戲劇化的轉變。芳芳對先生無法協助教學、孩子學習成效不彰等情況願意全盤接受，且都有全新正向的看法，甘心承擔家庭事務及孩子主要

教育者及照顧者的角色，對先生的愛意與照顧也有提升。

　　淑蘭不僅接納孩子的能力有限，還擴及對周遭人群。她能站在別人的立場，接納別人對她特殊的孩子有各種自然的情緒反應，甚至她認為孩子也該有機會去發現別人的真實反應。另外這淑蘭稱為跌破眼鏡的改變，來自敏珊經驗的強烈對比。淑蘭更清楚自己委曲求全過度付出，已造成自己長期心靈空虛。簡言之，淑蘭自我了解，自我接納，也開始為自己的需要負責，採取行動疼惜照顧自己。

祝福

　　「剛才聽到大家的收穫很多，有人心情更愉快，有人對孩子的看法改變，更能接納孩子，減少了親子間的衝突，改善了親子關係，也有人改善了夫妻關係。有人要多照顧老公一點，有人要多照顧自己一點。有這麼多的收穫，我很為大家高興。這些成長得來不易，都要歸功各位願意坦誠分享、用心聆聽及真誠彼此回應。聚會最後的活動要讓大家為自己的團體經驗做總結，同時向夥伴們表感謝、鼓勵及祝福。現在我發給每位一張圖⋯⋯」我一邊發紙張一邊說。

　　「各位拿到這張A4紙的圖案裡有一群小朋友在大樹旁邊玩耍，有的坐在地上，有的正從樹下往上爬。在樹上的孩子有的站、有的坐、有的躺著，還有盪鞦韆的。請分別選擇三個孩子代表你的過去、現在以及未來。你可以為選定的孩子塗上顏色或畫上表情。」約莫五分鐘眾人完成後便開始分享。

　　「你們看，這愁眉苦臉跌坐地上的孩子就是以前的我。全身灰色衣服，只有鞋子是橘紅色。代表我以前生活單調無趣，只有一丁點屬於自己的快樂。八週來聽了很多方法，要不要學芳芳徹底放手，我還沒拿定主意。未來的我希望能面帶微笑，迎向光明！」春梅指著圖片一位坐在樹上悠閒自在的孩子說。

　　「現在的主角是春梅，請大家把握時間對春梅說幾句話，有預備卡片者可以唸出卡片內容！」「我來！」芳芳立刻應道。

　　「春梅因為你溫柔賢淑，才能維繫大家庭和諧溫暖！這是我所欠缺的，也

是我欽佩你的地方！帶孩子你要面對很多問題，我覺得你很堅強！你我都有個愛我們的先生，我們更應該體諒接納孩子，共勉之！」芳芳朗讀後將卡片遞給春梅。

「謝謝！各位雖然年紀都比我小，但是你們面對問題時的觀點和作法卻是我學習的榜樣！」春梅開心地說。

「哇！好漂亮的卡片。」淑蘭取出卡片時成員們不禁讚嘆。

「第一眼看到春梅就覺得你很嬌美，祝福你永遠幸福！」淑蘭笑著說。

「春梅你各樣條件都不錯，除了有三個婆婆以外。既然和婆婆長期苦撐，最近還能有改善，你的明天一定會更好！」敏珊調皮地說，又惹得大家笑。再有幾位夥伴陸續致意後，便由芳芳接棒擔任主角，團體充滿期待。

 # 不再強求

「過去我跌坐在地，嫌棄老公沒幫忙沒路用（台語），對他頤指氣使。來團體後，我才開始認為這是一個問題！是我作繭自縛！」大家和芳芳一同笑了。

「接下來我就很願意改變自己，這個月來我家變得更和樂美滿。現在我找到答案，覺得自己已經破繭而出了！我期許未來能站在樹上最高處，能看得更高更遠，讓家人都感受到我陽光般的熱情！」芳芳指著圖片中站在樹枝上的孩子說。

「芳芳的改變讓人印象很深刻！時間交給大家。」我向團體說。

「芳芳你的分享很有爆炸力！聽得我震撼連連！你的改變看起來很成功！我和老公還不錯，但十幾年來孩子一直是我生活重心，先生倒像附屬品！你的故事讓我發覺老公的重要，讓我更想要看重他、報答他，有這番體悟都要感謝你！」春梅說。

「我才要感謝大家，是你們厲害，挖出我的痛處！」芳芳笑著說。

「芳芳你豁達柔軟，有愛心又有智慧，祝今後一帆風順！」婷婷說完遞上

卡片。

「芳芳你的話都能搔到癢處，讓我感觸很深，祝你健康快樂！」淑蘭說。

「我很欣賞芳芳活力四射，以你充沛的能量帶領孩子一定勝任有餘！你能給孩子尊嚴，也能肯定自己，你的突破證實你是位有潛力的媽媽！」金花肯定道。

「謝謝！謝謝！被誇獎真好，真舒服！」芳芳誇大陶醉的神情，讓人捧腹。「今天大家一定都灌了豬油，講話特別好聽！」玉蓮說。

「這不是誇獎哦！我跟婷婷的看法一樣。」小鈴解釋。

「你可以看著芳芳直接告訴她你的看法嗎？」我邀請小鈴。

「不要啦！免啦！（台語）這樣赤裸裸的，我會很不好意思！」芳芳又演又說，逗得眾人大笑不已，全場情緒高亢。

「芳芳曾說父母不應在孩子能力不足處強求！這句話我很受用。我曾因強求而造成孩子身心症，我自己精神壓力大到不行。再不改變，可能孩子還沒瘋，我會先瘋！放手的路上，你是我的楷模。每當我心情低落，想到你的堅強和積極，我就重新獲得勇氣。我想你做得到，我也一定可以！」小鈴肯定地說。

「好好好，接受，接受！我接受！」芳芳滿臉笑容樂不可支。

「雖然我不能完全同意你放手的程度，但我也要向你學習。以前我為孩子複習功課，一定從頭到尾徹底完整。現在我只挑重點講，親子相處好過多了。謝謝你！」春梅再加入補充說。

「芳芳，我也要向你學習啦……」玉蓮拿起卡片，猶豫著要不要唸出口。

「要唸卡片啦！唸啦！」大夥在旁起鬨，玉蓮面有難色。

「幫你唸好不好，你很害羞啊！」芳芳自願幫忙，邊說話邊伸手要拿玉蓮的卡片。

「嘿嘿！不用唸啦！我寫的大家都會認同啦！」玉蓮急忙推辭，一時閃避不及，啾一聲，卡片便被芳芳拿了過去。

「芳芳，有快樂的媽媽才有快樂的孩子，祝福你！好友玉蓮敬上。」芳芳大聲地唸。

「最後那句我沒有寫啊？！」玉蓮困惑且驚訝連忙問道。

「是我自己加上去的，是我要當你的好朋友。」芳芳引來鬨堂大笑。

「芳芳熱情有活力，養育孩子的路是愈走愈有信心。你有面對問題的決心和勇氣，你的經驗鼓舞很多人！告別了青春美夢之後，你散發出成熟新風采，家庭變得更甜蜜了！」我對芳芳說。

「謝謝！今天我真是歡喜啊（台語）！通體舒暢！我真誠地對待大家，換得各位的鼓勵，真的謝謝大家！」芳芳笑得合不攏嘴。接著小鈴分享，由於時間有限，大夥對話節奏十分緊湊。

🐚 盡人事聽天命

「十年前我跌坐在樹底下，六神無主驚慌失措……只會哭！雖然醫生預測孩子能力會受限，可是八年後我才正視這問題，孩子白白受了很多苦！我畫了四滴內疚的眼淚。」小鈴指著畫紙說。

「團體讓我心裡沉積已久的壓力可以釋放出來，心裡覺得舒服多了。看到大家都這麼努力，育兒的路上有各位陪伴，讓我變得更勇敢。對於未來我只期待能平凡、平安、平靜。就像坐在樹幹上的這孩子，穩穩當當的就好！」

「小鈴你克服重重難題的故事很激勵我，過去我用高標準來看待先生，反而讓自己生活在抱怨中，心態改變後，這個月來我過的很好，感謝你！」芳芳看著小鈴說。

「小鈴你曾講人不能爭過天！這番智慧讓我有種解脫感！現在我認為自己教養孩子時盡心盡力就夠了，結果就交給上帝吧！謝謝你！」金花懇切地說。

「婚姻生活上我和小鈴很相似，就特別有感受。」婷婷說：「十幾年的努力後，你已走出婚姻風暴，也不強求孩子成績。你的故事讓我有更寬的視野，也鼓勵我要更接納孩子，謝謝你！」婷婷起身致贈卡片。

「小鈴這幾次聽你的故事，有種倒吃甘蔗漸入佳境的感覺。品嚐了你好幾道佳肴，手藝真不是蓋的！誠摯祝福你！要多照顧自己哦！」淑蘭熱情地說，

接著又有幾位祝福。

「小鈴經過重重難關終於苦盡甘來，你能以嶄新的角度來看待先生，對他有更多的接納和體諒，夫妻關係變得更融洽。經過深思熟慮，你對孩子能更放手。家人關係愈來愈親密和諧，你也恢復原有愉快明亮的本質。我為你高興！祝福你的人生路愈走愈寬廣。」我說，小鈴微笑答謝。

家人關係需經營，友誼也需用心

「剛發現問題時，我二話不說全力拉拔孩子往上爬！」淑蘭指著圖片裡一個站在樹幹上的孩子。

「現在我們兩人都爬上來一點了，希望我未來能很悠閒坐在樹上，別再疲於奔命。也許有機會能找份工作……」淑蘭說完放下紙來，停了會兒繼續說：「來團體後我才真正的面對自己，以前我都說小孩先生佔用我太多時間，害我無暇經營友情。現在我想，朋友就該互相聯絡彼此砥礪。所以！歡迎大家來找我啦！」淑蘭笑著說。

「淑蘭的笑容給我種安定感！你相夫教子深思熟慮作風穩健，值得我學習，我會打電話給你的！」春梅笑道。「謝謝！我喜歡講電話。」淑蘭笑盈盈。

「以前我認為要不是婆婆從中作梗，不斷對我老公施壓，我們夫妻也不會有爭執，所以我很排斥婆婆。所以淑蘭，公婆雖然沒有善待你，但是老人家臨終前你還隨侍在旁。聽了你的故事後我才開始從婆婆的立場想，她有八個孫子難免會比較！或許我當阿媽的那一天，也會像她一樣。畢竟婆婆也是想孩子好，所以我也要學著別記恨了啦！」玉蓮說完笑了笑。

「淑蘭，以前看你總是穿著得宜談吐風趣。我暗自猜想，你日子一定過得很好。沒想到你也有過痛不欲生的階段！你艱苦的過去，讓我覺得自己以前過得不好也是蠻正常的。而你平穩的現況，讓我對自己的未來充滿希望。謝謝你！」芳芳臉上堆滿了笑。

「我也要謝謝淑蘭！以前我會在孩子面前數落先生，造成父子有嚴重的隔閡。看你很會製造家庭氣氛，我就學你用心經營親子關係。現在老公跟兒子常抱來抱去，感情好得很，這都要感謝淑蘭啦！」敏珊向淑蘭傾身致意，淑蘭急忙地說：「不敢當！不敢當！互相學習！」

「淑蘭，你就像油麻菜籽一樣，經得起各種打擊，還能活下來。別人對你予取予求，你都撐得住，油麻菜籽愈炸出油愈多。真是耐操擱好凍啦！（台語）」婷婷逗得大夥直笑。

「下一位！」笑聲中我說。

8.6 團體效能：楷模學習與利他

　　心理支持團體的效能主要來自成員的分享內容與互動過程，由成員的陳述可知，成員透過經驗分享彼此學習。要促使成員在團體中學習的要件，便是培養成員聆聽的態度。透過帶領者的示範與引導，成員學習聆聽的技巧和態度，並運用在生活中，這是第一種學習。芳芳人際學習的經驗在第二次聚會便已發生，在團體中她習得聆聽的態度，在生活中運用聆聽的態度回想先生所說過的話，引發改變。成員在團體互動中習得較佳的人際互動技巧及態度，這種人際互動的學習可以改善成員的家人關係，這也是團體治療的因子之一。此外，由成員分享經驗也是重要的學習來源，學習的主題眾多，包括婚姻關係、生活態度、親子衝突處理等。學習的層面則包含技巧、觀點到態度等。

1. 學習管教技巧：春梅學習金花，強化孩子生活技能的訓練，才發現孩子是有能力的，過去為孩子做太多。

2. 學習放手：芳芳成為多人放手的楷模，芳芳放手的經驗讓小鈴發現自己「對孩子的接納還不夠」，進而打從心底接納並欣賞孩子。對於小鈴指出「人不能爭過天」的看法，讓金花覺得只要盡力就好。

3. 學習看重自己：成員經歷人生苦難的洗練，對於教養特殊兒童有些體悟，並以智慧嘉言方式呈現，獲得成員熱烈的迴響。「有快樂的媽媽

才有快樂的孩子」、「不要在孩子能力不足處強求」。

4. 學習經營夫妻關係：因小鈴的分享，婷婷「學著多看先生的優點」，加上先生住院開刀，小倆口有機會長談，因而打破過去冷漠的關係。淑蘭鼓勵孩子和爸爸建立關係的努力，成為敏珊如法炮製的榜樣，成功地改善敏珊家的父子關係。婷婷雖曾受家暴，卻仍堅持維持完整婚姻，使敏珊覺得自己也該為家人多盡一份力。

5. 學習體諒家人：玉蓮向淑蘭學著不記恨婆婆，學會換個立場想，進而體諒婆婆。玉蓮不但可以體諒特殊的孩子，也可以體諒手足，甚至也能體諒先生。

楷模學習發生於自然的人際互動中，由於團體成員的孩子年紀大小不等、成員面臨的生活挑戰不同、調適的階段不一，透過經驗分享，可以彼此學習。由成員自陳的內容看，淑蘭、芳芳和小鈴成為許多人學習的榜樣。當成員知道自己對別人有所貢獻時，便會獲得能力感與價值感。知道自己雖然曾經灰頭土臉，如今所有的生活經驗卻能幫助別人時就能肯定自己，這是團體治療的因子中的「利他」因子（Yalom & Molyn, 2005）。這類療效因子在祝福與感謝段落的對話中頻繁出現。獲得感謝與肯定的成員，也獲得了正面的支持力量。

管教時要考慮孩子的立場

「過去我在樹下，想爬樹卻爬不上去，氣急敗壞！」玉蓮指著爬樹的孩子說：「現在我找到階梯，有了點頭緒。管教孩子不再以媽媽為中心，而是要以孩子為中心，按照他的能力來教他……」玉蓮指著圖片中緊抓繩梯攀爬的孩子說。

「向來我們夫妻很少講話，有點像敏珊冷戰的時期。因為敏珊夫妻關係現在改善很多，我也想要試看看。我希望未來可以爬上樹，看見前途一片光明。」

「我很高興認識你，玉蓮。在這裡不只你有煩惱，其實大家問題都是一大堆。你很積極努力要改善，這種精神大家都要有！祝福你過得更平順。」婷婷說。

「謝謝。」玉蓮不好意思地低下頭。

「玉蓮我覺得你很不簡單！搭公車來聚會，單程就要一個半鐘頭。憑你這種毅力，一定能把問題搞定的。」金花的鼓勵充滿信心。

「其實我帶孩子的責任很重，我真的很想丟掉這個包袱，你知道嗎？！」玉蓮搖著頭坦率地說。

「我注意到最後幾次聚會，你的話愈來愈多了！你愈來愈有自信了！」芳芳笑著對玉蓮說。

「其實在團體裡我大部分時間都在聽，因為你們講的幾乎都是我想講的，可是我還沒開口就被講出來了……老實說，我有自卑感，我擔心大家聽不懂我說的話，每次講話時攏會挫（台語）呢！」玉蓮有些尷尬地說。

「我覺得玉蓮已經進步不少了！幾年前我的想法也是亂七八糟的，毫無頭緒很難跟人分享。團體對我而言是練習表達的大好機會，可以跟大家這樣談話，我才發現自己進步很多。在這裡說話時，大家都會靜靜地聽，這種善意給我很大的鼓勵。原本雜亂無章的想法和感覺，經過分享後就能重新整理。玉蓮你一定會有進步的！」芳芳對玉蓮說。

「換我說了！玉蓮你為聚會的準備很充分，大家都記得你帶來河豚圖卡。我相信你教養孩子時也會有很好的預備，你要多保重自己哦！」淑蘭說畢遞上卡片。

「玉蓮！」敏珊大聲地叫了玉蓮的名字。

「不要嚇我！」玉蓮抱怨著。

「哈哈！我是怕你太陶醉了！」敏珊淘氣地笑著說：「這幾堂課來，我了解你蠻辛苦的。我要衷心祝福你，心情再放開些，生活中有更多笑臉！」

「我要去動手術拉皮，苦瓜臉才笑得出來……」玉蓮自嘲地回應。

「不用啦！當你用新的角度去看原來的生活時，心境就會不一樣了。」小鈴鼓勵。

「你看，這麼多人關心你，該換你說說心得了啦！」敏珊對玉蓮說。

「嗯……我會多跟你們聯絡！」玉蓮勉強擠出幾個字來，大夥笑成一團。

「下一位！」「我來！」淑蘭應道。

母親的努力要配合孩子的能力

「以前我喜歡高高地站在樹上，想看清楚自己身在何處。在團體裡我發現自己是有能力的，但現在我不要全力以赴，我的能力要配合孩子來發揮，現在我想爬下來一點，這樣比較靠近孩子，可以看清楚孩子。未來呢，我只希望能過平靜的生活。」婷婷說。

「婷婷雖然你難題不少，但你還能把自己照顧得美美的，盡力扮演好良母賢妻的角色。我也要學學你的堅強，挑起帶領孩子的擔子，因為我們都是家中的靈魂人物。欣賞你的芳芳敬上。」芳芳拿著卡片朗誦，話畢遞上卡片。

「婷婷我佩服你的自信和勇敢！料理孩子和家務之餘，還能培養烘焙專長，用巧手做出美味又專業的點心，讓我們可以大飽口福！你能力很強！」春梅肯定。

「婷婷你很有原則、又有愛心。現在配合孩子調整自己付出，變得更有彈性了！祝福你成為宇宙超級無敵厲害的點心大師！」淑蘭說眾人笑。

「婷婷現在已經能夠肯定自己，這番成長值得喝采。謝謝你分享的手製點心，不僅費時費工，更有你樂於分享的心意。施比受更為有福，你用美食來滿足我們疲憊的心靈，讓我感覺到你的關心。這張卡片是特別為你挑的哦！你的日子多采多姿，我希望能跟你一樣。」金花唸完便把卡片遞給婷婷。

「婷婷你的分享讓我有很多的反省，最近我若遇到什麼不如意的事，想起你的笑容，我的心情就會轉換過來。我們先生都不令人滿意，但你鍥而不捨的精神，讓我覺得自己也該為家人多盡一份心力。」敏珊傾身向前把卡片交在婷婷手中，兩人互相道謝。

「婷婷推心置腹的分享，讓我們團體變得更親密。認真的女人最美麗，這

句話很適合用來描述你。祝福你美夢成真，生活就如你的畫那樣豐富多采。」
我說。

面對真相帶來改變

「過去我是趴在樹上蒙著眼睛，什麼都沒看見。現在我才試著開始往上
爬，那我希望未來可以坐在鞦韆上，享享清福。」敏珊簡短地說。

「敏珊我覺你是不鳴則已，一鳴驚人那型的。當你找到方向時，你的爆發
力就可以派上用場了。」小鈴笑道。

「敏珊我覺得你雖然曾經像懶貓，但學習的潛力無窮。三兩下子先生就有
明顯改變，我很羨慕！」淑蘭笑著說。

「敏珊，我你的先生都讓人不滿意，你的決心和用心讓先生變得不一樣，
我很為你高興！希望你的日子愈走愈平穩！」小鈴說完又有幾位致意。

「我過去是在這裡。」金花指著跌坐在地上的孩子說：「我一直想要找到
合適的方法來幫孩子。我做得好多哦！直到我暈頭轉向跌跌撞撞最後倒在地
上。我希望以後可以就在旁邊休息一下。」「回應時間。」我宣布。

「每次看到金花出席，我就覺得很溫暖。因為知道金花做家庭代工很辛
苦！你這麼忙都能克服困難出席，對我是一大鼓勵！」小鈴說。

「我要向金花說謝謝，因為你的分享讓我覺得生活訓練很重要。」春梅
說：「我向來都認同生活訓練的價值，可是一直沒認真做。自從聽了你的經驗
後，我開始訓練孩子掃地、擦桌椅。最近還教他切桔子，泡桔茶給全家喝。他
小肌肉發展不好，我原本會擔心，但他都可以做的來。所以我就慢慢讓他多嘗
試去做些事情，他也都能勝任。看來，以前我真的幫他做太多了！」聽了春梅
的分享，大家紛紛點頭表讚賞。

「不只一次午夜夢迴時我就想到金花，實在太佩服你了！我要向你多學
習！」淑蘭看著金花說。

「金花在團體開始之初愁眉苦臉，幾次聚會後你笑逐顏開。雖然你看起來

很柔弱,卻是很有智慧,我很肯定你的教法和用心。」芳芳遞上卡片後,幾位成員陸續祝福。

「我覺得金花給你的孩子創造了好多學習機會,也建構孩子好多的能力。過去的路崎嶇難行,你都能走過來,未來的關卡也一定過得了。你是盡力的媽媽,希望你愈來愈能放心。」我說。

8.7 父母心理:低估孩子的能力

為了補強孩子的能力缺欠,許多父母高度關切孩子能力限制及特殊需要,因而忽視孩子原有的能力。孩子的障礙有如鮮明標籤,讓父母和教師只看到能力不足的標籤,而忘記孩子尚有其他的優長之處(Taub, 2006)。例如數學學不來的孩子,可能手腳很俐落且有服務精神。需要使用輪椅的孩子雖然行動不便,但他的智力並沒有障礙。春梅祖言因為孩子小肌肉較無力,從來沒要孩子協助家事。後來讓孩子嘗試後,發現孩子都可以做到。這使得春梅驚覺過去低估了孩子的能力,為孩子做太多了。

8.8 團體過程:支持性的回饋

八位成員經歷相同的團體過程,收穫卻十分個別化。

從成員的表述中可以看出特殊兒童對家庭的影響。支持團體初期帶領者引導成員分享個人曾經面對的問題,其目的讓成員有機會吐露心聲,探索個人困難經驗中的各種情緒,傳遞了解,達成心理支持的目標。隨著聚會次數的增加,團體分享帶領者除了協助成員談論生活經驗,也要討論那些困境中的正向調適或改變成功的經驗。這些正向改變的經驗可以幫助成員發現自己的長處,並建立他們的自信心。這種對自己能力的信任感,將使成員離開團體後仍能成功地調適。此外,成員們報導改變後獲得配偶或孩子的良好反應,將能促使成員繼續保持該項有效調適的行為。

祝福活動有告別的意涵,在團體結束時讓成員有機會表達對彼此的欣

賞與感激，讓成員以一種「我與你」的方式對話，讓每位成員聽到夥伴們對自己的看法與觀點，彼此祝福時展現出相知相惜之情。透過祝福的儀式活動，可以創造明確的結束氣氛（Gladding, 1991）。由於成員彼此已有深度的認識，回饋時有充分的題材，因此互道祝福時能產生強有力的支持效能。綜觀成員彼此祝福的內容約有五種類型：

1. 社交式的稱讚和祝福：「祝一帆風順。」「你手藝不是蓋的！要多照顧自己哦！」

2. 反映對方的成長與改變：「你愈來愈有自信了！」「聽你的故事如倒吃甘蔗！」「金花在團體開始之初愁眉苦臉，幾次聚會後你笑逐顏開。」

3. 表達欣賞及肯定：「你相夫教子作風穩健，值得我學習。」「你有愛心又有智慧。」「我佩服你的自信和勇敢。」

4. 指出對方的能力與資源：「芳芳活力四射，以你充沛的能量帶領孩子一定勝任有餘！」「憑你這種毅力，一定能把問題搞定的。」

5. 指出貢獻的感謝：「淑蘭你處理問題很有一套，我學著做，沒想到會有這麼大的改變……都要感謝你！」「我要向金花說謝謝，因為你的分享讓我覺得生活訓練很重要。」「你鍥而不捨的精神，讓我覺得自己也該為家人多盡一份心力。」成員能由他人口中得知自己的貢獻與影響力，不但能強化關係，更是強有力的支持。

給團體的話

「看得出來八週聚會中，各位全力投入和真心聆聽，由於對夥伴的深入認識，各位才能有剛才這麼深刻的祝福。團體最後一點時間，我要讓大家對團體說些話。」我邀請。

「我平時工作很忙，參加團體對我而言是很奢侈的享受！因為我們關係很單純沒有利害糾葛，所以談話很自由沒有顧忌。這種聊天的機會很難得，所

以就算趕工作熬夜加班，我一定會出席。錢可以少賺點，可是團體課不能不來。」金花話畢，立即獲得熱烈掌聲。

「我要謝謝大家！過去我以孩子和老公為中心的生活，長期不斷賣命付出卻沒啥回饋，感覺沒有人疼惜，心靈無比虛脫。在這裡我得到很多關心，尤其剛才送卡片時，特別能感受到大家的真心、用心和貼心，我很感動！各位豐富了我的心靈，讓我情緒沒有壓抑。這幾週來我的想法改變了，心情都很好。歡迎大家打電話找我，我期許自己別再搞自閉，希望可以跟大家多接觸多聊聊。」淑蘭字字發自肺腑，此刻大家關係更緊密了。

「所以不需要看電視了！」婷婷淘氣地說。

「嗯……不需要再看哭戲，只看勵志的就好了！」淑蘭的幽默，讓全場齊聲大笑。

「來團體的這兩個月，我覺得自己進步很多！在這裡談自己和家人，交換教養經驗和百貨公司打折的資訊，不但能紓解心理壓力，也能使我生活更有內容！很感謝大家。」敏珊說完和大家一起哈哈笑。

「在這裡我覺得跟大家很親近，和其他研習課程不一樣。我希望大家日後仍可以常見面，像是辦個讀書會什麼的都可以……」笑聲中敏珊補充。

「好啊！好啊！」大夥熱烈響應。

「過去有些話題我連碰都不碰，更別說要跟別人分享。為了孩子我拚命找書、聽演講、找老師、看醫師。雖然有幫助，但就是學術味重了點。大家在這裡談，反倒更充分和深入！過去我曾和心理師個別約談，每次都覺得有很多話要說，可是就說不上來。在這裡我卻能毫無顧忌說出來，真的很奇怪？」春梅搔著頭說。

「我想應該是一般人很難了解我們的心情，只有相同處境的人才真能體會吧！以前我自己在家想，有一搭沒一搭的。這裡大夥處境相似，談話中就會得到認同和肯定。我認為幫了母親，就等於幫了孩子，也就幫助了一整個家庭！」金花接著說。

「對耶！我要謝謝大家的陪伴！在這裡我講出來的話有人在乎，有人聽進去，無形中就已經獲得支持！我認為團體對我個人的幫助大過對孩子的幫助！」芳芳接著說。

「剛才聽到各位對我的觀感，我很感動。照顧特殊孩子要付出很多，可是很難從孩子身上獲得成就感。在這裡我得到大家的認同和支持，給我莫大的鼓勵，我很珍惜！現在我覺得自己沒有問題了。當我能肯定自己後，這幾週生活過得很踏實。我有時還不太敢相信這些改變是真的耶！可是，我是真的改變了。我要感謝大家！」婷婷拱手作揖喜孜孜地說著。

「我覺得在這裡的每位都有勇氣踏出家門，抱著願意改變的心，也真的有很多進步。我還知道有一大群特殊兒童的父母，他們走不出來，不願意和人討論分享孩子的事，還繼續生活在社會陰暗的角落裡，比我還需要參加支持團體。」婷婷關心地說。

「平常我情緒超壓抑的，防衛心很高，絕不在別人面前哭，想法也比較僵化沒彈性。今天我能有這番省悟和改變都要歸功大家，因為這裡每位都很坦誠，我才能把最隱密的心聲說出來。現在我學會了知足和感恩，也很想回饋給別人，我要感謝大家。」芳芳神態明亮自若。

「另外我也要向老師說謝謝，我很喜歡老師說話的語氣，很平緩、溫柔。那種聲音讓人很容易回想起從前。當媽媽常要催促孩子做這做那的，久了講話速度就變快。我一直想學老師，把講話速度放慢。」芳芳邊模仿邊說，大夥哈哈笑。

「對！老師的聲音聽了就會不由自主想把心底的話全盤托出。」金花熱烈地加入。

「我覺得老師說的話常讓人感覺她真的了解。」小鈴說，眾人嘖嘖稱是。

「謝謝大家給我肯定和鼓勵。八週來我從各位的分享中看見母親的勇氣與成長。不管處境如何艱難，考驗如何嚴峻，大家都為了孩子為了家庭努力不懈。經過團體後，我發現大家變得更有智慧，更懂得經營家庭，也更知道怎麼自處。團體裡各位的經驗就是最好的教材，你們就是彼此的老師。與各位共度八週成長的旅程，分享大家成長的喜悅，我覺得十分榮幸。雖然相聚時間有限，在此大家真誠以待相知相惜，因而豐富了彼此的心靈，為人生下一段旅程做更好準備。團體雖告一段落，但大家的成長卻不會停止。帶著我們彼此的祝福，相信大家會走得更穩健。」

8.9 團體設計：道別聚會

母親角色對於孩子與父親的關係具強大影響力，當夫妻關係不良時，母親對配偶的不滿與憤怒可能會以抱怨的方式出現。當母親選擇向孩子抱怨先生的不是時，將破壞父親與孩子的關係。阿德勒認為「目標」是最重要的了，因為目標左右當事人如何使用他的資源和力量。芳芳的力量從頭到尾都沒有改變，只是從破壞性的目標轉為建設性的目標，這種改變是成員重要的成長。當成員的改變不僅發生在認知上，也在情感及行動的層次上表現出來時，這項改變大抵穩定。

團體結束後成員將各自帶著收穫，開步邁向新的生活。每週聚會終止後，不再有例行性的見面分享，現實生活將考驗著成員在團體中的學習與收穫。有些成員的團體收穫將隨時間遞減，而有些成員不但能維持其團體的改變，甚至能更上層樓。為了強化團體的正面影響力，使成員於日常生活中能繼續維持正向的改變，結束團體的聚會應完成以下任務（Gladding, 2003）：

一、協助成員處理團體結束所引發的情緒

天下沒有不散的宴席，成員自我揭露得愈多，團體聚會的凝聚力愈高，團體結束所引發的失落感受就愈強。團體結束前，帶領者應協助所有成員做好心理準備來面對結束，具體的作法包括在團體結束前應提醒成員，在最後聚會中要預留足夠的時間讓成員談論結束時的依依離情，談論他們對團體的觀感，彼此祝福互道珍重再見。

二、評估團體成效

運用最後一次聚會時間協助成員回顧團體的歷程，成員有機會陳述個人參與團體的收穫、成長、改變。藉此整合成員的團體經驗，將成員所學的內容具體化，並在結束的聚會中藉由成員彼此的回饋，強化成員所學的內容讓團體的經驗轉化為有益於成員日常生活的想法或行動計畫。帶領者也可藉此進行團體成效的評估。評估團體成效來自以下需求：

1. 使帶領者了解成員經驗與團體的目標是否吻合。

2. 帶領者可根據成員的評估來改進帶領團體的技巧。

3. 支持團體的主辦單位可以向金援單位呈報團體成效。

三、協助成員維持並類化其正向改變

　　成員在團體中感到溫暖、被接納與被了解，這是成員獲得支持的開始，團體目標在提供支持使成員能改善日常生活品質。因此帶領者要鼓勵成員們採取實際的行動改善生活，將團體內所學運用於團體外的生活，以新的行動促成新的經驗，使成員經驗到實際的改變。

四、增進成員自主獨立能力

　　團體末期帶領者幫助成員肯定自己的能力，善用個人資源，減少對團體的依賴。因此團體的尾聲，帶領者不再探討新的主題。帶領者反而要引導成員多談論調適良好的經驗，讓成員分享他們在團體中的各樣學習與收穫，藉此使成員能察覺自己的進步，發現自己有能力解決問題，因而更能信任自己。

五、為將來進行計畫，必要時進行轉介

　　為減少團體結束所帶來的衝擊，延續團體的正面影響力，帶領者可以鼓勵成員於團體結束後繼續有自發的聚會，形成自助式的團體，或者安排追蹤的訪談或聚會。團體結束後成員將有足夠時間在生活中運用團體中所學，安排追蹤聚會時，帶領者有機會了解團體結束後成員們的生活適應情況，藉此評估團體的成效，並針對成員未竟事務給予轉介的安排，這類追蹤活動可以個別聯絡或團體重聚的方式進行（Gladding, 2003）。帶領者也可以在團體結束後數週，對成員進行個別晤談，或在三到六個月後舉行重聚活動。帶領者最好在團體結束前約定重聚的時間、目標及方式，如此便可以提高成員的參與動機。此外帶領者發現成員在團體結束時仍有未處理之未竟事務，或者帶領者發現有些成員需要進一步協助時，應主動提供資訊協助進行轉介。

8.10 團體過程：在分享中成長

　　特殊兒童的父母常發現自己教養經驗特異，少有機會與人分享育兒經驗，更因孩子需要更多照顧，父母無暇發展社交生活，更少有機會與其他特殊兒童家長建立關係。這些經驗使得有些特殊兒童的父母感到孤立，甚至有種被社會拒絕遺棄的感受（Taub, 2006）。特殊兒童的父母很少能有時間發展個人的社交生活，更少有機會與其他特殊兒童的家庭建立親密支持的關係。藉著每週進行的團體提供成員穩定聚會見面的機會，支持團體能滿足成員部分的社交需求。聚會時成員間彼此平等互重互信的關係，論及特殊需求兒童的教養經驗，使成員更有種「我們」的認同感受。加上帶領者的催化，成員的關係可以建立得深入且具意義。

　　特殊兒童家長支持團體中，成員以平等、互重、互信的方式建立關係，在帶領者的引導下形成一個心理安全的環境，令成員願意開誠布公說出自己的故事，交換生活經驗、分享各種心情。隨著對談時間增加，大夥拋開陌生感漸漸熟識，談話內容隨著信任關係建立而逐漸進深。特殊兒童父母常有種與社會脫節的經驗，支持團體恰能幫助成員彼此連結，彌補社會關係的斷裂（周桂如，2006）。成員談論相近的生活及教養經驗時，發展出「我們」的認同感受。成員在回顧分享時整理自己的人生經驗，透過其他成員理解的回應獲得支持。聆聽他人故事時，成員自動在心中進行參照比較，因而撼動原有對自己、對孩子、對家人等固著的觀點，對舊經驗發展出新的看法，觀點擴展帶來新的學習。

　　團體在分享、聆聽與回應之間不斷前進，成員生命的故事彼此相遇交織。在帶領者的催化下，成員由彼此的故事與回饋中，對自己的經歷有所覺察（Huber,1979），成員的互動變得深入且具意義。看似平凡無奇的對談，卻能引出一股無可忽視的成長力量。團體聚會時成員生命經驗彼此激盪，引發陣陣漣漪擴散至團體外，改變發生於成員日常生活中，展現在親子關係、管教方法、夫妻關係、婆媳關係等不同層面。成員走過相同團體歷程，在其中汲取個人所需，最終各自有著不同的收穫。

8.11 父母心理：失落的多種面貌

面對孩子的特殊，父母開始從失落到接納的心理旅程。隱藏而未處理的失落經驗，將妨礙父母個人心理適應，進而影響整個家庭系統。這些失落與不滿會以多種方式出現在夫妻關係中，例如不近情理地指責老公、與孩子結盟冷落父親，貶低父親在家中的地位等。也可能會出現在親子互動中，例如對孩子有過高要求、過度保護、低估了特殊孩子的能力、為了照顧特殊的孩子而過度犧牲手足或父母自己。這些無效能的關係及管教行為表面上看來都有不盡合情理的特徵，追溯其心理原因，則能發現皆與失落有關。當成員能面對並接納失落的事實後，關係及管教效能便能提升。

8.12 團體效能：催化接納

隱藏而未處理的失落經驗，將妨礙父母個人心理適應，進而影響整個家庭系統。當父母面對孩子障礙的事實時，就要面對自己的失落。特殊兒童父母不僅為孩子感到傷痛，也將為自己感到傷痛。帶領者協助團體建立信任及支持的氣氛，引導父母表達出失落的各種感受。當失落的情緒在團體中獲得了解與接納時，父母就更能接納自己的情緒，更能接納人生不如預期，也更能接納孩子障礙的事實。改變後，父母更能以接納取代批判的態度，不再批判自己，也不批判別人，包括配偶及孩子，沮喪的情緒減少（Shapiro, 1989），教養的效能能提高（Prescott & Iselin, 1978），這即是父母的成長。當父母更能面對且接納失落的事實時，就更能夠接納特殊需求的孩子、手足、配偶，也能接納自己。

8.13 團體效能：促進父母心理調適、強化家庭功能

支持團體催化接納的心態，促進父母心理調適（Cook, Heller, & Pickett-Schenk, 1999）。成員在團體中確能紓解情緒壓力，習得新的適應

技巧，對原有的處境有新的看法，這些便是心理調適的關鍵（Patterson, 1988）。經支持團體八次聚會互動後，成員的改變展現在心情、想法、關係及管教作為上，約涵蓋三個範疇（張英熙，2003）：

1. 成員個人心理調適較佳：生氣次數減少，情緒變得平靜穩定，對個人的處境有正面看法、自我肯定增加、自我照顧的行為增加、重新獲得照顧家人的動機，看見榜樣在面對個人難處時萌生更多的勇氣與信心。

2. 夫妻關係增進：更能體諒配偶，用正面的觀點看待配偶，接納配偶的缺點及限制，肯定配偶的角色與付出，並增加對配偶的關愛與服務。

3. 親子關係改善：對特殊兒童打罵的次數減少，能以尊重了解的方式施行管教，對學習障礙兒童的接納程度增加，更重視學習障礙兒童的心理健康，強調生活技能的訓練，減少對孩子課業上的強求，減少對孩子不必要的服務。對特殊兒童手足則有更多的體諒、關注與照顧。

後記

　　特殊兒童家長支持團體在帶領者引導下，形成一個心理安全的環境，讓成員願意開誠布公說出自己的故事。隨著對談時間增加，大夥拋開陌生感漸漸熟識，談話內容隨著信任關係建立而逐漸加深。說出自己故事的成員，藉著回顧再一次整理自己的人生經驗，透過其他成員理解的回應獲得支持。成員聆聽他人故事時，自動在心中進行參照比較，因而撼動原有對自己、對孩子、對家人等固著的觀點，對舊經驗發展出新的看法，觀點擴展帶來新的學習。團體在敘說、聆聽與回應之間不斷前進，成員生命的故事彼此相遇交織。看似平凡無奇的對談，卻能引出一股無可忽視的成長力量。團體聚會時成員生命經驗彼此激盪，引發陣陣漣漪擴散至團體外，改變發生於成員日常生活中，展現在親子關係、管教方法、夫妻關係、婆媳關係等不同層面。成員走過相同團體歷程，在其中汲取個人所需，最終各自有著不同的收穫。

　　從末次聚會成員分享的內容中，可以發現成員的成長猶如百花齊放般。為更進一步了解成員各方面的收穫，團體結束後訪問成員。後記將簡要地呈現訪問分析的結果，使讀者能掌握住成員改變的輪廓。其次要介紹團體結束後發展出不同的支持形式，最後則描述成員於十年後再相聚，成員和孩子們的故事。

支持團體催化父母心理調適

　　訪談發現經過八次團體互動後，成員們的改變展現在心情、想法、關係及

管教作為上。成員收穫約涵蓋三個範疇（張英熙，2003）：1.成員個人心理調適較佳，生氣次數減少，情緒變得平靜穩定，對個人的處境有正面看法、自我肯定增加、自我照顧的行為增加、重新獲得照顧家人的動機，看見榜樣在面對個人難處時萌生更多的勇氣與信心。2.夫妻關係增進，更能體諒配偶，用正面的觀點看待配偶，接納配偶的缺點及限制，肯定配偶的角色與付出，並增加對配偶的關愛與服務。3.親子關係改善，對特殊兒童打罵的次數減少，能以尊重了解的方式施行管教，對學習障礙兒童的接納程度增加，更重視學習障礙兒童的心理健康，強調生活技能的訓練，減少對孩子課業上的強求，減少對孩子不必要的服務。對特殊兒童手足則有更多的體諒、關注與照顧。

支持團體進階版

　　本團體確能催化成員邁向接納階段，然而進度人人不同，並無明確可預測的時間表，有些人需要更長的時間。為使支持的力量得以延展，特舉辦進階團體，邀請多個初階團體成員回鍋。由於回鍋成員對團體運作方式已有了解，進階團體八次聚會採低結構方式進行，聚會無預設話題，容許成員自由主動提出個人的經驗及關切的焦點，進行更深入仔細的分享。於團體中浮現的主題包括夫妻關係經營、父母生命意義感、父母自我照顧及情緒調適、管教技巧、特殊兒童的生涯規劃等。帶領者視成員之需要，提供管教技巧的演練，獲成員熱烈回應，正顯示家長多元的需求。

　　對特殊兒童家庭的支持可分為三種：一是心理及情感的支持，促進家長心理適應，正如本書團體的功能。二是提供資訊，包括教養療育知識及技巧訓練、提供社會福利資源資訊等，多數家長協會及福利機構都提供這類的訓練研習課程及轉介等服務。三是關於生活各類需要的直接服務，提供特殊兒童及家庭各式育樂活動、家長喘息服務等，正如喜樂家族提供兼容並蓄的支持模式。

長期多元的支持模式

　　喜樂家族屬於台灣愛鄰社區發展協會，多年來致力於特殊兒童家庭服務，每週日於教堂裡提供多種適合親子的才藝課程，課程均延聘專業教師教授，活動常年進行，兼具教育及娛樂功能。課程種類繁多，包括打擊樂、現代舞、爵士舞蹈、親子韻律、桌球、戲劇、美術活動及親子馬賽克拼貼以及家長成長班等。漫漫人生路，特殊兒童不僅需要學校教育及家庭照顧，也需要接納、疼惜他們的社區環境。喜樂家族提供接納與尊重的環境，讓特殊兒童親子都能找到友伴及歸屬感。在這樣長期多元化陪伴的社群中，嵌入家長支持團體，更能兼顧各種不同需要。

> 成長過程我常挨打挨罵，覺得自己很不好。孩子智能力不足，讓我更自卑。我就覺得孩子不好，常罵她嫌棄她。結果她就常情緒不穩定，容易鬧脾氣搞憂鬱，不上班、不洗澡、不出門，搞到全家雞飛狗跳。在教會裡聽大家唱「我是上帝心肝寶貝仔！」我才知道原來可以這樣疼惜孩子。在團體裡大家都很肯定我的努力，讓我很感動，我也開始要學會看重自己……

再走一哩路：喜樂夏令營服務學習

　　團體經驗不僅影響成員，也影響了我。聆聽許多家長的生命故事後，我更能理解家長面對的各種艱難處境，促使我不斷思考「特殊兒童家庭還需要些什麼？我還能做什麼？」當喜樂家族執行長潘秀霞牧師與我談及專為特殊兒童設計的喜樂夏令營時，我不假思索地決定再多走一哩路。

　　2005年台北市立教育大學幼兒教育學系及特殊教育學系兩系師生攜手合作，與教會一同籌辦夏令營，從此未曾停歇，至今進入第九個年頭。服務經驗

年年傳承，儼然已成為兩系的傳統。夏令營每年七月初舉行，服務員營前訓練於三月分就起跑，其中不乏連續數年投入的學生。訓練內容包括參觀、見習、撰寫教案、試教等毫不含糊。現場除了學長姊的示範、指導外，也有資深特教老師出席，並由兩系教授擔任督導，對課程教學進行回饋，對特殊行為問題提供對策。

喜樂夏令營擺脫制式枯燥的訓練風格，安排許多有趣的活動，課程包括美勞、體適能、音樂律動、品格戲劇等。寓教於樂的方式引發孩子學習的熱情，創造多元學習的機會，也讓家長獲得喘息的時間，為特殊兒童家庭引入新鮮有活力的人力與資源。成果展家長座談會場上，家長感言呈現出夏令營對孩子的影響，讓人難以忘懷。

> 大哥大姊不但要上課教學，還要給孩子擦鼻涕帶上廁所……，我真的很難相信花樣年華的大學生，暑假沒去約會打工，竟願意來陪伴這些孩子！

> 孩子以前要上學，三催四請都叫不動。來夏令營時他像是變了個人似的，天天都要我們早點送他來！孩子動機增加時，學習就變得很有動力！

> 我們父母花了五六年才慢慢學會怎麼和這孩子相處，而你們只花幾個禮拜就能掌握要領了！

因夏令營而有收穫的不僅是受服務的孩子，也包括了身為服務員的大學生。家長至情至性的感言讓大學生看見服務的價值，也看到自己的貢獻。全力投入服務的大學生，付出多收穫也多。歷年來投入服務的學生中有多人獲得教育部服務學習表現傑出獎的殊榮，學以致用的經驗讓學生及早發現自己的生涯方向，多位服務員畢業後順利取得正式教職或進入相關研究所進修，印證了施比受更有福的道理。

團體成員十年後的故事

在團體進行之初，雖已取得成員研究及出版同意。然為慎重其事，出版前將本書草稿交由全體成員審閱，並邀請成員重聚，確認書中人物之隱私保護的程度令成員放心。團體原有八位成員，出席聚會者五人，無法出席的三人則以電話聯繫。重聚地點就在學習障礙者協會的辦公室。大夥能再次見面很開心，氣氛很熱烈。團體結束了，生活要繼續。父母陪伴子女的責任是一生之久（Heller, Roccoforte & Cook, 1997）重聚及電話聯繫時大夥分享各自生活中大小改變，故事有甘有苦，經同意後敘說如下。

「我真的很期待來，看看大家十年前十年後有什麼不一樣！」小鈴說出大家共有的好奇，她報導兒子已結婚生子，她是成員中榮升為奶奶的第一人，大夥恭喜連連。婷婷帶來自製香蕉戚風蛋糕及冰釀小番茄，讓聚會增添熱絡溫暖，大夥一邊品味著婷婷的手藝，一邊快樂地聊著。大夥認為婷婷功力更勝於十年前，嚷著要婷婷開餐廳。

「各位錯了！沒有餐廳要出這道點心，因為真厚工（台語），不敷成本。我只為朋友做，只送不賣！」婷婷的濃濃情意讓大家感到窩心。她表示當初全心投入烘焙，一方面是自己的興趣，一方面也是為了孩子的生涯鋪路。

「那你過得好嗎？還去橋邊散步嗎？」我問，大夥發笑。

「我現在還是會過橋，而且每天都會去走，因為我要去上班。」原來婷婷為了陪孩子成長，一直都擔任小學的愛心媽媽，協助老師照顧特殊孩子。甚至到孩子畢業之後，這義務性的服務仍不間斷，且深獲學校老師的信任。當學校開辦營養午餐時，婷婷便受邀擔任秘書，協助監督食品衛生、品質和負責點收餐費。這份工作不但延續婷婷烘焙的興趣與專長，偶爾能幫上那些經濟困難的孩子讓婷婷尤感滿足。

有幾次我發現有孩子沒繳餐費，就私下把他找來了解。原本月初要繳的餐費如果有困難，就讓他可以月底再繳。看到孩子有午餐吃的笑

容，我就會很開心！

　　由興趣發展出第二生涯的還有敏珊。敏珊婚前就熱衷攝影，十年後延伸至編劇導演的領域。劇本編撰的團隊夥伴彼此興趣相投，讓敏珊有機會發揮潛能實現自我。編劇的工作就是要將人性及社會百態融入劇情，這原本就不容易。在劇情中還要帶出教化人心的意義，就更具挑戰了。然而最終能看見絞盡腦汁後的成果時，敏珊就會覺得有成就感。雖然為公益電視台工作分毫未取，卻能為敏珊打開一扇窗，看見一片藍天。

　　芳芳同樣也加入志願服務工作，協助特殊兒童的福利服務機構辦理活動。在服務團隊中，芳芳有群志同道合的朋友。芳芳像上班般朝九晚五投入服務，每天離開家一段時間和社會連結，不但讓機構可以服務更多特殊孩子的家庭，芳芳能付出一己之力，也讓自己心境開闊很多。即使服務工作很有意義，芳芳表示服務僅限於白天，晚上的時間則完全屬於家人，由此可以看出芳芳以家庭為重的生活價值。

　　淑蘭曾在團體中表達重返職場的願望，顯然團體結束不久後願望就已實現了。職場上的各種挑戰向來難不倒淑蘭，原先在會計師事務所任職，收入頗豐。後來工作量不斷增加，淑蘭無法兼顧家庭便選擇離職，目前轉任小公司承接簡單的業務，等待適當時機再重新出發。

　　小鈴擔任榮民服務處探訪志工，負責探望數以千計的榮民家庭，協助申請各項補助。這份工作十分忙碌卻只有微薄的車馬費，然而服務時能深入社會角落幫助有需要的人，讓小鈴覺得很有意義，怎麼忙碌都不覺得累。或許受過苦的人尤其樂意幫助那些正在受苦的人，探望時偶遇有特殊需求孩子的家庭，小鈴便立時主動提供相關的資訊。

可能是自己有經驗吧！對孩子的特殊都有種敏感度。有些孩子明顯有特殊需要，家長卻完全不知道要求助。我就會主動提供特教資訊，並替他們爭取更多的補助。

孩子長大後，母親的生活有更多樣選擇。五位成員都踏出家門和工作世界重新接軌，她們各自用不同方式開創生涯第二春。儘管工作的性質迴異，重新投入職場後她們都找到能力感、價值感與成就感，並以有意義的方式與人群連結，更重要的是她們都樂在其中。

回味往事

「當年團體結束時，我對老公是既感激又敬佩，覺得他超級優秀。但這十年來我又有改變，覺得他其實也沒有太了不起啊！因為他工作團隊好，大家又都全力以赴，表現好是當然的。可是他在家帶孩子不順利，耐力和技巧不足很容易就可以看出來，功力還差我一大截咧！在家裡我雖然不起眼，但絕對不是毫無長進啦！」芳芳中氣十足正如以往，她語出驚人的談話風格不改當年。由於孩子表現平平，無法呈現出芳芳付出心血與努力有多少。然而在管教上比老公技高一籌現象，正是辛苦耕耘的有力證據，這讓芳芳感到優越、自我肯定和安慰。

「別人的孩子能力好，隨便都有學校讀。我們就算是下苦工栽培，孩子表現也很有限。但如果不下工夫，情況就更糟。孩子表現不好，不代表我們做得不好或能力差。」芳芳笑得開朗，自信更勝於從前。閱讀十年前故事，團體經驗再次浮現，往事歷歷成員頗有感慨。

「參加團體最大的收穫就是讓我更深的了解自己，修正自己的想法，然後看待周遭的事也更正向。一路走來睜一隻眼閉一隻眼的方法，讓我可以平安地走到今天。」淑蘭未出席聚會，電話中的談吐仍不減其幽默。

「看了書之後覺得很慚愧，因為我發現自己以前怎麼會這樣愛抱怨，修養不太好。」敏珊表情尷尬地數度表示，歲月洗滌讓她有更多成長。然而也有些成員的困境並未減少。

遙遙求學路

「回想起來其實國小階段最辛苦了。因為那時候摸不清楚孩子能力的底限，還想奮力一搏！」小鈴說，陸續又有幾位也表同意。

「救得起來的話在小學早就救起來了，國中以後攏免肖想啊啦！（台語）」芳芳直率表示。

「對啦，孩子長大也是會有苦惱，可是就沒像小學時那麼痛苦了。」婷婷道。

「其實孩子上小學，我就跟著再上一次小學。孩子國中高中都要陪讀，好像我也又重讀了一遍。後來他能讀技術學院，我們也都很高興。可是環境轉換，他適應得慢，第一年我們都要親自接送，真的很累。他天生緊張上課絕不遲到，也不會睡覺，結果老師視他為模範生，超喜歡的。第一次月考，也不知道怎麼搞的，竟拿了有生以來的第二名。成績公布後，同學都跑來問，你是怎麼讀書的啊！真沒想到，他也有這樣的一天！」小鈴搗著嘴笑。小鈴的孩子就讀幼保科系，老師要求創作教具，小鈴就在家裡陪著幫忙做。因為作品很好，不但老師非常肯定，同組的同學也很高興，因而開始有人願意跟他做朋友。畢業後他就和同學在速食店裡工作，工作內容很固定，生活也算穩定。然而並不是每個孩子在求學路上都能如此順利。一樣是陪讀，卻有成員經歷完全不同的結果，金花、玉蓮和春梅的孩子在求學路上遇到許多等待克服的難題。

「我最辛苦的階段是孩子國中時，因為功課明顯跟不上，我就死命教，好像我在讀國中高中一樣，每天晚上我睡前腦袋還會自動複習當天的功課。而且因為他懼學，還要我天天接送！很累，快要起瘋（台語）。」玉蓮在電話中表示，而金花也有相近的經驗。

「我的辛苦是從小學到國中，愈來愈嚴重。甚至孩子上了高中，還要我天天接送，真的很累。小學時老師不相信孩子有學障，現在孩子上高中也是這樣。我還要去跟老師說孩子的學習和情緒問題，我覺得很頭疼、很疲倦。」金花搖著頭連嘆氣也有氣無力，為孩子學習的煩惱從來沒停過，歲月流逝但痛苦

指數有增無減。

　　與大夥的經驗相比，春梅經歷更多曲折。因為孩子學習落後，春梅常到學校幫忙。就像許多特殊孩子的家長，希望能建立良好的親師關係，讓孩子得到更好的照顧。然而事與願違，每次春梅向學校提出需要時，都得到冷淡的反應，春梅因而自覺是個讓人頭痛的家長。更糟糕的是從國小一年級開始，孩子一直被鑑定為學習障礙，但孩子國二時的鑑定結果卻是弱智。鑑定結果大改變，春梅驚慌失措，一時不知如何是好，便和先生商量，結果更出人意表。

　　「我和先生討論時，先生竟然回我，姊姊們都沒問題，你不要一天到晚強調這個啦！」春梅的無奈由電話線傳了過來。

　　春梅這時才驚覺，先生根本就不願意承認孩子有特殊之處！外患內憂接踵而至，春梅最後毅然帶著孩子出國學習。先是幫助孩子克服語言障礙，之後逐步調適。校方服務很積極令人印象深刻，春梅什麼都沒講，校方主動發現孩子的需要，並積極提供語言矯正、特殊教育、個別教學等資源。只要孩子有一點點小小的進步，導師就給很多肯定。孩子有了心理上的安全感，學習也變得比較容易，今年孩子剛好完成高中學業。

　　「以前在台灣到處去上語言治療課，孩子說話還是一樣結結巴巴。出國幾年後，孩子變得不一樣了，現在一打開話匣子就滔滔不絕！」孩子整體上的進步，讓春梅感到欣慰，但憂慮並未完全解除。因為每當轉銜階段，人際關係重新洗牌，孩子就會出現適應困難。春梅的困境正是許多父母所經歷的，因為孩子的特殊需要父母承受長期的壓力，在不同的階段孩子面對的難題不同，各種調適的壓力一再重複地出現，特殊兒童時而需要更新鑑定，將再度引發父母悲傷的情緒（Wikler, 1981）。在就學就業的轉銜階段，特殊兒童所遭遇的困難多過一般兒童（Reiff & Sharon, 1992），春梅知道，挑戰還在前面等著。

孩子的職場探索

　　學生生涯總有結束的一天，玉蓮的孩子高職畢業後，有半年在政府單位工

作,之後工作都是斷斷續續。因為孩子自閉加上學障,固執又能力不足,所以很難找到工作。像大賣場的工作項目太複雜,會全數搞混。庇護工廠,他又嫌薪水太少,最後就待在家裡。障礙兒成年後,父母最掛心的是社區資源是否適用,孩子能否經濟獨立,職業生涯能否有良好的發展(Glidden & Jobe, 2007)。

芳芳的孩子算乖巧聽話,高職畢業後就去當兵,退伍後就開始工作。為了讓孩子可以找到合適的工作,芳芳可費了一番心思安排。孩子的第一份工作是麵包店店員。原本芳芳認為麵包店環境單純,結果孩子卻適應得很辛苦。招呼客人、回答問題、介紹麵包特色和新產品,對孩子而言已經太複雜了。接著又換了三四個工作,孩子卻都撐不久,最短二個禮拜,最長三個月就再也做不下去了。最後芳芳拜託開花店的朋友,威逼利誘之下孩子破天荒撐過八個月,但最後還是受不了。因為光是玫瑰花就有十幾種,孩子背了好久還是分不清楚。試過兩年,芳芳只好讓孩子去工廠。孩子求職業的這一路,父母再次評估孩子的實際能力,發現孩子的表現不如同年齡的孩子,再次感到悲傷,並需要重新調適(Konanc & Warren, 1984)。芳芳將這段「再接納」的歷程說得很清楚:

「我總認為工作就要和客人有互動才會有前景,所以很不願意讓孩子關在工廠裡,這輩子領死薪水一萬八千元,生活毫無變化沒有未來。可是沒想到孩子卻在工廠裡過得很好,因為工作內容很固定,配合他有點固執傾向。人家都說工廠裡人際關係很難搞,孩子沒心機也不計較,當初我就怕他在工廠裡被欺負。有次他上廁所時遇到一個阿姨要提水桶倒水很辛苦,他就主動幫忙。後來他知道那個阿姨每兩個小時倒水一次,他就固定每兩個小時離開座位去上廁所去幫忙。就這樣,孩子在工廠裡竟意外地受歡迎!當初他進工廠時,我很傷心。後來回想,其實那是我的理想,而不是孩子真正的需要。我發現,我還是不夠接納孩子的真實特質和能力,強要孩子做那些我認為好的事,其實不見得就真的好。」

孩子成長過程中不同階段各有不同的議題，考驗著父母接納的程度。經過多年嘗試後，芳芳再次發現「放下父母的理想，認清孩子的需要」是重要的教養原則。當父母能真正的接納孩子時，才能啟發孩子的優勢能力，讓孩子融入社會生活（吳佳玲，2006）。

憑空消失三十萬

　　「孩子大了，發生了好多事情，回想起來都覺得很難想像。過了小學階段，我和孩子都比較上軌道了。兒子升上高三，我想他大了，就給他辦手機，沒想因此引來一場災難。」婷婷抿抿嘴，表情有些嚴肅。

　　「有天我發現放在抽屜裡整個月的餐費竟全數不見！我想一定是孩子，找來問卻問不出來。我靈機一動，就查看他手機，發現有不明人士不斷和他聯絡。孩子這才說出，有個女人偶爾就會打電話跟他聊天，對他甜言蜜語，後來定期見面跟他拿錢，這次拿了三十萬。」

　　「三十萬！？」在座沒人相信自己的耳朵所聽到的。

　　「對！三十萬全部消失。」婷婷肯定道。他求助先生，先生卻沒有一點要幫忙處理的樣子。婷婷只好一切靠自己，硬著頭皮報案。等那女人再來電，立即要求警察陪同逮人。果然不出所料，那女人又再來電，孩子依約會面，婷婷和警員循線跟蹤，發現原來那女人是酒廊小姐。在警員陪同的情況下，婷婷進了酒廊找老闆理論，但老闆完全不承認有詐騙。

　　「那天從下午耗到晚上，就是要老闆給個交代。傍晚時，警員突然說要回去交班，叫我自己在那裡等晚班警員來。我真的很氣！怎麼能夠讓我們母子單獨留在那裡，我就堅持要求警員不能走，要交班就到酒廊來。到了晚上十點，我心想，這筆錢大概要不回來了。就跟老闆說，錢我也不要了，我只想知道這三十萬到底是怎麼花掉的！換成你是媽媽，孩子拿了三十萬花掉，難道你不會

想搞清楚嗎？！難道沒權力知道嗎？！我就拍桌子跟他們吵，後來老闆大概是看我不再跟他們拿錢，才願意說。那天我回到家已經快十二點了。」婷婷才說完大夥議論紛紛，談到這種特種營業都跟黑道有勾結，搞不好連員警跟他們早都認識。

「婷婷，你太勇敢了！你都沒在怕喔？！」眾人異口同聲地問。

「是啊，我離開時員警也說我很勇敢。其實我去的時候心理就有準備，錢沒了，但至少要給孩子知道，讓他看看整個過程。這一路走來，遇到問題就去解決，也沒想太多。」婷婷一臉的堅毅，從來沒想要退縮。父母怕孩子學壞，並非無中生有杞人憂天。孩子的行為問題一直都是特殊兒童父母重大的壓力來源（Balkwell & Halverson, 1980）。特殊兒童可能由於衝動行事、渴求友誼、判斷力不足，誤入歧途或被人利用，這類社會事件時有所聞。婷婷面對問題毫不退縮，嫻淑的這雙巧手，不但能烹煮各式美味，也要抵擋侵擾護衛孩子。

🦪 上帝啊！請賜給我智慧！

特殊的孩子雖然為家庭帶來許多挑戰，也可能為家人創造正向的成長機會（Taunt & Hastings, 2002）。特殊兒童的手足可能分擔許多照顧的責任，甚至有不平、憤怒、愧疚的感受。然而當父母能清楚地溝通（Seligman, 1991b），手足便可能成為最佳幫手，展現出溫暖、關懷的人際特質。這種照顧的經驗甚至會影響手足的生涯選擇（Seligman, 1983），淑蘭的女兒便是眾多例子中的一個。淑蘭報導兒子因為數理不強，選讀語文學系，畢業後正在服役。女兒就讀教育學系時，雙主修特殊教育系，畢業實習後立刻考上學前特殊教育正式老師！

「其實她在國小就表現出這方面的潛力了！很會照顧別人，尤其是學習弱勢的孩子，沒想到就這樣走上專業學前特教老師的路，日後還希望進修遊戲治療、藝術治療呢！這可能也是拜哥哥所賜吧！」淑蘭笑著說。結束電話談話後不久，淑蘭寫了封信來，回顧了她和孩子的成長，經她同意將全文刊載如下：

當年參加團體時,兒子還帶著稚氣抬頭仰著臉對著我說、對著我笑,滿是天真。隨著孩子成長,視線逐漸提高,我們雙眼平視,現在迎著我的還是天真,卻故作成熟狀的笑臉。是啊!我們的功課還沒有學完,雖然現在可以安然坐在樹梢上,有時卻還是得因突如其來的大風、小浪,訓練平衡感。不過很高興的是我不再獨立作戰,投身兒童教育的女兒會提供她專業的看法、技巧;依然應酬滿滿的爸爸,則會適時的待在家當土地公壓陣,偶爾也會和兒子一起聊天!

幾年前兒子經朋友介紹進入教會,假日都往教堂跑。教會也有類似分享的聚會,增強自省能力和人際互動。宗教團體包容性較強,也可以減少在人際關係中碰撞後的挫折感。因為宗教信仰的不同,又是獨子,當父母的就不能再執著於公媽(台語)沒人拜的迷思。畢竟對祖宗、先人的追思與尊重,是心中在意最重要。

很高興曾參加團體,更感謝老師能整理出書,看著內文,一些原已被遺忘的記憶又鮮明的像昨天才發生一樣,心中很是激動!謝謝老師為我們的祝禱。上帝啊!請賜給我平靜的心去接受那些我不能改變的,請賜給我勇氣去改變那些可以改變的,最後請賜給我智慧去分辨哪些是可以改變的,哪些是不能改變的!

新生

芳芳出席聚會時帶來參與團體的心得,並在聚會中宣讀出來。多位在場者因受感動而紅了眼眶:

當年在團體中感受到團員同理心的支持及老師用心安排聚會主題,讓我很有安全感,而能放下心防,全心投入團體。每一次融洽的氣氛中,就像有一位無形的老師,引領我重新能用思考過日子,而不像以往用情緒在過日子,開始正視自己目前生活的不正常,從逃避到面

對。在第四次聚會時，能在眾人面前公開自己過去與現在，面對婚姻
與現實挫折，原來當時自認陷在泥沼的日子經過轉念，就能做到自
救，這種成功的經驗，一直到往後十年，一直影響我，也支持著我。
我開始願意過向上積極負責任的生活。不怕做錯，只怕不做，這是我
的新信念。告別了過去，讓自己重新過日子，由衷感謝老師無私的付
出，改變了我。十年前經過支持團體，我檢討四十歲以前的生活，大
徹大悟後，心情改善很多。就是自省自救，遇到問題就找方法處理，
做錯事不要不停的自責，就用這樣的心態，繼續接下來新的十年，
日子過得很愜意。後來我就想再生一個，用修正過的自己來帶這個孩
子。孩子現在五歲，一切都很順利。

　　究竟要多少的勇氣才能讓特殊需求孩子的母親，在受盡苦楚後願意冒險再
懷胎生育呢？芳芳的改變伴隨了行動，她五歲大的孩子證實了她改變的事實。
這個孩子為芳芳生活帶來許多希望和歡笑。不論再生養一個孩子的勇氣需要有
多大，無疑的芳芳已具備這項勇氣了。我邀請芳芳送給讀者幾句話，她呼籲：
「特殊兒童的父母不要老窩在家裡，要勇敢走出來，運用社會資源幫助自己成
長。我能做到，你一定也可以！」

附錄一：特殊兒童家長的反思題綱

　　本書介紹特殊兒童家長支持團體進行的過程，期能拋磚引玉為更多有關的家長團體催生。然而籌組家長團體需有諸多條件的配合，有意加入團體的家長不一定都能即時找到適合的團體。以下以家長讀者為對象，依本書各章擬出反思題綱，供未參與團體的家長讀者自問自省，或以父母讀書會的形態進行分享討論，期能提高讀者自我覺察並促進適應。

第一次聚會

1. 成員自我介紹的故事中，哪些經驗最觸動你？為什麼？
2. 養育特殊孩子的任務上，你曾經歷了哪些阻力和助力？你目前的生活中，最期待的協助是什麼？哪些單位或團體可以提供你所需的協助？是什麼阻止你，讓你未求助呢？
3. 你如何確定孩子有障礙？確定孩子有特殊需求的事實後，你的心情及生活有何變化？你曾否因教養特殊孩子而感到無助無望，甚至出現尋短的心情？你曾經與人分享這番心境嗎？你如何走出那種無望的心境？
4. 你如何確認孩子各方面的能力水準？你認為你對孩子的期待與孩子的能力是否相稱？
5. 由於家長需格外費心照顧有特殊需求的孩子，相對地其他手足可能受到忽略。你如何處理這種顧此失彼的情況呢？

第二次聚會

1. 管教過程親子難免發生衝突，春梅付出很多心血，指導功課時情緒常失控，最怕孩子說出「我恨你！」對於孩子的情緒反應，成員們有許多回應，你的看法如何？你認為孩子對你的管教有何情緒？
2. 春梅親子關係異常緊繃，她認為孩子的學習與親子關係是魚與熊掌不可兼得。你同意嗎？為什麼？你認為解決之道為何？

3.「冷便當事件」讓婷婷寢食難安，你是否有相近的經驗？成員們提供各種的思考方向，對你有何啟發？

4.如果你也訴說自己的生命曲線，你會分享哪些曾經歷過的高峰和低谷？你會如何為自己的人生故事命名？面對人生各種挑戰時，你有哪些特質或態度幫助你勇於面對？

5.父母婚姻關係良好時，不僅可以減少夫妻衝突內耗的問題，也能更好地照顧孩子。孩子的特殊需求會增加許多生活壓力，也可能增加家庭凝聚力。養育孩子的任務對你夫妻關係的影響是什麼？當你全心全力照顧孩子時，配偶是否感受到忽略冷落？你如何在照顧孩子同時，也照顧婚姻關係？本週你可以怎麼行動來強化你的夫妻關係呢？

第三次聚會

1.你如何形容你目前的親子關係？從一分到十分評估你親子關係的滿意度，你會給幾分？你是否也有過愛恨交織的情感？你同意「放手」而不「放棄」的看法嗎？對此你尚有哪些考量？在這方面，你可以有什麼調整？

2.祖父母及眾親戚朋友可以成為特殊兒童父母最大的支持，卻也可能造成最多的阻礙和傷害。對你而言承受最大的痛苦或困難處是什麼？這些對你的影響為何？你又是如何走過這些困難？

3.「自責」的情緒是父母沉重的心理負擔。敏珊自認為應為孩子的障礙問題負責，你同意嗎？你認為這種想法對敏珊或孩子可能有什麼影響？成員們有多種的回應，你最能認同的想法是什麼？為什麼？

4.你認為婷婷說出家暴經驗對婷婷而言有什麼意義？如果你也在現場親耳聽見她的分享，你會有什麼感受和想法？如果你有和婷婷相近的受創經驗，你會願意在團體中說出口嗎？你會考慮什麼？

5.閱讀八位成員生命曲線的故事後，你對自己的人生及處境又有何什麼看法？你認為支持成員走過難關的力量是什麼？你是否也擁有相近的力量？

第四次聚會

1. 請試著翻閱整理自己家庭的生活照片，欣賞並找出你喜愛的照片，注意自己翻閱照片時你發現自己或家人的外貌或心境是否有改變？對此你有何感觸？翻閱照片的過程讓你對自己或家人有什麼想法？

2. 錯誤的期待引來不當的管教，唯有正確了解孩子能力與本質，才能對孩子的表現有正確的期待。你認為春梅與婷婷管教上的困境，是哪些內外在因素造成的？可能的解決方案又是什麼？在管教上你曾有過與春梅相近的苦惱嗎？你責打孩子的理由為何？責打能否改變孩子的表現？你的管教風格是否曾發生改變？促成改變的原因是什麼？

3. 淑蘭曾經壓力過大而撞牆自傷、暴飲暴食，最終她感謝曾經走過的一切，因為不斷受挫才會不斷激發出新的想法，認為不論多苦，每個階段都是她成熟養分。你認為經過歲月的洗練後，自己是否更成熟了呢？回顧過往，你可以感謝的人、事是什麼？

4. 特殊孩子對芳芳的人生造成重大失落，芳芳雖然盡力教養孩子，因失落而有的憤怒卻轉向先生，對先生頤指氣使。芳芳因失落而有的悲傷情緒及反應，讓你對自己的失落反應有什麼認識？

5. 團體成員回顧照片時各有不同的收穫與感觸，哪位成員的分享讓你印象深刻？為什麼？這對你有什麼意義？成員分享經驗時，行動或態度中，值得你學習的是什麼？

第五次聚會

1. 登山過程金花腦中閃過放手的念頭，分享後引來熱烈回應。你曾有過「想要孩子消失」的念頭嗎？你那時說了什麼或做了什麼？對於自己有這種念頭或衝動，你有何觀感？

2. 為了養兒育女，你的人生有什麼變化？你失去了什麼？拿出紙筆來，參考成員的失落經驗，寫下你失落的表單。這些失落引發你什麼心情，對你有何影響？

3. 「自卑」的心理對成員有很廣泛的影響，因為孩子表現不如人，你曾有相似的自卑心情嗎？這如何影響你自己、家人或親友關係呢？反過來想，如果有朋友感到自卑，你會如何幫助他呢？

4. 敏珊對孩子抱怨先生，造成父子關係不佳。淑蘭的家庭經營妙方，改善了敏珊夫妻及親子關係。你的親子關係和夫妻關係如何？在淑蘭和敏珊的經驗中你有何學習？

5. 淑蘭教孩子過馬路，能做的都做了，仍擔心孩子發生不測。最後只好想孩子有他自己的命。淑蘭盡力後最終要承認自己的有限，沒有辦法永遠保護孩子。對於「盡人事、聽天命」你有何看法？

第六次聚會

1. 你認為自己是什麼樣的父母？如果你要畫一張自畫像，你會如何表現？如果讓孩子來畫一張心目中的父母，你猜孩子會怎麼畫？找個機會讓孩子畫畫看，並藉此和孩子聊聊他心中的想法。

2. 「刺河豚」的比喻生動地表現出成員管教的憤怒經驗，然而只有在憤怒不失控情況下管教才會最有效果。回想個人這幾年來的管教經驗，你的憤怒情緒會失控嗎？如何才能不失控？

3. 你認為自己是個好父母嗎？對於扮演父母的角色，以一分到十分來評定，你的自評成績是多少？為什麼？你認為評分的標準應該是孩子的表現、父母的努力、盡力的程度，或是父母努力與孩子能力之間的適配程度？

4. 「肯定自己」對於父母而言是重要的。在親職的角色上，你付出的努力包括了哪些？試著寫下來。對於「盡力不等於滿意」你的看法如何？

5. 「從孩子的立場想」可以更有效地實施管教。你能從孩子的立場去想嗎？有什麼困難？從成員所分享的經驗中，你可以學到什麼？

第七次聚會

1. 試著寫下一週的心情日記，觀察自己生活中有哪些心情變化？各種心情

的強度為何？這些心情是由哪些事件引發？

2.孩子塗改聯絡簿的行徑，成員各有不同的觀點及處置。芳芳和春梅在處理孩子學校作業的議題上有截然不同的心態和作法，就像一條數線的兩端般。你的處置作風比較靠近誰？成員的討論對你有何啟發？

3.春梅管教孩子時覺得「管太多怕孩子依賴，放太多怕他擺爛。」你曾有經驗過這種左右為難的矛盾心情嗎？對你而言，面對放手的抉擇最大的困難是什麼？你認為解套的關鍵是什麼？

4.玉蓮為了保護弱勢，卻讓另一個孩子感到不公。特殊孩子需要父母更多時間照顧，其他手足可能有被忽視或不公平的感受，對此你有所覺察嗎？管教不公的感受可能在手足間及親子間造成什麼影響？你如何處理？

5.對孩子的特異舉止，路人及親友偶有不解或輕蔑，讓父母有丟臉的感覺。你曾有過哪些經歷？這種丟臉的感受對你的生活有何影響？你如何面對？成員對社會壓力的反應方式很多種，哪位成員的反應方式與你較為相似？哪位成員的反應是你嚮往的呢？如果你也能「認清孩子的本質，不為別人的眼光而活。」你和孩子互動時會有什麼心情、舉動與現在不同呢？要持定這番信念來生活，對你而言有什麼困難？

第八次聚會

1.綜觀團體成員各項收穫，哪些收穫對現在的你而言具有價值或令你羨慕？回首教養來時路，你認為自己在哪些方面已有成長，值得肯定？

2.團體中多位成員夫妻關係獲得改善，你能指出成員夫妻關係改善前後有何不同的心態或行動表現嗎？他們的改善是怎麼發生的？你可以如何行動以改善婚姻關係？

3.你認為自己的孩子有哪些值得欣賞之處？你常向孩子表達不滿還是表達欣賞？是什麼讓你無法欣賞孩子呢？你曾用什麼方法讓孩子知道你對他的欣賞？你可以用什麼方法讓孩子知道？

4.若以一至十分來表示對孩子接納的程度，一分代表很少接納，十分代

表完全接納，你會如何評定自己接納孩子的程度？你如此評定的根據為何？未能接納孩子的理由是什麼？若要更進一步接納孩子，對你而言有何困難？成員的分享對你可以有什麼啟發？

5.你認為團體中哪位成員自我接納的態度與你相近？哪位成員的自我接納態度令你最為嚮往？淑蘭服侍先生做太多卻未被疼惜因而感到委屈，金花過去十分疼惜孩子而忘了疼惜自己，她們兩人最終都認為應該更疼惜自己。對於她們兩人的改變，你有何看法？你認為父母疼惜自己重要嗎？你是會疼惜自己的父母嗎？是什麼讓你不疼惜自己呢？你可以如何疼惜自己？

附錄二：團體帶領者的反思題綱

特殊兒童家長團體的帶領者不但要了解家長心理處境，也要熟知團體工作的原則。團體帶領者反思題綱是為帶領者設計，為了幫助帶領者以不同的角度審視本團體方案的設計與帶領過程，亦可作為訓練團體帶領者或籌組團體時討論之用。以下反思題綱著重在團體工作上，涵蓋三種向度：一、團體計畫，包括團體目標、流程、活動設計及結構等。二、團體發展，包括團體不同階段成員互動觀察及療效因子等。三、帶領者與團體技巧，包括團體帶領者對成員心理、行為的理解及反應技巧等。因團體不同階段，各次反思題項中，以上三項的問題比例也會有所不同。部分問題適用於各次聚會，將優先列在「適用於各次聚會的反思題綱」中，以減少重複列舉。除以下參考的題綱之外，讀者尚可發展相關的問題。

籌組特殊兒童家長支持團體

1. 特殊兒童家長的需求眾多，包括療育、教育、親職、福利、心理支持、心理諮商等。什麼情況下，你會考慮籌組一個家長支持團體？籌組團體時你會選擇教育認知取向或心理情緒取向？為什麼？

2. 你認為支持團體理想的聚會次數及各次聚會時間長度為何？為什麼？你會期待團體的結構高或低？開放或封閉？理由為何？

3. 當你籌組家長支持團體時，你期待可以達成何種目標？你如何評估目標達成的程度？這些目標又如何與組織的目標或家長的需要結合？此外各次聚會的目標為何？各次聚會的目標與活動設計是否相符？有哪些相近的活動也可以達成相近的目標？如何評估目標達成的程度？

4. 選擇適合的成員，是團體成功的第一步。籌組支持團體時，你會邀請哪些家長出席？你要如何說明支持團體的運作方式及效能？你如何幫助家長作好心理預備，提高動機參與團體？你認為哪些情況下的家長不宜參與團體？又有哪些社會資源適合轉介？

5. 你認為心理支持團體中成員的互動規則應包含哪些項目？你考慮如何讓成員了解？保密的承諾是團體成員互信基礎，你會選在哪個時機，用什麼方式聲明保密的重要性？

適用於各次聚會的反思題綱

1. 團體的時間控制是帶領者的重要責任，你認為團體要留下多少時間來收尾，進行該次聚會的回顧／總結較合宜？此外引導成員回顧前次聚會經驗有什麼優缺點？合宜的回顧活動時間長度為何？

2. 帶領者引導成員習得團體互動的規則後，成員將有最多收穫。試指出有哪些方法可以引導成員習得團體規則？你自認為最擅長的是什麼？最困難的是什麼？你可以如何加強？

3. 帶領者不但要引導成員聚焦在「團體內容」，也要幫助成員關注「團體過程」。這兩種不同的焦點各有何不同的價值？試舉書中的例子說明。對你而言哪一種焦點的引導比較困難？為什麼？你可以如何加強？

4. 你如何描述帶領者的角色？各次聚會中帶領者哪些處理讓你感到認同欣賞？有哪些作為你無法認同？試說出你的觀點？假想你就是團體的帶領者，你的作法會有什麼相似或不同？

5. 支持團體中成員聚焦談論婚姻關係多於特殊兒童，對此你有什麼看法？你認為兩種主題的時間如何分配較為合宜？

第一次聚會

1. 你認為自我介紹的時間長度如何規劃較合宜？成員自我介紹還有哪些方法？首次聚會上半場為自我介紹，下半場為親子衝突的話題，團體時間及主題分成兩大段落。試問如此規劃有何優缺點？你有何修改的提議？

2. 家長若期待團體能讓孩子變得自我負責認真讀書、讓孩子變得聽話減少親子衝突時，這些期待與團體目標不盡相符，你會如何處理？

3. 回想過去當他人在你面前哭泣時，你有何感受？又有什麼反應？團體才剛開始，成員自我介紹時情不自禁流淚哭泣，身為帶領者的你可能會有

什麼感受？你會如何應對和處理？

4. 下半場聚會中，金花說出「痛不欲生」的悲觀念頭時，其他成員紛紛出言相勸，要金花不要盡往壞處想。如果你是帶領者，你會如何處理金花低落心情，又會如何處理成員們的熱心建言呢？試觀察帶領者的作法為何？其意圖為何？你同意嗎？為什麼？

5. 第一次聚會中成員對團體也建立了初步的信任感，團體也出現「普同性」的療效因子。試回顧團體互動中哪些因素促成「信任感」以及「普同性」療效因子出現？這對帶領團體有何啟發？

第二次聚會

1. 當成員提出電話聯絡可能給人增添麻煩時，身為帶領者的你會有什麼感受？為什麼？你會如何處理？試說明你處理的考慮為何？

2. 你會引導外形有明顯改變的婷婷談談改變的心境嗎？為什麼？你認為用多少時間談論這個新的話題是合宜的？「冷便當事件」是孩子學校生活適應的話題，試觀察團體進行是「問題解決」或「經驗分享」取向呢？兩者各有何不同的目標和過程？又何者適用於支持團體？

3. 分享人生甘苦經驗的活動是否符合支持團體的目標？除了生命曲線之外，還有哪些活動也能引發家長談論人生故事？每位成員生命故事分享後，需要引導其他成員進行回饋嗎？為什麼？如何引導才合宜？不論是分享或回饋時，當成員滔滔不絕，佔用太多時間時，你會如何處理？又什麼情況才稱為佔用太多時間？當成員表達不願多說時，你會如何處理？

4. 本次聚會中生命曲線活動僅有半數成員完成分享，其他成員需等到下次聚會才能繼續。對於活動無法於一次聚會中完成的情況，你有什麼看法？

5. 聚會結束前的回顧活動有何功能？與本團體目標是否相符？本次團體中出現人際學習的療效因子，試回顧本次聚會成員互動，指出引發人際學習療效因子的因素為何？這對帶領團體有何啟發？

第三次聚會

1. 激勵成員採取行動，為自己的生活與關係做一點點小小的嘗試和改變，這可以幫助成員看到改變的可能。分享個別化家庭作業的段落，為團體注入希望感。指派個別化的家庭作業時要考慮哪些因素？如果家庭作業分享時，成員所談並非成功經驗，而是挫折經驗時，你會如何看待？又可以如何處理？

2. 聆聽家長分享各種心情、處境及反應，是帶領者主要工作。就第三次聚會家長所分享的內容而言，你個人有何觀感？當你聽到家長不合理的行事作風時，你會想要給予建議嗎？或者你會想要改變團體的計畫，增加溝通或管教訓練活動嗎？當你或成員給予建議時，對團體運作可能會有什麼影響？

3. 團體中讓成員分享負面經驗的功能何在？這與本團體的目標是否一致？試觀察本次聚會中成員分享的負面經驗有哪些？帶領者要如何引導才不會讓團體淪為抱怨自憐的團體？如何才能避免讓成員因分享負面經驗而感到更無助無望？

4. 敏珊因為孩子的特殊問題感到自責，你認為團體針對此的討論是否足夠？特殊兒童家長可能的自責原因有哪些？團體如何才能協助自責的家長？

5. 婷婷家暴經驗顯然抓住了所有成員的注意力，你認為婷婷之所以願意冒險分享，團體應具備什麼樣的條件？帶領者如何做才能讓成員願意揭露真實深刻的經驗？如果有其他成員呼應婷婷，也道出相似家暴的受創經驗，大夥哭成一團，偏離原定的團體計畫時你會如何處理？若有成員透露目前仍受家暴威脅，或有需要立即處理危急問題時，你會如何處理成員的危機？又如何處理團體其他成員的反應與需要？

第四次聚會

1. 團體是否能進入工作階段主要的關鍵是什麼？帶領者應掌握哪些帶領的

原則，才能順利幫助團體進入工作期？本次聚會中展現出哪些團體工作階段的特徵？本次聚會中成員的互動與前三次聚會相比有何不同？在工作期，帶領者主要工作與先前的階段有何不同？你認為前四次聚會的主題有何關係？會不會重疊性過高？如果重新設計你會如何安排？

2.芳芳在帶領者的回應後，為何號啕痛哭？這次痛哭有何治療性的意義？帶領者如何協助她宣洩壓抑許久的情感並加深洞察？串連歷次芳芳的團體經驗，你可以找出她改變的軌跡嗎？促成芳芳改變的要素為何？

3.「情緒宣洩」是團體療效因子之一，試比較四次聚會中成員的哭泣各有何不同的主題或意義？成員在團體中的哭泣行為，與獨自一人在家中暗自哭泣的經驗有什麼不同？芳芳的痛哭對其他成員又有什麼意義？

4.成員因管教不當而有自責愧疚的感受，這種心理有現實的層面理由，同時也可能是悲傷的情緒反應之一。對於成員自責的心理，帶領者處理的目標與方式為何？

5.觀察歷次聚會，帶領者如何幫助成員習得回饋的方式？不同聚會中成員回饋的數量及支持性的品質是否有差異？

第五次聚會

1.團體中期的評估，你認為應安排在第幾次聚會？又應安排在聚會的哪個時段為佳？你會選用哪些提問、何種方式引導成員進行評估？

2.團體評估時婷婷表示，她在「團體夥伴身上看見自己的堅強」，試問這對團體的帶領者的工作重點有何啟發？

3.團體評估時淑蘭建議團體的話題發展可以更有彈性些，這項建議反映出成員的何種需要？對於團體的帶領有何啟發？「自主性」對團體的發展可能有哪些影響？帶領者如何做才能成全成員自主性的需求？

4.在協助成員表達潛藏負面情緒的工作目標上，你認為本次聚會的活動設計與目標是否一致？除了本次聚會所使用的藝術表達方式，還可以使用哪些方式引導成員談論失落的經驗？身為一個帶領者，你對成員本次聚會中深度揭露而引發的哭泣行為有何感受？

5. 當成員談起自卑經驗時，帶領者可以如何發展話題來幫助成員？要讓成員在夥伴面前分享，願意提起這類難以啟齒的負面情緒經驗，團體需要具備有哪些條件？這類經驗的分享討論對成員而言有何意義？相仿的，讓成員分享「想要孩子消失的念頭」這有違常倫的議題，對成員的益處何在？

第六次聚會

1. 試觀察「分享秘密的療癒力量」、「一笑解千愁」段落，成員互動的氣氛如何？從團體動力的觀點來看，這意味著什麼？

2. 「母親的畫像」、「孩子眼中的父母」兩種材料可以如何重新安排流程？各可以達成什麼目標？這類的團體活動還有哪些替代的方案？除了分享畫像的內容之外，帶領者還可以如何引導成員，讓成員的對話可以更為豐富、深入且有意義？

3. 試著縱覽團體互動，成員們所分享的經驗有正面也有負面的。團體中分享正、負面經驗的時間何者較多？在團體中分享正面經驗的價值何在？關於「引導成員分享成功經驗」，最好是在團體哪個階段較為合適？為什麼？

4. 支持團體不同於授課、演講，成員從彼此的對話及互動中獲得支持。本次聚會中，話題由個人作品開始說起，然後其他人加入分享。與團體初期相比，本次聚會中帶領者的介入明顯減少。成員究竟習得何種互動規則，團體才會出現這樣的互動形式？又成員是如何習得這樣的規則？對於這種「無為而治」的帶領風格，你會有何感受或看法？這帶領風格是否與團體目標相符？為什麼？

5. 特殊兒童身心問題多、學習能力差，因孩子無所成，父母可能自認為管教無方，因而對自己評價差。「媽媽的成績單」中，帶領者引導成員重新審視自我評價的依據，期能使成員對自己有更正向的看法。你認為本活動是否達成目標？這目標尚可以運用什麼其他的方法來達成？

第七次聚會

1. 本次團體聚焦在成員目前生活經驗，試觀察本次聚會成員互動的節奏，是否反應出團體工作期的特徵？你認為有何改善之處？

2. 本次聚會目標在於幫助成員發展新的技巧因應日常生活所需，你認為一次的聚會足夠嗎？除了以情感為焦點的心理支持團體設計之外，尚有哪些形式的團體可以滿足這項需求？又各可能有何不同的助益與價值？

3. 分享個人心情日記的活動中，成員是否發展出新的觀點或策略來面對每天的生活呢？試舉例說明。除了心情日記外，還有什麼方法可以讓成員明確地舉出他們所面對的生活問題，以便分享討論。

4. 從團體的效能來看，本次成員分享的經驗，對成員分別有何助益？本次聚會中探討成員各種生活情緒事件，帶領者引導每個話題的發展與結束時，應該注意什麼？你認為本次聚會中哪些話題可以再加以延伸，深入分享？為什麼？

5. 試綜觀本次聚會中帶領者的引導與先前聚會有何不同之處？為什麼？你對本次聚會評價為何？為什麼？有何改進的可能？

第八次聚會

1. 為協助成員面對團體結束，帶領者有哪些需要完成的任務？回顧團體歷次聚會的重要事件，這項任務還有哪些創意的方式可進行？

2. 本團體目標在催化家長的接納態度，而團體中每位成員的收穫各有不同。試問這些成員的收穫與「促進接納」的團體目標有什麼關聯？你認為成員接納程度不一的原因為何？就此來評估團體成效，你有何評價？若要增進團體的效能，你會有什麼建議？

3. 回顧八次聚會過程，你認為支持團體能引發成員心理成長的條件是什麼？你能分別指出各個成員所經歷的團體療效因子嗎？這些條件對於支持團體帶領者有何啟發？

4. 與一般教育訓練為目標的團體相比，本支持團體在運作方式及成員收穫

上有何特色？這些對成員而言具有何種價值？你如何向那些想要加入支持團體的家長說明？

5.運用失落理論來設計特殊兒童家長支持團體只是諸多選項之一，特殊兒童家長支持團體還可以從哪些角度來設計？此外，團體結束後可以繼續什麼方案來維持團體的成效，或滿足家長的不同需要？

附錄三：進深閱讀推薦書單

特殊兒童家長支持團體的帶領者需要熟悉心理團體的帶領原理，同時也要了解特殊兒童家長心理。根據這兩項需要介紹以下五本相關中文書籍，俾供參考。

《特殊兒童親職教育》

作者為何華國，本書第二版於2009年由五南文化出版。本書闡述特殊兒童家長為何需要親職教育，以及親職教育理論、型態、活動及評鑑等。第二章中作者以家庭系統理論說明家長的處境，以及社會支持的模式。第三章則描述特殊兒童對家庭成員的衝擊，包括父母的反應及適應，父母與障礙兒的關係，祖父母與障礙兒的關係，障礙兒與手足的關係等議題。可以幫助讀者了解特殊兒童家庭的心理環境，以及可能面對的挑戰。第十一章則分節介紹不同類別特殊兒童親職教育的需求及輔導的重點，包括資優、智能不足、視覺障礙、聽覺障礙、肢體障礙、行為異常兒童。不同障礙類別的親職需要也有不同之處，了解家長的需要才能設計出符合家長需要的團體方案。

《悲傷輔導與悲傷治療：心理衛生實務工作者手冊》

本書由李開敏、林方皓、張玉仕及葛書倫合譯，中文第三版於2011年由心理出版社出版。原著 *Grief Counseling and Grief Therapy: A Handbook for the Mental Health Practitioner* 乃是第四版，作者 J. William Worden 是悲傷治療及死亡教育的權威。讀者可以在本書中了解失落與悲傷的關係，一般悲傷反應以及複雜的悲傷反應等概念。本書提供實用的悲傷輔導的原則，並援用許多案例與研究材料加以佐證。該書對悲傷輔導工作的概念，正是以悲傷理論建構特殊兒童家長心理支持團體方案的基礎。

《團體諮商：歷程與實務》

本書由陳慶福、翁樹澍、許淑穗、吳淑禎等人合譯，於2010年由洪葉文化出版。原著 *Groups: Process and Practice* 為第八版，三位作者為Marianne Schneider Corey、Gerald Corey與Cindy Corey。本書為團體工作之入門書，是大學課程的常用書。讀者自本書中可以獲知團體工作的整體輪廓，書中內容包含不同主題與型式的團體、團體諮商倫理、團體不同階段的議題、領導者角色與技巧、開始及結束團體的注意事項、成員常見問題與處理、最後分別介紹兒童、青少年、成人及老人團體。書中各章皆提供重點摘要、課堂討論問題、練習活動及自我評估問題。

《團體諮商：策略與技巧》

本書由程小蘋、黃慧涵、劉安真、梁淑娟合譯，中文第二版於2009年由五南文化出版。原著 *Group Counseling: Strategies and Skills*，三位作者為Edward E. Jacobs、Riley L. Harvill與Robert L. Masson。書中內容清楚地介紹團體階段、治療力量、團體計畫、目的、關鍵議題，團體帶領者的基本技巧，並引用具體對話的實例說明形成團體焦點、切斷、引出、活動等技巧運用，各次團體結束及團體最後結束的注意事項等。本書對於團體運作的過程有詳實的闡述，能協助學習者結合團體理論與實務，也是團體工作者的最佳案頭參考書。

《團體心理治療的理論與實務》

本書由方紫薇與馬宗潔合譯，中文版於2001年由桂冠圖書公司出版。原著 *The Theory and Practice of Group Psychotherapy*，作者 Irvin D. Yalom 是團體心理治療及存在主義心理治療大師，他著作甚豐多能深入淺出地道出治療效果發生的過程。由於作者在團體實務及研究上有深厚的基礎，本書對團體工作提供一種獨特且深入的觀點，堪稱為團體治療的經典之著。本書對團體療效因子的闡述更膾炙人口，讓讀者對團體效能有一種簡明又豐富的理解。本書是團體工作者的進深讀物，能讓帶領者掌握團體動力，超越技巧操作的層次，以更有效地方式引導團體運作。

參考文獻 | References

李淑莉、高寶蓮、田肬、許敏桃（2010）。裘馨兒母親的轉渡經驗。**中華心理衛生學刊，23**(3)，377-399。

何華國（2009）。**特殊兒童親職教育**。台北：五南。

吳佳玲（2006）。一位極重度智障者母親接納孩子的歷程。**身心障礙研究，14**(2)，136-139。

利翠珊（2005）。身心障礙兒童家庭中夫妻的壓力、付出與恩情。**中華心理衛生學刊，18**(2)，25-54。

周桂如（2006）。精神病患家屬之支持團體。**新台北護理期刊，8**(2)，1-10。

林欣瑩（2006）。**發展遲緩兒童家長運用早期療育服務系統之調查研究——以桃園縣為例**（未出版之碩士論文）。朝陽科技大學，台中市。

林裕芳、鍾信心（2002）。過動兒行為問題、父母親教養壓力與治療接受意願之相關探討。**護理研究，10**(1)，43-56。

徐亞瑛（2000）。支持團體對失智症家屬之助益。**應用心理研究，8**，33-35。

唐紀絜、林宏熾、林金定、陳英進、羅淑珍、簡言軒（2007）。台灣地區發展遲緩兒童家庭生活衝擊預測因子之研究。**身心障礙研究季刊，5**(3)，150-163。

郭煌宗（1998）。**麻煩小天使：發展遲緩兒童與早期治療教育**。台北：遠流。

許素彬（2008）。家長與個管員夥伴關係對早期療育服務成效之影響研究。**台大社會工作學刊，17**，43-92。

許素彬、張耐、王文瑛（2006）。身心障礙幼兒家長支持團體運作之研究與評估：以領航父母為例。**台大社會工作學刊，13**，1-40。

陳采緹（2011）。一位發展遲緩幼兒母親參與家庭中心取向教育方案之行動研究。**特殊教育研究學刊，36**(1)，27-55。

張秀玉（2011）。以家庭優勢為焦點的個別化家庭服務計畫——任務性團體過程與成果。**特殊教育研究學刊，36**(1)，1-26。

張秀玉、傅秀媚、林巾凱、劉芷瑩、吳淑婷（2008）。早期療育服務滿意度之研究。東吳社會工作學報，**19**，81-115。

張英熙（2002）。特殊兒童家長的失落經驗。**特教季刊，82**，16-22。

張英熙（2003）。**學習障礙兒童家長支持團體對成員的影響研究**。國科會九十年度專題計畫成果報告（編號：NSC90-2413-H-133-016），未出版。

張英熙（2005）。哀傷諮商理論在特殊兒童家長心理諮商上的應用。**特教季刊，95**，21-26。

張淑芳（2000）。自閉兒童家庭的壓力。台東特教，**11**，57-63。

黃璉華（1994）。養育唐氏症兒對家庭的衝擊。護理研究，**2**(3)，253-262。

湯麗玉、葉炳強、陳良娟、謝碧容（2000）。失智症家屬支持團體成效初探。**應用心理研究，7**，171-190。

萬育維、王文娟（譯）（2002）。**身心障礙家庭：建構專業與家庭的信賴聯盟**（原作者：Turnbull, A. P. & Turnbull, H. R.）。台北：洪葉。（原著出版年：2001）

臧汝芬（2010）。台灣過動兒家長團體治療的十年回顧。**中華團體心理治療，16**(1)，3-10。

謝素貞、徐畢卿（2005）。從支持團體歷程分析看自閉兒母親的轉變。**護理雜誌，53**(3)，34-41。

Abery, B. H. (2006). Family adjustment and adaptation with children with Down syndrome. *Focus on Exceptional Children, 38*(6), 1-20.

Adesida, O., & Foreman, D. (1999). A support group for parents of children with hyperkinetic disorder: An empowerment model. *Clinical Child Psychology and Psychiatry, 4*(4), 567-578.

Balkwell, C., & Halverson, Jr. C. F. (1980). The hyperactive child as a source of stress in the family: Consequences and suggestions for intervention. *Family Relations, 29*(4), 550-557.

Buscaglia, L. (1994). *The disabled and their parents: A counseling challenge* (3rd ed.). Thorofare, NJ: SLACK Incorporated.

Chen, M., & Rybak, C. J. (2004). *Group leadership skills: Interpersonal process in group counseling and therapy*. Belmont, CA: Brooks/Cole-Thomson Learning.

Clark, C. C. (2003). *Group leadership skills.* New York: Springer Publish Company.

Cohen, C. S. (1995). Making it happen: From great idea to successful support group program. In J. H. Schopler, & M. J. Galinsky (Eds.), *Support groups: Current perspectives on theory and practice* (pp.67-80). NY: The Haworth Press, Inc.

Cook, J. A. (1988). Who "mothers" the chronically mentally ill? *Family Relations, 37*(1), 42-49.

Cook, J. A., Heller, T., & Pickett-Schenk, S. A. (1999). The effect of support group participation on caregiver burden among parents of adult offspring with severe mental illness. *Family Relations, 48,* 405-410.

Crnic, K. A., Greenberg, M. T., Ragozin, A. S., Robinson, N. M., & Basham, R. B. (1983). Effects of stress and social support on mothers and premature and full-term infants. *Child Deveploment, 54,* 209-217.

Davidson, B., & D. A. Dosser, Jr. (1982). A support system for families with developmentally disabled infants. *Family Relations, 31*(2), 295-299.

Dick, H. M., Roye, D. P. Jr., Buschman, P. R., Kutscher, A. H., Rubinstein, B., & Forstenzer, F. K. (Eds.) (1998). *Dying and disabled children: Dealing with loss and grief.* NY: The Haworth Press, Inc.

Festinger, L. (1954). A theory of social comparison processes. *Human Relations, 7,* 117-140.

Fortier, L. M., & Wanlass, R. L. (1984). Family crisis following the diagnosis of a handicapped child. *Family Relations, 33*(1), 13-24.

Frank, N., Newcomb, S., & Beckman, P. J. (1996). Developing and implementing support groups for families. In P. J. Beckman (Ed.), *Strategies for working with families of young children with disabilities* (pp.127-150). Baltimore, MD: Paul H. Brookes Publishing Co.

Galinsky. M. J., & Schopler, J. H. (1995). Expanding our view of support groups as open systems.In J. H. Schopler, & M. J. Galinsky (Eds.), *Support groups: Current perspectives on theory and practice* (pp.3-10). NY: The Haworth Press, Inc.

Gargiulo, R. M. (1985). *Working with parents of exceptional children:A guide for professionals.* Boston: Houghton Mofflin Company.

Gazda, G. M., Ginter, E. J., & Horne, A. M. (2001). *Group counseling and group psychotherapy: Theory and application.* Boston, MA: Allyn and Bacon.

Gladding, S. T. (1991). *Group work: A counseling specialty.* New York: Merrill.

Gladding, S. T. (2003). *Group work: A counseling specialty* (4th ed.). Upper Saddle River, NJ: Merrill Prentice Hall.

Glidden, L. M.,& Jobe, B. M. (2007). Measuring parental daily rewards and worries in the transition to adulthood. *American Journal on Mental Retardation, 112* (4), 275-288.

Hanson, M. J., & Lynch, E. W. (2004). *Understanding families: Approach to diversity, disability and risk.* Baltimore, MD: Paul H. Brookes Publishing Co.

Hastings, R. P., & Taunt, H. M.(2002). Positive perceptions in families of children with developmental disabilities. *American Journal on Mental Retardation,107* (2), 116-127.

Heller, T., Hsieh, K., & Rowitz, L. (1997). Maternal and paternal caregiving of persons with mental retardation across the lifespan. *Family Relations, 46*(4), 407-415.

Heller, T., Roccoforte, J. A., & Cook, J. A. (1997). Predictors of support group participation among families of persons with mental illness. *Family Relations, 46*(4), 437-442.

Higgins, E. L., Raskind, M. H., Goldberg, R. J., & Herman, K. L. (2002). Stages of acceptance of a learning disability: The impact of labeling. *Learning Disability Quarterly, 25*(1), 3-18.

Ho, K. M., & Keiley, M. K. (2003). Dealing with denial: A systems approach for family professionals working with parents of individuals with multiple disabilities family. *Counseling and Therapy for Couples and Families, 11*(3), 239-247.

Huber, C. H.(1979). Parents of the handicapped child: Facilitating acceptance through group counseling. *The Personnel and Guidance Journal, 57,* (5), 267-268.

Jacobs, E. E., Harvill, R. L., & Masson, R. L. (2002). *Group counseling : Strategies and skills.* Australia: Brooks/Cole-Thomson Learning.

Johnson, B. C. (1996). *Good guilt, bad guilt and what to do with each.* Illinois: InterVarsity Press.

Judge. S. L. (1998). Parental coping strategies and strengths in families of young children with disabilities. *Family Relations, 47*(3), 263-268.

Kahn, J. H. (1972). Emotional problems in childhood and adolescence: communication with children and parent. *British Medical Journal, 3,* 406-408.

Kazak, A. (1986). Families with physically handicapped children: Social ecology and family system. *Family Process, 25,* 265-281.

Klein, L. L. (2000). *The support group sourcebook: What they are, how you can find one, how they can help you.* New York: Wiley & Sons, Inc.

Konanc, J. T., & Warren, N. (1984). Mildly developmentally disabled adolescents and their families. *Family Relations, 33,* 135-142.

Kottler, J. F. (1994). *Advanced Group leadership.* Pacific Grove, CA: Brooks/Cole.

Kurtz, L. F. (1997). *Self-help and support groups: A handbook for practitioners.* Thousand Oaks London New Delhi: Sage.

Lamb, M. E., & Meyer, D. J. (1983). Father of children with special needs. In M. Seligman (Ed.), *The family with a handicapped child* (pp.151-180). Boston, MA: Allyn and Bacon.

Leick, N., & Davidsen-Nielsen (1991). *Healing pain: Attachment, loss and grief therapy.* NY: Routledge.

Luterman, D. (1979). *Counseling parents of hearing-impaired children.* Boston: Little, Brown and Company.

Meleski, D. D. (2002). Families with chronically ill children. *The American Journal of Nursing, 102*(5), 47-54.

Mullins, J. B. (1987). Authentic voices from parents of exceptional children. *Family Relations, 36*(1), 30-33.

Neimeyer, R. A. (2006). *Lessons of loss: A guide to coping.* Memphis, TN : Center of the Study of Loss and Transition.

Nixon, C. D. (1993). Reducing self-blame and guilt in parent of children with severe disablilties. In G. H. S. Singer, & L. E. Powers (Eds.), *Families, disability, and empowerment: Active coping skills and strategies for famliy interventions* (pp.175-202). Baltimore, MD: Paul H. Brookes Publishing Co.

Olshansky, S. (1972). Chronic sorrow: A response to having a mentally defective child. *Social Casework,* 192-193.

Opirhory, G., & Peters, G. A. (1982). Counseling intervention strategies for families with loss than the perfect born. *Personnel and Guidance Journal, 60*(8), 451-455.

Patterson, J. M. (1988). Chronic illness in children and the impact on families. In C. S. Chilman, E. W. Nunally, & F. M. Cox (Eds.), *Chronic illness and disability* (pp.69-107). Beverly Hills: Sage.

Patterson, J. M., & Hamilton, I. M. (1983). The impact of family life events and changes on the health of a chronically ill child. *Family Relations, 32*(2), 255-264.

Posthuma, B. W. (2002). *Small groups in counseling and therapy: Process and leadership.* Boston, MA: Allyn & Bacon.

Powell, T. H., & Gallagher, P. A. (1993). *Brothers and sisters: A special part of exceptional families.* Baltimore, MD: Paul H. Brookes Publishing Co.

Powers, L. E. (1993). Disability and grief : From tragedy to challenge. In G. H. S.

Singer, & L. E. Powers (Eds.), *Families, disability, and empowerment: Active coping skills and strategies for family interventions* (pp.119-150). Baltimore, MD: Paul H. Brookes Publishing Co.

Prescott, M. R., & Iselin, K. L. W. (1978). Counseling parents of a disabled child. *Elementary School Guidance and Counseling, 12,* 170-177.

Reiff, H. B., & Sharon, D. (1992). Transition for youths with learning disabilities: A focus on developing independence. *Learning Disability Quarterly, 15*(4), 237-249.

Rosen, L. (1955). Selected aspects in the development of the mother's understanding of her mentally retarded child. *American Journal of Mental Deficiency, 59,* 522.

Rose, H. W. (1987). *Something's wrong with my child!* Springfild, Illinois: Charles C Thomas Pubisher.

Sabbeth, B. (1984). Understanding the impact of chronic childhood illness on families. *Pediatric Clinics of North America, 31*(1), 47-57.

Schilling, R. F., Gilchrist, D. L., & Schinke, S. P. (1984). Coping and social support in families of developmentally disabled children. *Family Relations, 33*(1), 47-54.

Schilling, R. F. (1987). Limitation of social support. *Social Service Review, 61*(1), 19-31.

Schilling, R. F. (1988). Helping families with developmental disabilities and other learning deficits on families. In C. S. Chilman, E. W. Nunnally, F. M. Cox (Eds.), *Chronic illness and disability* (pp. 193-210). Newbury Park, CA: Sage.

Seligman, M. (1983). Sources of psychological disturbance among siblings of handicapped children. *The Personnel and Guidance Journal, 61*(9), 529-531.

Seligman, M. (1990). Group approaches for parents of children with disabilities. In M. Seligaman, & L. E. Marshak (Eds.), *Group psychotherapy: Interventions with special populations* (pp. 147-163). Needham Heights, Massachusetts:

Allyn and Bacon.

Seligman, M. (1991a). Family systems and beyond: Conceptual issues. In M. Seligman (Ed.), *The family with a handicapped child* (pp.27-54). Boston, MA: Allyn and Bacon.

Seligman, M. (1991b). Siblings of disabled brothers and sisters. In M. Seligman (Ed.), *The family with a handicapped child* (pp.181-202). Boston, MA: Allyn and Bacon.

Seligman, M., & Darling, R. B. (1997). *Ordinary families, special children: A systems approach to childhood disability.* New York: Guilford Press.

Seligman, M., & Seligman, P. (1980). The professional's dilemma: Learning to work with parents. *The Exceptional Parent, 10,* 11-13.

Shapiro, J. (1989). Stress, depression, and support group participation in mothers of developmentally delayed children. *Family Relations, 38*(2), 169-173.

Sharon, P. B., & Addison, S. (1978). Families and mentally retarded children: Emphasis on the father. *The Family Coordinator, 27*(3), 221-230.

Shea, T. M., & Bauer, A. M. (1985). *Parents and teachers of exceptional students: A handbook for involvement.* Boston, MA: Allyn and Bacon.

Singer, G. H. S., Irivin, L. K., Irivin, B., Hawkins, N. E., Hegreness, J., & Jackson, R. (1993). Helping families adapt positive to disability: Overcome demoralization though community supports. In G. H. S. Singer, & L. E. Powers (Eds.), *Families, disability, and empowerment: Active coping skills and strategies for family interventions* (pp.67-84). Baltimore, MD: Paul H. Brookes Publishing Co.

Singer, L., & Farkas, K. J. (1989). The impact of infant disability on maternal perception of stress. *Family Relations, 38*(4), 444-449.

Stewart, J. C. (1986). *Counseling parents of exceptional children* (2nd ed.). OH: A Bell & Howell Company.

Taub, D. J. (2006). Understanding the concerns of parents of students with disabilities: Challenges and roles for school counselors. *Professional School Counseling, 10*(1), 52-57.

Taunt, H. M., & Hastings, R. P. (2002). Positive impact of children with developmental disabilities on their families: A preliminary study. *Education and Training in Mental Retardation and Developmental Disabilities, 37*(4), 410-420.

Taylor, D. (1982). Counseling the parents of handicapped children. *British Medical Journal, 284*(3), 1027-1028.

Taylor, S. E., Bununk, B. P., & Aspinais, L. G. (1990). Social comparison, stress, and coping. *Personality and Social Psychology Bullentin, 12*(1), 74-89.

Turnbull, A. P., & Turnbull, H. R. (1986). *Families, professionals, and exceptionality: Collaborating for empowerment.* Columbus, OH: Merrill Publishing Company.

Wan, C. K., Jaccard, J., & Ramey, S. L. (1996). The Relationship between social support and life satisfaction as a function of family structure. *Journal of Marriage and Family, 58*(2), 502-513.

Wikler, L. (1981). Chronic stresses of families of mentally retarded children. *Family Relations, 30*(2), 281-288.

Worden, J. W. (2002). *Grief counseling and grief therapy: A handbook for the mental health practitioner* (3th ed.). New York: Springer Publish Company.

Worden, J. W. (2009). *Grief counseling and grief therapy: A handbook for the mental health practitioner* (4th ed.) . New York: Springer Publish Company.

Wright, J. S., Granger, R. D., & Sameroff, A. J. (1984). Parental acceptance and develpomental handicap. In J. Blacher (Ed.), *Severely handicapped young children and their families: Research in review* (pp.51-90). Orlando, FL: Academic Press.

Yalom, I. D., & Molyn, L. (2005). *The theory and practice of group psychotherapy* (5th ed.). New York: Basic Books.

Yura, I. D. (1987). Family subsystem functions and disabled children: Some conceptual issues. *Marriage & Family Review, 11*(1-2), 135-151.

國家圖書館出版品預行編目（CIP）資料

從失落到接納：特殊兒童家長心理支持團體實務 / 張英熙著.

-- 初版. -- 臺北市：心理, 2013.6

面；　公分. --（障礙教育系列 ; 63119）

ISBN 978-986-191-526-5（平裝）

1.家庭輔導　2.特殊兒童　3.心理諮商

544.186　　　　　　　　　　　　　　　　101024249

障礙教育系列 63119

從失落到接納：特殊兒童家長心理支持團體實務

作　　者：張英熙

執行編輯：李　晶

總 編 輯：林敬堯

發 行 人：洪有義

出 版 者：心理出版社股份有限公司

地　　址：231 新北市新店區光明街 288 號 7 樓

電　　話：(02) 29150566

傳　　真：(02) 29152928

郵撥帳號：19293172　心理出版社股份有限公司

網　　址：http://www.psy.com.tw

電子信箱：psychoco@ms15.hinet.net

排 版 者：鄭珮瑩

印 刷 者：竹陞印刷企業有限公司

初版一刷：2013 年 6 月

初版三刷：2020 年 10 月

I S B N：978-986-191-526-5

定　　價：新台幣 400 元